Nikki Sixx

21 JAHRE
Wie ich Nikki Sixx wurde

NIKKI SIXX
21 JAHRE

WIE ICH NIKKI SIXX WURDE

von Frank Feranna und Nikki Sixx

Aus dem amerikanischen Englisch von Andreas Schiffmann

hannibal
www.hannibal-verlag.de

Außerdem von Nikki Sixx:

The Dirt – Sie wollten Sex, Drugs & Rock'n'Roll
mit Vince Neil, Tommy Lee, Mick Mars und Neil Strauss

Tagebuch eines Heroinsüchtigen:
365 höllische Tage im Leben eines Rockstars

Leben heißt Leiden: Fotografie. Musik. Kunst.

Dieses Buch ist für meine Familie,
damit ihr mein Herz, meine Hingabe,
meine Lebenslust und Liebe für euch
besser versteht.

Impressum

Deutsche Erstausgabe 2022
© 2022 by hannibal

Hannibal Verlag, ein Imprint der KOCH International GmbH, A-6604 Höfen
www.hannibal-verlag.de

ISBN 978-3-85445-729-9
Auch als E-Book erhältlich mit der ISBN 978-3-85445-730-5

Titel der Originalausgabe: The First 21 – How I Became Nikki Sixx
Copyright © 2021 by Nikki Sixx
Publiziert von Hachette Books, einem Imprint von Perseus Books, LLC, ein Tochterunternehmen der Hachette Book Group, 1290 Avenue of the Americas, New York, NY 10104, USA
ISBN 978-0-306923708

Cover © 2021 Hachette Book Group, Inc.
Coverdesign: Richard Ljoenes
Cover Fotos: Nikki in 1989 © Koh Hasebe/Shinko Music/Getty Images; concert flyer from the collection of Max and Sherri Mazursky; Frank Feranna at seventeen or eighteen and Frank on Christmas Eve 1978 © Angie Diehl; vinyl record © Shutterstock; alle anderen Fotos mit freundlicher Genehmigung des Autors.

Grafischer Satz in deutscher Sprache: Thomas Auer, www.buchsatz.com
Übersetzung: Andreas Schiffmann
Deutsches Lektorat: Alan Tepper und Thomas Wachter
Korrektorat: Thomas Wachter

Printed in the Czech Republic

CO2-neutrale Produktion

Product footprint
CO_2 Neutral
PBN-CFMCP-015258
www.preferredbynature.org

INHALT

1.

DIE STADIONTOUR

Frühling in Los Angeles bei etwas über 20°C, und mein Agent Dennis Arfa hatte mich zu einem Baseballspiel mitgenommen. Die Dodgers waren im siebten Inning. Dennis futterte seinen zweiten Hotdog und konnte kein Wässerchen trüben, also fragte ich ihn naturgemäß im höhnischsten Tonfall, den ich annehmen konnte: „Warum haben *wir* nie im Dodger Stadium gespielt?"

Ich arbeite seit vielen Jahren mit Dennis, und er kennt die Orte, an denen wir gespielt haben genauso gut wie wir selbst: Budokan, Wembley, Red Rocks, Madison Square Garden. Mötley Crüe waren Vorgruppe der Rolling Stones. Wir haben jede Freiluftarena vollgepackt, für die wir gebucht wurden, und standen bei Open-Air-Festivals auf der ganzen Welt als Headliner auf der Bühne. In Los Angeles machten wir den Hollywood Bowl voll und verkauften das Staples Center aus. Aber das Dodger Stadium? Ich hatte nur einmal einen Fuß aufs Feld gesetzt, und zwar für einen feierlichen ersten Wurf.

„Ich schätze, das liegt daran, dass ihr auf die schlaue Idee gekommen seid, die Band aufzulösen."

Wir prusteten beide vor Lachen.

„Falls ihr es euch irgendwann anders überlegt", fuhr Dennis fort, „ruft mich einfach an."

Wenige Stunden später weckte ich meine Ehefrau.

„Sollten wir je wieder zusammenkommen, werden wir im Dodger Stadium spielen."

Courtney ist daran gewöhnt, dass ich sie nach Mitternacht wecke. Meistens sieht sie es mir nach. Diesmal sagte sie: „Aber Schatz, die Band hat einen Vertrag unterschrieben."

Das stimmte. Ein paar Jahre zuvor hatten Mötley Crüe eine „Tournee-Unterlassung" unterzeichnet – und Courtney weiß, dass ich ein Mann bin, der sein Wort hält. Allerdings bin ich auch jemand, der sich von seinen Leidenschaften leiten lässt.

„Ich denk mir was aus", erwiderte ich.

Zu der Zeit arbeitete ich an *The Dirt*, der Filmadaption des Buchs über Mötley. Es war ein Bestseller gewesen, und bislang sah es so aus, dass der Streifen besser ausfallen würde, als irgendjemand von uns hätte ahnen können. Tommy wurde von Machine Gun Kelly gespielt, ein englischer Schauspieler namens Douglas Booth übernahm meine Rolle. Er gab also seinen besten Nikki Sixx, während der echte Nikki Sixx Meetings mit Live Nation, Apple, Spotify, Radiosendern und Social-Media-Plattformen abhielt, um den Film zu promoten. Ich zeigte dabei Ausschnitte, teilte einige meiner eigenen Erinnerungen und spielte einen neuen Song, den ich geschrieben hatte.

Genau genommen hatte ich mehrere neue Songs – gut ausformulierte Ideen, die ich alle aufregend fand. Ich war mit dem Gitarristen John 5 zugange gewesen, der mit jedem von k.d. lang über Marilyn Manson bis zu Rob Zombie gearbeitet hatte, sowie mit dem Sänger Sahaj Ticotin, der einen Rekord aufgestellte hatte, da er Töne länger halten kann als jeder andere Mann. Wir hatten ein paar Demos aufgenommen, und ich hatte sie alle Bob Rock vorgespielt, der 1989 mitverantwortlich war für Mötleys Crües größtes Album *Dr. Feelgood*. Kaum zu fassen, dass seitdem 30 Jahre vergangen sind, doch beim Hören der Tracks meinte Bob: „Die klingen wie klassische Crüe-Nummern." Derjenige, die ich für den Abspann komponiert hatte, erinnerte ihn an „Kickstart My Heart" – Riesenlob vom Produzenten des Originals.

„Wir haben die Songs", sagte ich zu Courtney.

Die Songs – die Musik ist der Ausgangspunkt. Ohne sie keine Clubtourneen, keine Hallentouren. Keine Arenen und keine Privatjets, um die Arenen anzufliegen. Ohne Musik kein Geld, keine Platinauszeichnungen zum Tapezieren von Studiowänden. Mötley hätten nichts von der Liebe, dem Hass, dem Tod und der Zerstörung erlebt, die mit dem Lifestyle einhergehen. Wir vier zusammen kommen auf 160 Jahre voller Erfahrungen, von denen wir zehren können. Wäre dies ein VH1-Special, würden wir einstimmig sagen: „Einige der schönsten, die wir je gemacht haben! Einige der schlimmsten! Und nicht viele, die wir bereuen!"

Wir alle würden die Wahrheit sagen. Als kleiner Junge malte ich Bands auf meine Schreibblöcke. Vier einander ergänzende Charaktere mit Superheldenfähigkeiten an Schlagzeug, Bass, Gitarre und Mikro. Diese Typen sahen immer cool aus, hatten immer die besten Songs, die sie auch gut spielten, und aussagekräftige Texte. Im Kopf baute ich ein neues Ungetüm.

Jene Bands waren Mötley im Embryonalstadium. Ich musste lediglich nach Los Angeles ziehen, das Bassspielen lernen und drei andere Musiker finden, die die Welt so sahen wie ich. Letztendlich ist genau das passiert. Natürlich erforderte es tonnenweise Schwerstarbeit und dabei nicht nur die naheliegende. Abgesehen vom Komponieren, Proben, der Arbeit an unserem Look und der Bühnenshow sowie dem Spielen – spielen, spielen, spielen – gab es ständig Anfragen und Verpflichtungen gegenüber der Musikindustrie: Vergnügungsreisen, Interviews mit Journalisten, die unseren Alkohol soffen und unsere Drogen nahmen, uns dann aber in den Rücken fielen und in ihren Magazinen verrissen. Wir mussten uns als Band jahrelang therapieren lassen, um zusammenzubleiben und uns all die Gründe vor Augen zu halten, die wir zum Weitermachen hatten.

Ich besaß aber auch meine eigene Familie, um die ich mich kümmern musste. Zu der Zeit war Courtney schwanger. Unsere Tochter

Ruby sollte im Juli zur Welt kommen. Touren ist nicht gerade leicht, wenn man kleine Kinder zu Hause hat. Im Lauf der Jahre habe ich mehr Ferien versäumt, als ich zählen kann. Ich verpasste auch Geburtstage. Es gab Elternabende, die ich besuchen wollte, doch du kannst nicht von Japan nach Hause fliegen, wenn der Rest der Band unterwegs nach Australien ist.

Wenn Courtney nicht wollte, dass ich verreise, konnte ich ihr das nicht verübeln. Bat sie mich, zu bleiben, blieb ich auch. Bat sie mich *nicht*, zu bleiben, fühlte ich mich gekränkt. Nun, da ich das Thema allerdings zur Sprache gebracht hatte, wussten wir beide, dass ich nicht aufhören würde, darüber nachzudenken.

„Ihr habt die Songs", bestätigte Courtney, ehe sie sich wieder ihren süßen, rätselhaften Träumen hingab.

„Live Wire", „Looks That Kill", „Shout At The Devil". Die Songs haben uns zu einer Hit-Band gemacht. Sie sind das, wonach sich das Publikum sehnt und was es hören will. Das Publikum macht einen Großteil des Ungetüms aus, das wir geschaffen haben, und obwohl wir sehr gerne weniger bekannte Sachen, Coverversionen oder gerade erst geschriebene Songs zum Besten geben, kriegt das Ungetüm die rohen Fleischbrocken, die es braucht.

Der neue Kram ist wichtig. Ohne ihn würden wir auf der Stelle treten und zu einer Cover-Kapelle verkommen: Mötley Crüe, die Mötley Crüe nachspielen.

Er ist genauso wichtig wie die Fähigkeit, weiterhin Hits zu komponieren. Wir spüren immer noch, wenn sich einer anbahnt, und sind dieselbe Band wie damals am ersten Tag. Dieselben vier Typen. Älter und pfiffiger, nicht mehr hungernd und trotzdem schlank, tüchtig und fünfzehntausend Mal klüger als früher. Mal waren wir so schlau, weiterzumachen, ein andermal wussten wir, dass Aufhören besser war.

Eine Lektion lernten wir ganz früh: In Grass Valley in Nevada waren wir zu einer Radiosendung eingeladen. Es handelte sich um unseren ersten Auftritt im Radio, doch als wir später am selben Tag in einem Plattenladen Autogramme geben sollten, kam niemand. Wir standen dort, durchstöberten das Angebot und taten so, als würden wir einkaufen. Drei Typen mit blauschwarzen Haaren, einer mit gebleichten, und wir kauften rein zufällig Schallplatten. Wenige Stunden zuvor waren wir unheimlich aufgeregt gewesen, jetzt kannte uns niemand. Wir wollten nicht so gesehen werden, wie wir da rumstanden, mit den Füßen scharrten und enttäuscht dreinschauten. Beim Hinausgehen bemerkten wir einen cool aussehenden Langhaarigen.

Ich dachte: „Oh, noch ein Musiker!"

„Hey, wie geht's?", fragte ich.

„Bestens, und dir?"

„Bist du in 'ner Band? Ich auch!"

Der Kerl nickte.

„Welche Band?", wollte ich wissen.

„Supertramp."

Ich war Supertramp-Fan. Einige ihrer Songs liebte ich, doch bevor ich weitere Fragen stellen konnte, sagte der Kerl die eine Sache, die man normalerweise nicht von einer alten Band hören möchte, die man mag: „Wir haben gerade zwei neue Stücke aufgenommen."

„Oh! Das ist toll". Ich war deswegen nicht zynisch.

„Ja", fuhr er fort. „Wir sprechen nie miteinander. Die Mitglieder wohnen alle an verschiedenen Orten. Einer von uns in England, ein anderer in Florida. Ich lebe hier, also haben wir die 24-Spur-Parts aufgenommen und uns gegenseitig zugeschickt.

„Ihr habt sie nicht gemeinsam gespielt?

„Wir haben uns überhaupt nie getroffen. Ich habe mich kein einziges Mal mit ihnen unterhalten."

Die Jungs und ich kehrten verwirrt zum Van zurück.

„Ihr müsst versprechen, dass uns das nie passieren wird."

„Auf keinen Fall, Alter. Wir bleiben ein Leben lang Brüder."

Doch siehe da, als wir neue Tracks für unser Album *Greatest Hits* aufnahmen, sprachen wir auch nicht miteinander. Auch beim Schreiben an *The Dirt* tauschten wir uns nicht aus. Nicht einmal die Parts der jeweils anderen schauten wir uns an, bis das ganze Ding zusammengeschnitten war.

Das hätte auf der Bühne nicht so gut funktioniert.

Die Risse zu übertünchen, die sich nach fünf oder zehn Jahren aufgetan hatten – und zu dem Zeitpunkt existierten wir seit über 20 –, war für uns unmöglich geworden.

Wenn man jung ist, kann man verkatert oder in denselben Klamotten wie schon die ganze Woche aufkreuzen und sieht trotzdem irgendwie gut aus. Du machst was her in deiner engen Hose, mit hochhackigen Schuhen und dem ganzen Haar. Dann wachst du eines Tages auf, und alles kostet mehr Mühe. Du magst dich musikalisch stark verbessert haben, wohingegen es körperlich anstrengender geworden ist. Auf Tour zu gehen ist anstrengend. Auf Tour zu bleiben ist anstrengend. Auf der Bühne fühlst du dich wie immer, doch es dauert jedes Mal länger, dich davon zu erholen, und der Umgang mit den anderen Jungs kann nerven.

Auf jede Rockband, der es gelingt, diesen Punkt zu überwinden, kommen vermutlich Tausende, die es nicht schaffen. Wir haben es wohl deshalb geschafft, weil zwischen uns auf mehreren wichtigen Ebenen ein genau ausgewogenes Gleichgewicht herrschte. Dennoch gab es sicherlich Zeiten, in denen ich nicht auf unser langfristiges Überleben gewettet hätte.

Tommy ist ein extrem getriebener Mensch. Wenn wir uns auf Augenhöhe begegnen, ist das von unschätzbarem Wert.

Mick interessiert sich für nichts als seine Parts und seinen Ton. Ihm sind Pyros, Kostüme, die Bühnenshow und alles weitere egal – ihm geht es nur um seine Gitarre. Er spielt so laut, dass wir alle Hörschäden haben. So war Mick schon, als wir ihn kennenlernten, und so ist er auch heute noch.

Vince ist ein Maschinengewehr. Er kommt hereingeschneit. Er macht sein Ding, und zwar üblicherweise zu 200 Prozent genau. Dann zieht er alleine los wie ein Wolf oder einsamer Samurai.

Daraus ergibt sich oft genug eine funktionierende Einheit. Sind wir uns einig, sind wir ehrgeizig, leidenschaftlich und sehr fokussiert: „*Das* ist das, was unser Wesen ausmacht. Es ist das, wozu wir geboren wurden. Das, was die Leute von uns wollen, und die Art, unser Soll zu erfüllen." Wenn sich Tommy und ich aber nicht auf Augenhöhe begegnen, Mick passiv ist, Vince keinen Bock hat und ich Flausen im Kopf hab, die uns alle in den Wahnsinn treiben, braucht man mehr als Blumen oder Pralinen, um uns zurück in die Spur zu bringen.

Historisch betrachtet ist die Kommunikation eines der Probleme, das wir hatten. Ich bestand schon früh darauf, ganze Bühnenprogramme zu proben, sie umgekehrt von der Zugabe an und dann wieder von vorne zu spielen, unsere Intros auszuarbeiten, jeden Song herunterzubrechen, neu zusammenzusetzen und dann noch einmal auseinanderzunehmen. Es war erbarmungslos. Den anderen könnte es albern und redundant vorgekommen sein, zumal wir es sieben Tage die Woche so machten. Der einzige Weg *raus* aus diesem Teufelskreis war ein Gig, doch der einzige Weg zu einem Gig führte über neue Musik oder ein neues Lied. Wenn wir dann neue Lieder hatten, bedeutete dies, einen Gig im Whisky, Starwood oder Troubadour zu buchen, beziehungsweise an der Westküste zu touren. Die Band musste beschäftigt und konzentriert bleiben, und ich konzentrierte mich immerzu voll auf sie. Ich war besessen. Besessenheit war das Einzige, was man brauchte, um großartig zu werden, sich zu wappnen und zu wissen, dass wir es mit den großen Fischen aufnehmen konnten. Sie machte mich aber nicht zum umgänglichsten Menschen.

Mit mir ist es nicht immer ein Zuckerschlecken, und während wir älter geworden sind, haben einige der anderen Jungs eine Einstellung à la „Kollege, schreib mir nicht vor, was ich tun soll" angenommen.

Das ist eine gute Sache. Als wir jünger waren, kochten sie nur innerlich und lästerten hinter meinem Rücken, was ich zehn oder 20 Jahre lang ignorierte, bis alles bei der Bandtherapie hochkam.

Meistens sind wir darüber hinweggekommen. Manchmal stürmte ich wütend davon, doch dann fiel mir wieder ein, wie das Leben vor Mötley war.

An Punk-Abenden allein ins Starwood gehen. Ich trug meine hochhackigen Schuhe, und wenn eine Band wie Fear spielte, plärrte mich jemand an: „Du bist eine Schwuchtel!" Oder ich wurde angespuckt, woraufhin ich mein Glas geschmissen habe – also nicht das Getränk darin verspritzte, sondern wirklich mit dem Glas warf. Die Person hatte dann eine Platzwunde an der Stirn, woraufhin ich Prügel einsteckte und aus dem Club gekickt wurde.

Die anderen in der Band waren genauso. Wenn man uns in einen Raum sperrte, kämpften wir wie blöde. Vince und Tommy gingen sich an die Gurgel, und ich kam dazwischen, um sie voneinander zu trennen, sodass wir am Ende alle Veilchen hatten – außer Mick, der bloß kopfschüttelnd zuschaute. Draußen in freier Wildbahn waren wir jedoch anders, eine vereinte Front. Einmal nach einer langen Nacht, in der wir gesoffen hatten, bot uns ein Kerl mit einem Fu-Manchu-Schnurrbart Amylnitrit an. Ich war zu fertig, um es zu probieren, aber Tommy und Vince taten es, und prompt ging der Streit los. Ich ging hin, um sie voneinander loszumachen, und während wir rauften, kamen vier oder fünf Mann zu uns herüber. „Hey, was zum Geier treibt ihr da?", fragten sie.

Wir drehten uns um und stürzten uns auf sie. Nachdem wir sie vermöbelt hatten, machten Tommy und Vince mit ihrer Kabbelei weiter. Als sie fix und alle waren, gingen wir auf den Parkplatz und tranken gemeinsam eine Flasche Jack Daniels.

Das waren Mötley Crüe, wenn sie miteinander kommunizierten.

Nicht die am besten funktionierende Band der Welt, aber trotzdem funktionsfähig, wenn es darauf ankam. Zum Zeitpunkt der Veröffentlichung von *The Dirt* befanden wir uns wieder in einer guten Situation. 73 Millionen Menschen sahen den Film. Wir hatten jene neuen Songs abermals mit Bob Rock auf dem Produzentensessel im Studio aufgenommen, und sie klangen wirklich nach Mötley Crüe.

Ich war in L.A. herumgefahren, um sie wiederholt zu hören und Fehler auszumachen.

Nachdem ich das eine Woche lang getan hatte, gelangte ich zu dem Schluss: „Die Nummern haben Hand und Fuß."

Anschließend rief ich Tommy an.

„Verdreh ruhig die Augen", sagte ich, „doch kommt es dir nicht so vor, als ob etwas fehlen würde?"

„Was denn?"

„Touren zum Beispiel."

„Aber haben wir nicht versprochen, nicht mehr zu touren?"

„Ich weiß, ich weiß."

Ihn davon zu überzeugen, dass Versprechen manchmal gebrochen werden müssen, dauerte eine Weile. Es *gab* eine Möglichkeit, uns von dem unterschriebenen Vertrag loszumachen – aber nur, wenn wir uns alle vier darauf einigten. Falls wir nicht alle mitzogen, konnte es niemand alleine tun.

„Nikki, wir haben überall erzählt, wir seien mit dem Touren fertig", bemerkte Vince.

„Ich weiß, ich weiß."

Wir überredeten ihn zu einem Meeting. Auch Mick war neugierig. Wir hatten mit unserem Manager, Partner und Label-Chef Allen Kovac gesprochen, der wiederum schon seinerseits ein paar Anrufe getätigt hatte. Allen Kovac ist ein Genie. Er half uns dabei, unsere Masterbänder von Elektra zurückzuerlangen, begleitet uns seit 27 Jahren und managt nicht nur die Band, sondern auch mich persönlich. Und während all der Jahre haben wir immer nur auf Handschlag zusammengearbeitet.

Ich würde ihm mein Leben anvertrauen. Vielleicht sogar meine Frau.

„Falls ihr es ernst meint", sagte Allen uns, „Live Nation haben reges Interesse gezeigt."

Nun war es an der Zeit, wieder mit Dennis zu reden.

„Der Film ist spannend", meinte ich zu ihm, „aber hätte er die gleiche Zugkraft, wenn wir wieder touren würden? Wir haben etliche Arenatourneen hinter uns. Falls wir das tun würden, was wäre anders?"

„Live Nation wollen keine Arenatournee, sondern dass ihr in Stadien auftretet."

„Heißt das, im Dodger Stadium?"

Da lachte Dennis und bejahte. „Bist du nicht froh darüber, dass wir zu dem Baseballspiel gegangen sind?

2019 konnten nur wenige Gitarrenbands Stadien füllen, geschweige denn auf eine Stadiontournee gehen. U2. Radiohead. Springsteen und die E Street Band wären in ihrer Hochphase vermutlich imstande gewesen, den Staat New Jersey auszuverkaufen, doch hätten sie flächendeckend so viele Leute gezogen wie Taylor Swift oder Beyoncé? Ich bin mir nicht so sicher. Die Clubs, in denen wir angefangen hatten, waren für ein paar Hundert Nasen gedacht. Schauspielhäuser fassten mehrere Tausend, und Arenen weitere Tausend mehr (der Madison Square Garden ist ein klasse Veranstaltungsort und fasst ungefähr 20.000). Als nächstes kamen die Freilichtbühnen: Kapazitäten zwischen 15.000 und 30.000. Stadien, die dort anknüpfen und bis zu dreimal so groß sein können, sind allerdings immer der Heilige Gral gewesen.

Es war ambitioniert. Jedes Mal aber, wenn ich „Rock ist tot" oder „Gitarrenbands sind tot" höre, entzündet das lediglich ein Feuer. Technik hat ihren berechtigten Platz, aber ich mag keinen Rock'n'Roll, der am Laptop entsteht. Mir gefällt die Vorstellung nicht, Loops per Drag & Drop zu bewegen, dieses Hook zu verschieben oder jenen Part aufzutrennen und sie woanders zu platzieren. Je älter ich werde, desto mehr stehe ich auf in einem Rutsch aufgenommene Performances. Ich möchte die Fehler beibehalten, weitermachen und ungeschönt sein. Courtney hört ständig von mir: „Ich will ein Album machen wie die ersten von Led Zeppelin oder Aerosmith. Die Songs schreiben, in irgendeinen beschissenen Proberaum gehen, beschissene Pizza essen, alles aufnehmen, abmischen und veröffentlichen." Ich bin niemand, der es gern langsam angehen lässt – ich glaube nicht, dass etwas besser klingt als echte Gitarren, echte Drums und ein echter Bass in echten Songs mit einer Geschichte, die von Chuck Berry zu

Little Richard und von Aerosmith zu AC/DC reicht. Da ich vor Millionen Menschen gespielt habe, weiß ich, dass Millionen genauso empfinden.

Im Großen und Ganzen bedurfte es mehrerer Bandmeetings – doch 100 Millionen US-Dollar können ein sehr überzeugendes Angebot sein.

Die Mitglieder von Def Leppard sind alle gute Freunde von uns. Sie kamen auf uns zu und meinten: „Keine Frage, wir wollen das mit euch machen." Danach überlegten wir nicht mehr, mit welchen Acts wir als Vorgruppen losziehen könnten. Eine Menge Leute hatten Dollarzeichen in den Augen. Wir waren vielmehr darauf aus, eine Party zu schmeißen. Eine weltweite Feier für uns und die Fans.

Zu Anfang fragten wir David Lee Roth.

„Ich spiele nicht vor Bands, die ich beeinflusst habe", sagte er.

Ich schüttelte den Kopf. „Mann, du wirst vor 80.000 Zuschauern auftreten! Wann hat David Lee Roth zum letzten Mal vor einem so großen Publikum gesungen?"

Wir waren alle große Fans von ihm. Van Halen liebten wir seit je. Sie hatten uns offensichtlich beeinflusst – wen nicht? Dennoch passte David.

Joan Jett stand auf unserer Liste gleich darunter. Wir hielten große Stücke auf sie, weil wir ihre Lieder mochten, aber auch deshalb, weil die Zusammenarbeit und der Umgang mit ihr immer ein Vergnügen gewesen war. Dankenswerterweise zierte sie sich nicht. Nun belief sich das Programm auf uns, Joan Jett und Def Leppard. Die Jungs und Mädels aus der Marktforschung ließen uns wissen, wir bräuchten eine weitere Combo aus jener Ära.

Poison war diejenige, auf die wir uns einigten.

Wir machten keine Freudensprünge. Alle vier von uns sahen es so, dass Mötley von Beginn an dagewesen waren. Metallica, Mötley Crüe und U2 – das waren die Bands aus jener Ära, die uns in den Sinn kamen. Guns N'Roses folgten später und waren ebenfalls schwierige Verhandlungspartner. Dann gab es noch eine Fülle von Gruppen, die wir nicht als authentisch erachteten. Sie waren von der Musikbranche gemacht, die gesagt hatten. „Wir brauchen unsere eigenen Mötley Crüe. Wir brauchen einen blonden Sänger und drei solche Instrumentalisten." Das Gleiche geschah später mit dem Alternative Rock: Da waren Nirvana und Pearl Jam, dann folgten viele Kapellen, die ein bisschen so aussahen und klangen wie Nirvana und Pearl Jam, aber nur verwässerte, leichtgewichtige Versionen der Originale waren.

Tja, wie sich herausstellte, irrten wir uns. Die Fans wollten eben, was sie wollten, und das waren neben uns Def Leppard, Joan Jett sowie Poison – und vorausgesetzt, wir ließen uns ein letztes Mal auf eine Tournee ein, gaben wir den Fans genau das, was sie wollten: Stunden voller Hits, dargeboten mit Musikalität, Haltung und der aufwändigsten Show, die sie je erlebt hatten.

Als das Line-up stand, starteten wir den Vorverkauf für acht Konzerte. Die Tickets waren im Handumdrehen vergriffen, jene für acht weitere Auftritte genauso schnell. Noch acht *zusätzlich* – das gleiche Spiel.

Wir alle dachten: „Wow, was für eine tolle Art, den Film zu feiern. Geht's noch besser für eine letzte Tour?"

Angesichts 24 gebuchter Shows und weiterer in Aussicht wusste ich, dass ich meine gesamte Zeit aufs Trainieren verlagern musste.

Alle Musikerinnen und Musiker haben ihre eigenen Herangehensweisen. Trainieren umfasst für mich viele verschiedene Aspekte. Es gibt eine körperliche Seite, eine geistige, eine emotionale und eine musikalische. Als nächstes kommt Bühnendesign, zusammen mit groben Konzepten und einem Überblick dessen, wie die ganze Show aussehen wird, wofür sie steht, was wir alle zu sagen haben und weshalb gerade jetzt der richtige Zeitpunkt ist, es zu sagen. Körperliches Konditionieren allerdings macht alles andere möglich, und für Mötley hängt das eng mit unserer Setlist zusammen.

Wir erstellen sie aus fünfminütigen Segmenten. Theoretisch sind einige unserer Songs kürzer oder etwas länger, sodass dazwischen

Zeit bleibt, falls sich einer von uns ans Publikum wenden möchte. In Wirklichkeit sind einem zeitliche Grenzen gesetzt. Ehe du dich versiehst, überziehst du, der Promoter zahlt Strafe, und der Band droht ebenfalls eine: auf einmal drücken wir 50.000 Dollar dafür ab, dass wir die Spielzeit um einen Song überschritten haben. Mancherorts – in Europa oder Japan etwa – kommen die Leute nicht mehr mit der U-Bahn oder dem Zug nach Hause, wenn man sich verspätet, und die Veranstalter drehen dir sogar den Saft ab. Wer sich wirklich um die Fans sorgt, geht nicht einfach raus und jammt. Wir erarbeiten unser Programm also anhand von fünf Minuten pro Song unter Berücksichtigung der Art von Show, die wir spielen werden: eine zweistündige, falls wir die einzige Gruppe sind, 90 Minuten als Headliner. Diese Dauer bestimmt auch unsere Workouts.

Was ich schon zu Zeiten getan habe, als man noch Kassetten hörte: die Setlist ausdrucken und dort neben mich legen, wo ich gerade Kardiotraining mache. Eröffnen wir mit „Kickstart My Heart", geh ich ab wie eine Rakete. Ist „Home Sweet Home" das dritte Lied, weiß ich, dass ich auf dem Laufband Schritttempo anschlagen kann. Folgt danach „Wild Side", drehe ich wieder auf – doch diese Nummer hat einen ruhigeren Mittelteil, wo ich verschnaufen darf. Bei vielen Bands schaut man nach der Hälfte ihres Programms auf den Gitarristen und sieht, dass er nach Luft ringt. Ich berücksichtige in meinen Workouts die Ausdauer, die man braucht, um das zu vermeiden, und time jedes Segment so, dass ich jedem Song gerecht werde.

Das ergibt anderthalb Stunden stur auf dem Laufband, gefolgt von zwei Stunden Gewichtheben. Danach beschäftige ich mich weitere 90 Minuten lang mit meinem Bass, indem ich mich hinsetze und die Songs straight in ihrer Reihenfolge durchspiele. Am Ende habe ich so viel Kondition entwickelt, dass ich die ganze Show körperlich und musikalisch bewältigen kann, ohne mich kaputt zu fühlen. Anschließend wickle ich den spielerischen Teil im Stehen ab. Auch dieser Punkt kann einer Band zum Verhängnis werden. Man zockt im Sitzen und denkt, man sei ziemlich gut in Form. Geh dann aber auf die Bühne, und dieselben Songs killen dich.

Ich trage die Setlist noch bei mir, wenn ich sie längst verinnerlicht habe. Ich klebe sie neben den Badezimmerspiegel und an die Kühlschrankseitenwand – so muss ich sie sehen, wenn ich Eiscreme essen will. Für die Stadiontour haben wir Fachleute für Sport und Ernährung angeheuert. Plötzlich achteten wir alle darauf, was wir an Protein, Kohlenhydraten und Gemüse aßen, und zählten die Kalorien, die wir verbrannten. Der Ernährungsexperte achtete darauf, dass wir genug zu uns nahmen, um unsere Workouts durchzustehen, aber ein tägliches Defizit von 500 Kalorien hatten.

Das klingt nicht sonderlich sexy, doch will man wettbewerbsfähig sein – mit den schweren Jungs im Ring *bleiben* –, stellt man fest, dass man alles tut, was dafür erforderlich ist.

Ich war binnen kurzem topfit. Mein Durchhaltevermögen hatte sich deutlich erhöht. Meine geistigen und emotionalen Batterien waren voll aufgeladen. Ich fühlte mich heiß und inspiriert, wenn ich einen Bass oder eine Gitarre in die Hand nahm. Und weil meine Gesundheit direkt mit meiner Kreativität zusammenhängt, konnte ich kaum zum Supermarkt fahren, um Milch zu kaufen, ohne neue Ideen zu bekommen und anhalten zu müssen, um sie aufzuschreiben.

Für unsere Final Tour hatten wir 21 Lkws und Busse für uns und unser Equipment. Wir hatten eine Achterbahn für Tommy und sein rotierendes Schlagzeug bauen lassen und fuhren die fetteste Pyro-Show auf, die es je gab, egal wo. Der ganze hängende Teil unserer Lichtanlage wurde angezündet, und Flammen schossen auf uns *nieder*, während wir spielten. Die ganze Band war mit Brandschutzmittel eingesprüht – einer farblosen Flüssigkeit auf unseren Bühnenklamotten. Feuerlöscher waren im Abstand von ungefähr sieben Metern griffbereit, außerdem Eimer voller in Wasser getränkter Lappen für den Fall, dass sich einer von uns anzündete. Auf früheren Tourneen hatte sich Tommy verbrannt, und ich mich auch so häufig, dass ich vergessen habe, wie oft genau. Eure Mütter sagten euch das, und ich wiederhole es jetzt: Wer mit Feuer spielt, verbrennt sich unweigerlich. Wir haben aber schon immer gern mit Feuer gespielt. In Mötleys Anfangszeit war es simpel: Ich kippte Feuerzeugbenzin über mich, und Vince zündete mich an: keine Tricks, bedenkenlos. Etwas weiter fortgeschritten – lang ist's her, 1981 – war es, kleine Käfige in den Absätzen meiner Stiefel mit einer 9V-Batterie zu verdrahten. So entzündete man Pyro-Flocken – meine Treter qualmten dann –, was in einem kleinen Club cool aussah: „Was zur Hölle? Die Stiefel von dem Typen brennen!"

Aber in einem viel größeren Saal hätte man das gar nicht bemerkt.

Für die Final Tour kombinierten wir meinen Bass mit einem Flammenwerfer. Der wog gut 50 Kilo und feuerte fast zehn Meter weit. Ich konnte zudem meinen Mikroständer in Brand setzen, den wir an Ketten festgemacht hatten, damit ich ihn packen und werfen konnte. Einen brennenden Mikroständer der durch die Luft fliegt sieht man selbst in den hinteren Reihen und findet's beeindruckend.

Wir hatten auch Akrobatinnen. Wir hatten Feuerwerk und jeweils einen Kran für mich und Vince. Die Tour hätte besser unter dem Motto „Scheiße, das gibt's doch nicht" stattfinden sollen, und das Bühnendesign für die Stadiongigs musste das Ganze übertreffen. Da die Pyro-Masche weitestmöglich ausgereizt war, wollte ich herausfinden, ob wir uns selbst überbieten konnten, ohne nur ein Flämmchen anzufachen.

Produktionsleiter Robert Long arbeitet schon sehr lange mit uns, weil er das Unmögliche möglich macht. Ich will kein „nicht umsetzbar" hören; „nicht umsetzbar" ist für mich nur ein Anfangspunkt. „Das hat noch nie jemand gemacht" – das stellt für uns eine Herausforderung dar, keine unveränderbare Tatsache, und hier kommt die Technik ins Spiel. Für diese Tour wollten wir große Leinwände. Eine äußerst kraftvolle Bildersprache.

„Wir zeigen uns in einer postapokalyptischen asiatisch anmutenden Umgebung mit Riesenrobotern", sagte ich zu Robert.

„Okay", antwortete er und wurde aufgeregt. „Wir haben jetzt Projektoren, die man einfach auffahren und verschwinden lassen kann.

Wir werden Meetings mit den Laserfirmen anberaumen – ich weiß, ihr Jungs habt zu uns gemeint, ihr wollt Laser statt Feuer, aber ich sehe eine Möglichkeit, beides zu nutzen. Falls ihr euch noch einmal überlegt, ob ihr wirklich keine Pyros möchtet: Es gibt mittlerweile welche, deren Flammensäulen zu Feuerbällen werden. Ihr glaubt nicht, was wir an Effekten erzeugen können."

Ich bin gegenüber neuen Ideen offen, solange sie unsere alten toppen. Ich versuche ja selbst ständig, mich zu toppen – und Tommy, was bei uns beiden auf Gegenseitigkeit beruht: „Ich will kopfüber trommeln, ich will über der Menge schweben. Ich will etwas tun, woran noch niemand überhaupt gedacht hat!" Tommy kann kopfüber genauso hart zuhauen, und während wir einander anstacheln, arbeitet Mick daran, dass seine Gitarre satter und lauter tönt als alles je zuvor Gehörte. Auf der technischen Ebene muss ich nicht mit Mick Schritt halten. Ich spiele schlichter – etwas punkiger und direkter auf den Punkt wie Cliff Williams von AC/DC. Obwohl ich ein paar fette Riffs habe, fühle ich mich meistens dort wohl, wo ich mich sexy und schmutzig fühle. Das ist es: vier Männer, die einen Sound erzeugen, der jedes Hindernis übertönt hat, das uns jemand in den Weg stellte. Wenn die Fans sehen, wie wir das allabendlich auf der Bühne abziehen, wird ihnen klar, dass sie das auch können, egal welche Hürden sie nehmen müssen. Ich weiß es, denn wenn nach der Show das Hallenlicht angeht, sehe ich die Veränderung in ihren Gesichtern. Wir alle bemerken das und nehmen es mit in die nächste Stadt. Ebendies ist Rock'n'Roll auf der grundlegendsten Ebene. Es ist das, woraus Mötley Crüe schöpfen – und wir versuchen, es nicht als selbstverständlich zu nehmen, obwohl es einem auch selbst viel abverlangt.

Wir erkannten, dass uns hinsichtlich unserer Familien und unseres Alters – wegen der Jahre, die wir damit verbrachten, unser Karma, unsere Körper und deren Chemie aufs Spiel zu setzen – nicht mehr viele Jahre als Band blieben. Was wir hatten, war ein stattlicher Trostpreis: 29 Stadionshows binnen dreier Monate, die vorbeirasen würden. Und dabei handelte es sich nur um den Anfang der Tour.

Hinter den Kulissen ließ man uns glauben, hundert weitere Termine stünden in Aussicht.

Dass wir uns fit gemacht hatten, war gut.

Wir beschlossen, die Chose „Stadium Tour“ zu nennen. Sie fing im Alamodome in Texas an und verlief durchs ganze Land, ehe sie in Los Angeles ausklang, wo wir am Labor Day im SoFi Stadium auftreten sollten. Nicht im Rund der Dodgers, wie Dennis versprochen hatte. Dafür gab es aber ebenfalls einen Trostpreis: Das SoFi war viel größer.

Live Nation kündigten die Termine im Dezember an, also konnte ich noch sieben Monate zu Hause bleiben. Ich plante voraus, indem ich Pausen zwischen den Shows ansetzte, um möglichst viel Zeit mit Courtney und den Kids zu verbringen. Die Bedürfnisse von Familie und Band miteinander zu vereinbaren ist nicht immer leicht gewesen. Diesmal hatte ich das Gefühl, das richtige Gleichgewicht gefunden zu haben. Ich behielt meine Workouts bei und arbeitete an den Feinheiten, damit wir uns unterwegs darauf konzentrieren konnten, was wir auf der Bühne tun würden. Ich ging penibel bis ins kleinste Detail vor. Die Wochen flogen dahin, weshalb ich erst im Februar wieder rauskam. Im Autoradio hörte ich in den Nachrichten, dass sich ein Virus ausbreitete. Der Beginn einer Pandemie, meinte der Sprecher.

Ende des Monats war ein Football-Stadion mit 80.000 kreischenden Fans der letzte Ort, an dem irgendjemand auf der Welt sein wollte.

2.

SNAKE RIVER

Die kontinentale Wasserscheide verläuft durch den Nordwesten Wyomings, und südlich des Yellowstone-Nationalparks verläuft der Fluss Two Ocean Creek. An seiner Gabelung fließen seine Arme in entgegengesetzte Richtungen hin zu den beiden Ozeanen, von denen sein Name herrührt.

Der Atlantic Creek mündet in den Yellowstone, den Missouri und dann den Mississipi, der fast 5.000 Kilometer von seiner Quelle entfernt in den Golf von Mexiko fließt. Der Pacific Creek mündet in den Snake River, der durch Idaho Richtung Oregon verläuft, dann an der Staatsgrenze entlang und zurück nach Westen, Washington und den Pazifik.

Man gelangt auf einem Wanderweg zur Gabelung. Dort braucht man sich bloß zu bücken, um die Hände ins kalte, strömende Wasser zu tauchen. Je nachdem, wie man sie ausrichtet, fließt das Wasser daran vorbei in eine der beiden Richtungen. Neigt man sie nur ein bisschen nach hier oder dort, findet sich das Wasser schließlich drei Zeitzonen weiter westlich oder östlich.

In diese Gegend sind wir umgezogen, als Covid-19 die Welt aus den Angeln hob. Courtney und ich hatten jahrelang darüber gesprochen, ein neues Zuhause für uns zu suchen. Wir dachten an Nashville, doch das war zu weit entfernt. Wir schauten in Vegas, wussten zu dem Zeitpunkt aber noch nichts von ihrer Schwangerschaft – und Vegas war keine Stadt, in der wir unser Mädchen großgezogen hätten. Nach der Stadium Tour wollten wir noch einmal suchen. Dann wurden die Konzerte verschoben. Los Angeles ging in den Lockdown, und das Virus ließ es uns mehr oder weniger wie den Ort vorkommen, an dem wir sein wollten.

Eines Morgens flüsterte mir Courtney zu: „Ich möchte, dass du unvoreingenommen bist."

Normalerweise schalte ich auf stur, noch bevor ich weiß, was als nächstes kommt. Nun brauchte Courtney nichts weiter zu sagen als: „Wyoming".

Ich wusste sofort, dass sie Recht hatte.

In Wyoming leben mehr Kühe als Menschen. Das ist kein lokaler Scherz, sondern schlichtweg Fakt. Nach Alaska hat es die niedrigste Bevölkerungsdichte aller amerikanischen Bundesstaaten. Allein dies machte es während einer Pandemie zu einem perfekten Ort. Wyoming stellte sich für uns grundsätzlich als perfekt heraus. Das Land zwischen der Teton und der Gros Ventre Range ist zerklüftet, unberührt und unvorstellbar prachtvoll. Sobald wir dort waren, kaufte ich einen großen Truck – mit Dieselmotor. Nach meiner Anmeldung auf dem Standesamt im Teton County erhielt ich zwei Nummernschilder, die mir wie ein örtlicher Ausdruck von „Willkommen" vorkamen.

„Die gefallen Ihnen bestimmt", meinte der Beamte.

In der Tat, denn darauf standen die Ziffern „666".

An manchen Tagen fuhr ich zu Ace Hardware oder zum Anglerbedarfsladen in der Stadt. Obwohl ich fremd war, machte niemand Aufhebens wegen meiner pechschwarzen Haare und Tätowierungen. Ich vergaß mich selbst, während ich nach wochenlanger Eingeschlossenheit in L.A. mit echten Menschen plauderte. Courtney schickte mir nach ein paar Stunden eine SMS: „Wo steckst du?"

„Ich bin beim Nachtangeln."

Als ich nach Hause kam, fragte sie. „Mit wem warst du angeln? Wir wohnen noch keinen vollen Monat hier?"

Also, ich war mit den Kerlen angeln gewesen, die ich im Fliegenfischereigeschäft kennengelernt hatte – Angelführern,

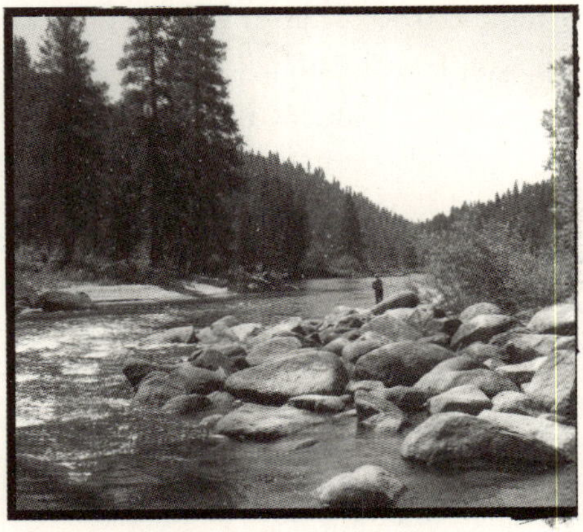

die sich nicht darum scherten, wer ich bin. Ihnen ging es nur darum, was wir fingen und dabei bequatschten.

Auf Tour hatte die Band auch in Wyoming gespielt. Wir waren durch Montana und Idaho, Utah und Colorado gekommen. Auf einer Rundreise unter dem Motto „Dead of Winter“ sind wir tatsächlich mitten im Winter stundenlang durch Kanada gefahren. Es war unheimlich, eine verlassene und schöne Landschaft, doch ich erinnere mich nicht daran, dass wir einmal haltgemacht haben. Eine Gruppe wie Mötley Crüe kann nicht in Kleinstädten auftreten. So gerne wir das täten, sprechen die Zahlen dagegen. Wir müssen dort spielen, wo wir mehrere Tausend Zuschauer ziehen. In diesen Städten nahm ich Notizblock und Kamera mit zu den Orten, wo es den Leuten schlecht ging. Elendsviertel. Gegenden mit hohem Aufkommen von Drogensüchtigen, Prostituierten und teils auch Bandenmitgliedern. Die meisten Menschen, mit denen ich mich unterhielt, ließen sich fotografieren. Ich hörte mir ihre Geschichten an und tauchte in den Stoff ein, der meine Songs prägte. Das sind meine Wurzeln. Orte, an denen ich selbst gewesen bin. Mit ihnen verbunden zu bleiben war wichtig, doch ich verbrachte so viel Zeit in den Städten, dass es eine Weile dauerte, bis ich erkannte, auf welch unterschiedliche Weisen auch das Ländliche mit mir verbunden blieb. Der Snake River, wo ich angelte, fließt an Twin Falls und Jerome in Idaho vorbei. Ich hatte vor Ewigkeiten in beiden Orten gewohnt. Mein Großvater und ich hatten am selben Fluss Lachse und Forellen gefangen. Entlang der Ufer gejagt und am Wasser kampiert. Ich war so weit von Idaho weggezogen und so lange fort gewesen – gefühlte Jahrhunderte, seitdem ich zuletzt daran gedacht hatte, doch jetzt, als ich es tat, staunte ich darüber, wie vertraut alles auf mich wirkte.

Vielleicht war ich doch nicht so weit weg gewesen.

Hinter dem Haus, das wir gekauft haben, liegt eine Schlucht. An dem Gefälle ziehen Hirschherden zum Grasen entlang. Eines Tages baue ich dort eine Sitzbank. Vorerst genügt mir ein Fels. Darauf sitze ich zehn bis 20 Minuten und vergesse die Zeit, bis mein Telefon klingelt. Wenn ich danach greife, erschreckt mich der Anblick meiner eigenen Hand. Die Tattoos sind vertraut, die Haut ist es nicht. Sie erscheint dünner, runzliger, durchsichtig. Schrammen an den Fingergelenken brauchen länger zum Heilen. Wenn ich aufstehe, knacken die Knochen. Solange das Telefon aber nicht klingelt, bleibe ich sitzen und beobachte die Hirsche. Ich erinnere mich an das Ackerland und die Ebenen in Idaho, die sich bis hinter den Horizont erstreckten. Ich erinnere mich daran, wie ich ein kleiner Junge war.

Als 13-Jähriger zu Hause im Doppeltrailer meiner Großeltern hörte ich Platten, die mir mein Onkel aus Los Angeles geschickt hatte. Alben von den Wings, Sweet, April Wine und den Beach Boys. Die Lieder darauf schienen mir viel lebendiger, ja wirklicher zu sein als alles, was es in Jerome gab. Das Städtchen hatte eine Ampel. Ein Kino. Einen Park so groß wie eine Briefmarke, wo die „bösen“ Kinder heimlich rauchten.

Ich rauchte und trank nicht. Drogen kannte ich insoweit, als ich in ihrer Nähe aufgewachsen war, doch seit mich meine Mutter fortgeschickt hatte, waren mir keine mehr untergekommen. Ich galt im Ort als der Neue; im Herbst würde ich auch in der Schule wieder der Neue sein. Zum Lunch wusste ich dann nicht, wo ich mich hinsetzen sollte. Ich war noch nicht Nikki Sixx, sondern Frankie Feranna, und in Idaho lebten nicht viele Menschen mit Vokalen am Ende ihres Namens.

Die Tage in Jerome vergingen quälend langsam. Getreide wuchs, Kühe wurden gemolken, sonst passierte nichts. Die Welt, von der ich in den Songs auf den LPs meines Onkels hörte, bewegte sich so schnell, dass ich befürchtete, den Anschluss zu verpassen. Jeden Abend vertiefte ich mich in die Fotos, Texte und Liner Notes, um Hinweise darauf zu finden, wie ich schnell dorthin gelangen konnte. Morgens wachte ich jedoch auf, und alles war exakt gleich geblieben.

Könnte ich in der Zeit zurückreisen, würde ich mir sagen, dass ich es langsamer angehen sollte, obwohl ich weiß, dass ich das nicht beherzigt hätte.

Frage: Was braucht es, damit du aufhörst, dich zu bewegen?
Antwort: 50 Jahre und eine Pandemie.

Meine älteren Kinder sind nach Wyoming geflogen. Sie alle haben ihr eigenes Leben und sind nacheinander eingetrudelt. Ich holte sie am Flughafen ab und nahm sie zum Wandern oder Angeln mit. Als alle hier waren, kochten und aßen wir gemeinsam zu Abend und schauten Filme. In Kalifornien hatten wir uns zu Geburts- und an Feiertagen getroffen. Nun waren wir aber mehrere Wochen lang ununterbrochen zusammen. Die Nachrichten zeigten so viel Furcht und Leid, dass wir die zusätzliche Zeit, die wir bekommen hatten, als umso wertvoller empfanden.

In jenen ersten Monaten der Pandemie, als unsere inneren Uhren auf unerklärliche Weise aus dem Takt geraten waren, sprachen wir über die Zeit an sich. Uns daran zu erinnern, wo wir im vorangegangenen Sommer gewesen waren, fiel schwer, doch lange vergessene Sommer erschienen uns plötzlich eindrücklich vor Augen. Hin und wieder ertappte ich mich dabei, meine Eltern anrufen zu wollen. Ein Jahr zuvor hätte ich ihre Telefonnummer nicht nennen können, nun kannte ich sie aus unerfindlichem Grund wieder.

Natürlich lebten Nora und Tom nun nicht mehr. Meine Eltern waren beide gestorben. Onkel Don, der mir die Platten nach Idaho geschickt hatte, war kurz vor Beginn der Pandemie von uns gegangen. Seine zweite Ehefrau Sharon, die Schwester meiner Mutter, weilte auch nicht mehr unter uns.

Aus den beiden Generationen lebte nur noch Harlene, die zweite Schwester meiner Mutter. Sie und ihr Mann, mein anderer Onkel Bob, waren meine letzte Verbindung zu jenem Teil meiner Vergangenheit.

Väterlicherseits fiel mir überhaupt niemand aus der Familie ein. Mein Halbbruder Randy… Ich hatte seine Nummer Jahre zuvor bekommen und ihn angerufen, um etwas über unseren alten Herrn herauszufinden. Allerdings lebte auch Randy nicht mehr.

Ich dachte darüber nach, was er gesagt hatte: „Unser Vater war kein guter Mensch."

In Los Angeles hatte Courtney unseren Familienstammbaum recherchiert. Sie machte alte Dokumente ausfindig – Volkszählungsunterlagen, Sterbeurkunden – und ordnete sie Fotos zu, auf die wir online gestoßen waren. Wir legten alles in einem Album an, das wir unserer Tochter geben wollten, doch die ganzen Daten erzählten selbst mit den Bildern zusammen nur einen Teil der Geschichte.

Wer waren diese Leute wirklich? Was motivierte sie zu den Entscheidungen, die sie getroffen hatten. Wie haben mich diese Entscheidungen geprägt? Wie würden sie wiederum meine Kinder prägen?

Mein Vater kehrte seiner Familie den Rücken. Bis ins Erwachsenenalter sah ich Rot, wenn ich an ihn dachte, doch das Meiste, was ich über ihn wusste, kam von meiner Mutter – und die hatte ihre eigene komplizierte Story.

Ich hatte weder ihr noch ihm je richtig verziehen.

Für sie war das nicht mehr von Belang. Mir hingegen bedeutete es noch überraschend viel.

Mein Leben lang hatte ich sie verurteilt – und dennoch selbst so einige beschissene Entscheidungen getroffen. Ich sage es ungern und bin nicht stolz darauf: Ich bin durch zwei Ehen und zwei Scheidungen gegangen, bevor ich Courtney begegnete. Auf all die Menschen, die in meinem Leben geblieben sind, kommen ungeheuer viele, die nicht mehr dazugehören. Eine Menge davon habe ich emotionslos verstoßen. Obwohl ich meine Kids nie im Stich gelassen oder ihnen das Gefühl vermittelt habe, sie nicht zu lieben, muss etwas von der Kaltblütigkeit, mit der uns mein Vater verließ, auch in mir stecken. War das etwas, dass es auszumerzen galt, um sicherzugehen, dass ich es nicht weitervererbte?

Oder war es das, was uns die vielen Goldauszeichnungen beschert und dieses hübsche Haus in Wyoming hatte kaufen lassen?

Wenn man bei seinen Eltern aufwächst, betrachtet man sich selbst und denkt: „Das hab ich von Mom, das von Dad." Vielleicht läuft es so, vielleicht auch nicht. Vielleicht lässt es sich nicht so eindeutig trennen wie all das. Für mich bestand das Problem darin, dass ich es unmöglich wissen konnte. Man hatte mich um mein *Recht* betrogen, es zu wissen – und das war im Lauf der Jahre noch etwas, das ich gehasst hatte. Verbring aber genug Tage umgeben von Frau und Kindern in Wyoming, und es wird schwieriger an Ressentiments festzuhalten. Jener Teil von dir, der aburteilen will, ist nicht mehr da.

Erhalten bleibt jedoch die Seite, die einen leicht unruhig lässt, weiterhin Antworten sucht und immer noch den Fußboden abklopft, um sich zu vergewissern, dass du fest geerdet bist.

Unsere Tour war nun bis zu einem unbestimmten Zeitpunkt aufgeschoben. Niemand wusste etwas über die Zukunft, alle taten so „als ob": als sei die Pandemie vor der Präsidentenwahl vorbei, als würden wir uns immer noch bald auf die Socken machen, als würde die Welt wieder so sein wie zuvor.

Ich hatte so meine Zweifel, wusste aber genauso wenig. Auch ich musste so tun „als ob". Irgendwann musste ich nach Los Angeles zurückfliegen, um mich um die großen und kleinen Details zu kümmern, die zusammengekommen waren.

Die Freeways waren wunderbarerweise leer. Ich hatte sechs Jahre zuvor mit dem Motorradfahren aufgehört, hätte aber jetzt viel für eine Maschine gegeben. Stattdessen öffnete ich das Verdeck. Ich liebe es, draußen zu sein, und den Luftstrom. Ein Cabrio werde ich immer besitzen, mit diesem machte ich lange Fahrten. Ich fuhr langsam, weil es kein Ziel gab. Ziemlich viele Geschäfte in meiner Nachbarschaft waren geschlossen. Der Park mit dem See, wo die kleinen Kids spielten – er war leer. Ich kam mir vor wie in einer Filmkulisse und ließ die 40 Jahre Revue passieren, die vergangen waren, seitdem ich die Band gegründet hatte. Dabei dachte ich an all die Menschen, mit denen ich gearbeitet hatte, und das, was wir gemeinsam durchgestanden hatten… und gar nicht daran, wohin ich fuhr, bis ich an einer roten Ampel einen Block vom Walk of Fame entfernt an der Ecke Cahuenga und Selma halten musste.

Dort hatte meine Band London geprobt.

Sie war diejenige, der ich vor Mötley angehört hatte, und existierte noch viele Jahre nach meinem Ausstieg. Slash und Izzy Stradlin waren Mitglieder gewesen. Fred Coury von Cinderella und Blackie Lawless von W.A.S.P. ebenfalls. Am Sunset Strip ging der schlechte Witz um, London seien jene Combo, die man durchlaufen musste, um berühmt zu werden, wobei alle berühmt würden, bloß London selbst nicht.

Lizzie Grey, Dane Rage und ich gründeten die Gruppe 1978 in Hollywood, nachdem wir bei Blackies Band Sister rausgeworfen worden waren.

Dane war noch da – wir waren in Kontakt geblieben –, hatte aber längst sein unglaublich aussehendes Kit von North Drums verkauft. Lizzie indes, der mein bester Freund gewesen war, lebte nicht mehr.

An derselben Kreuzung hatten wir vor Jahren lang und breit in meinem silbernen Vega über meine Pläne für die Band gesprochen. Mir schwebte eine härtere Richtung vor. Wir beide liebten Mott the Hoople, David Bowie und Queen, doch mir gefielen auch die Sex Pistols und Ramones, dorthin tendierte ich in zunehmendem Maß. Ich hatte die meisten Songs geschrieben, die später auf Mötleys erstem Album landeten, also sagte ich Lizzie, wir müssten uns unterhalten, und dass ich aussteigen würde.

Ich weiß noch, dass er weinte. Wir hatten gemeinsam so viel erlebt.

„Ich muss das tun“, erklärte ich ihm. Während ich Mötley gründete, machte er mit London weiter.

Bevor ich Lizzie zum letzten Mal sah, redeten wir am Telefon zum ersten Mal seit Jahren miteinander. Er offenbarte mir, dass er unter Parkinson litt, und wir machten Witze darüber, was er alles nicht tun konnte: nicht mehr Gitarre spielen, nur noch singen. Manchmal aber beim Singen, so erzählte er, vergaß er, wo er stand. Er wusste nicht mehr, wo er war.

Obwohl ich mich vor unserem Treffen gefasst hatte, entsetzte mich sein Anblick. Was die Krankheit mit ihm gemacht hatte, raubte mir den Atem.

Lizzie lebte in Vegas – seine Frau fuhr ihn mit ihren Töchtern zusammen hoch –, und wir trafen uns in einem Restaurant in Thousand Oaks. Er wog wahrscheinlich keine 50 Kilo mehr. Ich stützte ihn beim Gang zur Toilette, hielt ihn von hinten fest, während er sein Geschäft machte, und zog seinen Reißverschluss hoch. Das war das letzte Mal, dass ich ihn sah.

Dank Allen Kovac habe ich einen Rolls-Royce als Cabriolet. Er ist weiß und innen mit rotem Leder verkleidet – ein schöner Wagen, doch ich habe ihn gekauft, weil er der größte war, den man mit abnehmbarem Verdeck fand. Würde Dodge so große Modelle bauen, hätte ich stattdessen eines davon. Den Rolls fuhr ich jedenfalls während der Pandemie und zu dem Treffen in dem Restaurant in Thousand Oaks, nachdem ich von Wyoming nach Los Angeles geflogen war.

Während ich nun am Steuer saß, entsann ich mich der Nächte, in denen ich in Parks geschlafen hatte. Ich sah mich selbst, wie ich Lizzie hinausführte, indem ich ihn gemeinsam mit seiner Frau aufrecht hielt, wobei die Kinder zuschauten.

„Warum er?“, dachte ich.

Wenn ich mich manchmal selbst vergesse, frage ich Allen: „Hey, glaubst du, wir könnten dies oder das tun?"

Er antwortet immer gleich: „Du weißt, dass du ein Superstar bist, nicht wahr?"

Irgendwie weiß ich es schon, irgendwie aber auch nicht. Ich erwidere dann, er solle den Mund halten, weil ich mich immer noch als Außenseiter begreife. Allerdings bin ich ein Außenseiter mit einem Rolls-Royce.

Wieso ich und nicht Lizzie? Wir liebten dieselben Bands, komponierten zusammen Songs und hatten die gleichen Träume, doch mein Schicksal war meines, und sein Schicksal seines.

„Band sucht Bassisten. Muss spielen können, eigenes Equipment haben und auf Aerosmith stehen."

So fing es an. Mit einer Zeitungsannonce. Gitarrist sucht Bassisten für Bandgründung. Ich weiß, wie es ausgegangen ist, und habe zwischendrin alles miterlebt. Als ich jedoch nach Wyoming zurückkehrte, ging ich durch die Schlucht, wo die Hirsche grasten, setzte mich auf den Felsen und blieb dort, bis mich Courtney suchen kam.

3.

BLOẞ KIDS

Das ist buchstäblich das Schiff, mit dem wir gelandet sind. Meine Großeltern väterlicherseits, Serafino und Frances, wurden in Calascibetta geboren und getraut, einer uralten Stadt im Herzen Siziliens, und mein Großvater nahm dieses Schiff – die SS Perugia – 1906 nach New York. Frances hatte gerade meinen Onkel Carlo zur Welt gebracht; die beiden trafen einen Monat später ein, sesshaft wurden sie schließlich in Kalifornien. Serafino arbeitete für die American Can Company, und 1918 (im Geburtsjahr meines Vaters) wohnte die Familie in Keys Street in der Innenstadt von San José – wo sie auch 30 Jahre später noch lebte, als mein Großvater starb.

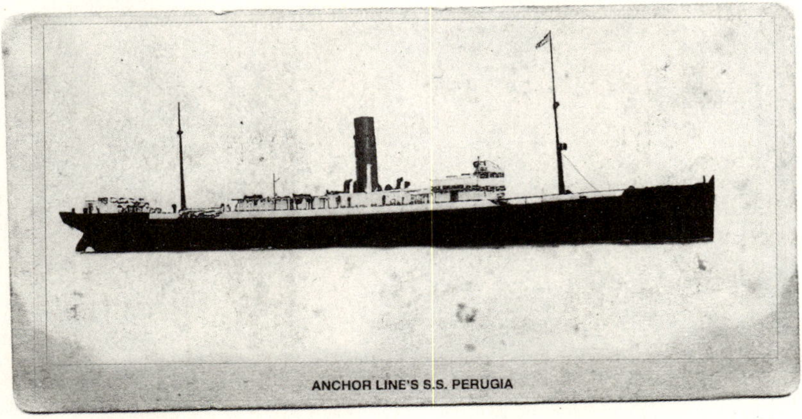

Meine Vorfahren mütterlicherseits hießen unter anderem Caleb, Keturah und Ezrah, Theodosia, Temperance und – nein, ich hab mir das nicht ausgedacht – Zerubbabel. Sie waren Pilger wie Simon Hoyt, der Anfang des 17. Jahrhunderts aus Dorset in England emigrierte und sich in der Bay Colony in Massachusetts niederließ. Da die Schriftsprache noch nicht vereinheitlicht war, stehen in meinem Stammbaum auch Namen wie Hight, Haight und Hyatt. Die Haights waren meine direkten Vorfahren mütterlicherseits. Sie fuhren nach Westen, traten der Kirche Jesu Christi der Heiligen der Letzten Tage bei und siedelten auf dem Land der Mormonen an. Mein Großvater Horton Devitt Haight kam 1907 in Antimony in Utah zur Welt.

Er war der erste Ehemann meiner Großmutter Nona. Tom – der Mann, den ich als meinen Großvater kenne – war ihr zweiter.

Horton und Nona hatten drei Kinder: Harlene, Sharon und meine Mutter Deanna, das Nesthäkchen und der Liebling der Familie. Die Mädchen wurden alle in Twin Falls in Idaho geboren. Als Harlene sieben und meine Mutter knapp zwei Jahre alt waren, zog die Familie zum Arbeiten nach Kalifornien. Sie kam in Santa Cruz unter, wo sich Horton und Nona scheiden ließen. Kurze Zeit später – 1951 – starb er.

Deanna war zu dem Zeitpunkt elf. Ich habe gehört, sie sei schon vor Hortons Tod wild gewesen. Meine Mutter war hübsch und verträumt – aber ihrer eigenen Aussage zufolge willensstark, entschlossen und unmöglich zu kontrollieren oder mit vernünftigen Worten zu bändigen. Mit 14 oder 15 lief sie zum ersten Mal von zu Hause weg. Nona wusste nicht, wohin sie verschwunden war, ob es ihr gutging oder sie überhaupt noch lebte. Als sie schließlich 19 war, tauchte sie mit meinem Vater im Schlepptau auf.

Mein Dad trat der Armee vier Wochen vor dem Angriff auf Pearl Harbor bei, muss also kurze Zeit später dorthin beordert worden sein. Vermutlich kämpfte er auch, bloß weiß ich nicht wo. Irgendwann noch während seiner Dienstzeit heiratete er im Heimaturlaub eine Frau namens Adeline. Zum Zeitpunkt seiner Verabschiedung im Dezember 1945 waren sie seit zwei Jahren verheiratet, doch ob er Kinder aus jener ersten Ehe hatte oder nicht, konnte ich ebenfalls nicht in Erfahrung bringen. Die ersten 40 Jahre seines Lebens sind mir ein Rätsel.

Was ich weiß ist, dass Frank Feranna doppelt so alt war wie meine Mutter, die mich am 11. Dezember 1958 mit 19 Jahren zur Welt brachte.

In manchen Familien hätte Franks olivfarbener Teint – der sizilianische Hintergrund – wahrscheinlich Anlass zu einer gewissen Empörung gegeben (man stelle sich vor, was Zerubbabel davon gehalten haben mag), und allein der Altersunterschied wäre für einen Skandal gut gewesen.

Dieser Zweig meiner Familie hatte aber etwas Unkonventionelles an sich. Hortons Vater beispielsweise legte sich mehrmals mit dem Gesetz an: Unterschlagung, womöglich Bankraub. Es ist nicht ganz klar, doch er handelte sich irgendwelchen Ärger ein und verbrachte Zeit im Gefängnis. Als er freikam, kehrte er nicht zu seiner Familie zurück, sondern verschwand und ließ unsere hinter sich, um eine neue zu gründen.

Die Haights hatten bestimmt Erfahrung im Umgang mit Skandalen.

Blieb noch der Umstand, dass Nona älter als Tom war, den sie nach Hortons Tod heiratete – wesentlich älter, genaugenommen 16 Jahre. Als Tom klein gewesen war, hatte Nona als Babysitterin auf ihn aufgepasst. Als er älter war, zur Army ging und in Fort Ord an der Monterey Bay stationiert wurde, begegneten sie einander wieder.

Altersunterschiede waren also auch nichts Neues.

Vielleicht war Nona aber einfach nur froh, Deanna heil wiederzuhaben.

Wie auch immer, meine Mutter war in jedem Fall wieder zu Hause – sicher, wohlbehalten und schwanger. Sie haben sich sofort auf mich eingeschossen. Mom hatte sich ein paar Namen ausgesucht, doch Frank bestand darauf, dass ich seinen tragen sollte. Er muss beharr-

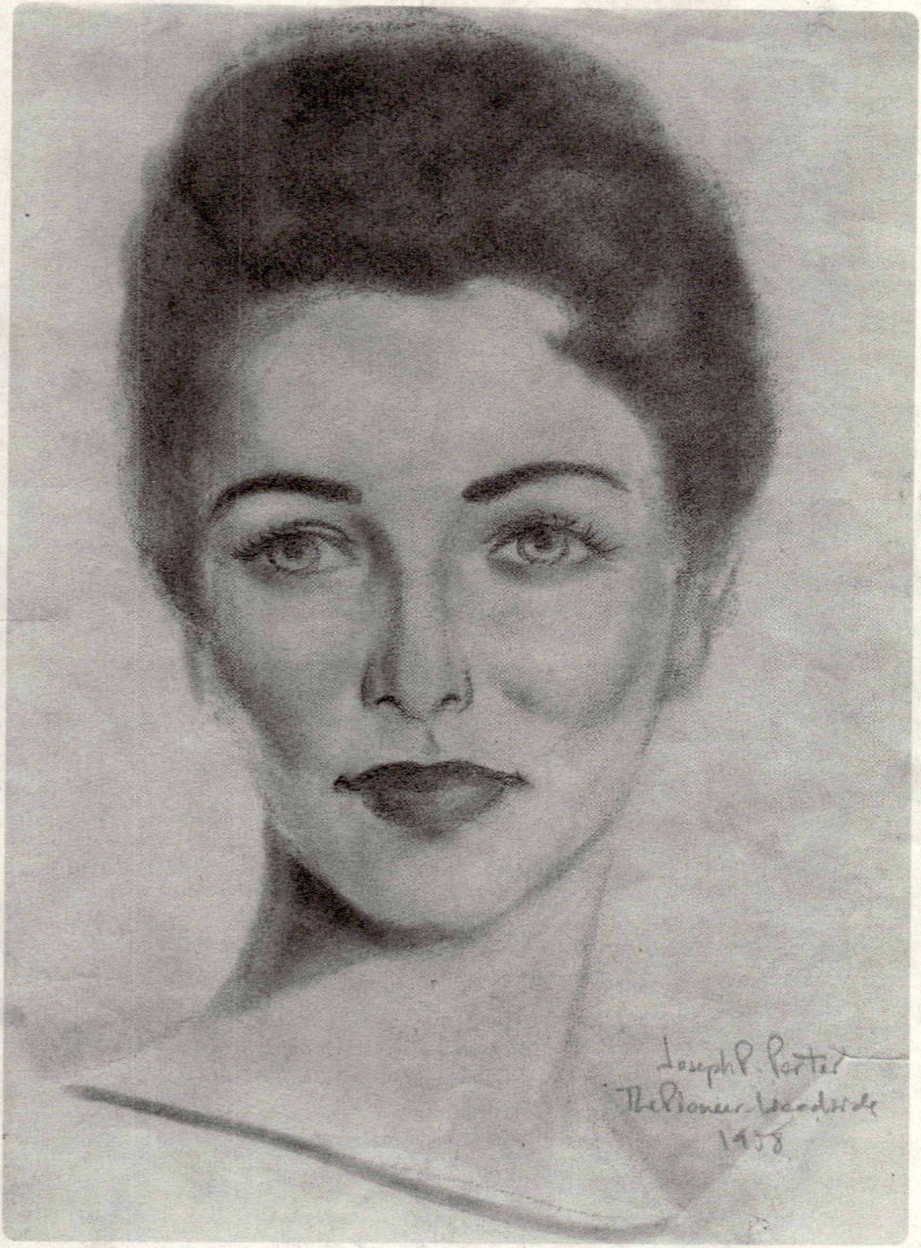
Joseph P. Porter

lich gewesen sein – so wie Mom später über ihn sprach, stellte ich ihn mir als Wüterich vor, der Gegenstände von den Wänden riss – und setzte sich selbstverständlich durch: Ich wurde Franklin Carlton Feranna Junior. Einen Sohn nach sich zu benennen genügte Frank Senior allerdings nicht, um zu Hause zu bleiben. Als ich alt genug war, um zu begreifen, was in meinem Umfeld geschah, hatte er meine Mutter und mich sitzenlassen.

Zumindest glaubte ich das lange. Die Wahrheit gestaltet sich komplizierter. So ist die Wahrheit immer, jedenfalls in meiner Familie. Sie besteht darin, dass Frank und Deanna noch ein Kind hatten: eine Schwester, die ich nie kennengelernt habe.

Auch Lisas Leben ist mir ein Rätsel. Ich muss als Baby kurz mit ihr in Berührung gekommen sein, aber das ist so lange her. Ich war zu jung, um mich daran erinnern zu können. Als ich Lisa zum ersten mal *wirklich* sah, lag sie in einer Holzkiste. Es war ein Kindersarg, denn meine Schwester war, als sie mit 39 Jahren starb, ein sehr kleiner Mensch. Sie kam blind und mit Downsyndrom zur Welt. Ich habe jetzt ihre Kirchenschuhe – klein und weiß, sie trug sie lange Zeit einmal wöchentlich. Kein Kratzer findet sich daran, weil Lisa nie laufen konnte.

Sie hatte ein makelloses Gesicht, ohne Falten und engelsgleich. Selbst mit geschlossenen Augen sah sie ein bisschen so aus wie mein Spiegelbild, so stark ähnelten wir einander. Wie ich so dastand in der Leichenhalle, nahm mein Bedauern zu. Am Abend zuvor hatte ich meine Mutter angerufen, woraufhin eine unserer fürchterlichen Unterhaltungen folgte.

„Warum habe ich sie nie getroffen? Warum sind wir sie nie besuchen gefahren?“

„Wir durften sie nicht sehen“, erwiderte meine Mutter. „Wenn doch, war es sehr aufwühlend für sie.“

In der Leichenhalle lernte ich allerdings einen Mann kennen, dessen Eltern sich um meine Schwester gekümmert hatten.

„Das stimmt nicht“, machte er deutlich. „Sie wusste von Ihnen, liebte und vermisste Sie. Außerdem fragte sie nach Ihnen.“

Auch andere Dinge, die mir meine Mutter erzählte, konnten unmöglich wahr sein – angefangen bei Lisas zweitem Vornamen Maria. Laut Mom war meine Schwester nach Elvis Presleys Tochter benannt, doch Lisa Marie Presley kam 1968 zur Welt, Lisa Maria Feranna schon 1960.

Das ist keine große Sache – eine kleine Lüge oder eine falsche Erinnerung. Falls es aber *tatsächlich* gelogen war: Durfte ich mich überhaupt auf irgendetwas verlassen, das mir über Lisa gesagt wurde? Darüber nachzudenken führt mich zu einer Äußerung meiner Tante Harlene: „Deine Mutter und ich, wir haben nie gestritten. Sie und deine Tante Sharon sind auch gut miteinander ausgekommen". Wir drei verstanden uns abgesehen davon gut, dass deine Mutter nie die Wahrheit sagte – über nichts."

Hier ist ein Rezept für den Fall, dass ihr euch zu Hause selbst einen Rockstar zubereiten wollt:

* Man nehme ein Kind. Je leichter zu beeindrucken und fantasievoller, desto besser.
* Eine Prise Nachlässigkeit und Misshandlung sowie ein großzügiges Maß Nichtbeachtung.
* Falls Geschwister vorhanden sind, diese genauso behandeln und es dem Kind zeigen.
* Kräftig schütteln und ziehen lassen.

Das ist eine grobe Formel. Bestimmt gibt es auch andere, doch anhand dessen, was ich während meiner Zeit an der Rock'n'Roll-Front erlebt habe, halte ich sie für einen guten Startpunkt.

Was meinen Fall angeht, so habe ich nachgerechnet. Folgendes ist herausgekommen: Lisa wurde an einem 11. November geboren, auf den Tag genau einen Monat vor meinem zweiten Geburtstag. Demgemäß, was ich seit ihrem Tod in Erfahrung brachte, blieb sie noch zehn Monate bei uns. Das genügte für mich, um sie kennenzulernen und zu lieben. Es war lange genug, um zu spüren, dass sie fehlte. Insofern ich es hätte begreifen können, war Lisa eines Tages einfach… verschwunden. Wer sollte behaupten, dass mir möglicherweise nicht das Gleiche passierte?

Und natürlich war ihr Verschwinden kein Einzelfall; mein Vater war ja auch verschwunden.

Während meiner Kindheit malte ich mir aus, Frank habe uns nach meiner Geburt verlassen. Das stimmte offensichtlich nicht. Er war Anfang 1960 zugegen, als meine Mutter erneut schwanger wurde, und im November bei Lisas Geburt. Auch zehn Monate später noch, als man sie zu der Familie brachte, die sie schließlich aufzog.

Dies entsprach nicht der Geschichte, die ich beim Aufwachsen gehört hatte.

Als ich Harlene darauf ansprach, wunderte ich mich darüber, dass sie und ihr Mann Bob – der seinerzeit dabei war und bis heute lebt – schöne Erinnerungen mit meinem Vater verbanden.

„Frank war gut aussehend", meinte Harlene.

„Ein sehr begabter Künstler", ergänzte Bob.

Die zwei sind jetzt über 80. Sie wohnen in Idaho, und während des ersten Jahres der Pandemie konnte ich sie gar nicht sehen, telefonierte dafür aber unheimlich gerne mit ihnen. Sie waren extrem scharfsinnig und hatten ihren Spleen, einander ins Wort zu fallen, nach mehr als 60 Jahren Ehe zu einer Kunstform erhoben.

„Alles, was du über ihn mitbekommen hast, ist falsch –"

„Also, Bob, das wissen wir nicht."

„Wir wissen, dass er ein wirklich guter Mensch war. Ausgesprochen begabt, sehr –"

„Wir mochten ihn sehr."

„Deine Eltern besuchten uns regelmäßig", sagte Bob. „Wir hatten ein neues Haus mit einer hübschen Veranda dahinter, Bänken, Blumen in Hochbeeten und allem Möglichen sonst. Dein Vater hat das Ganze entworfen. Ich weiß nicht mehr, womit er sein Geld verdiente; muss wohl Architekt gewesen sein. Er konnte Stift und Papier

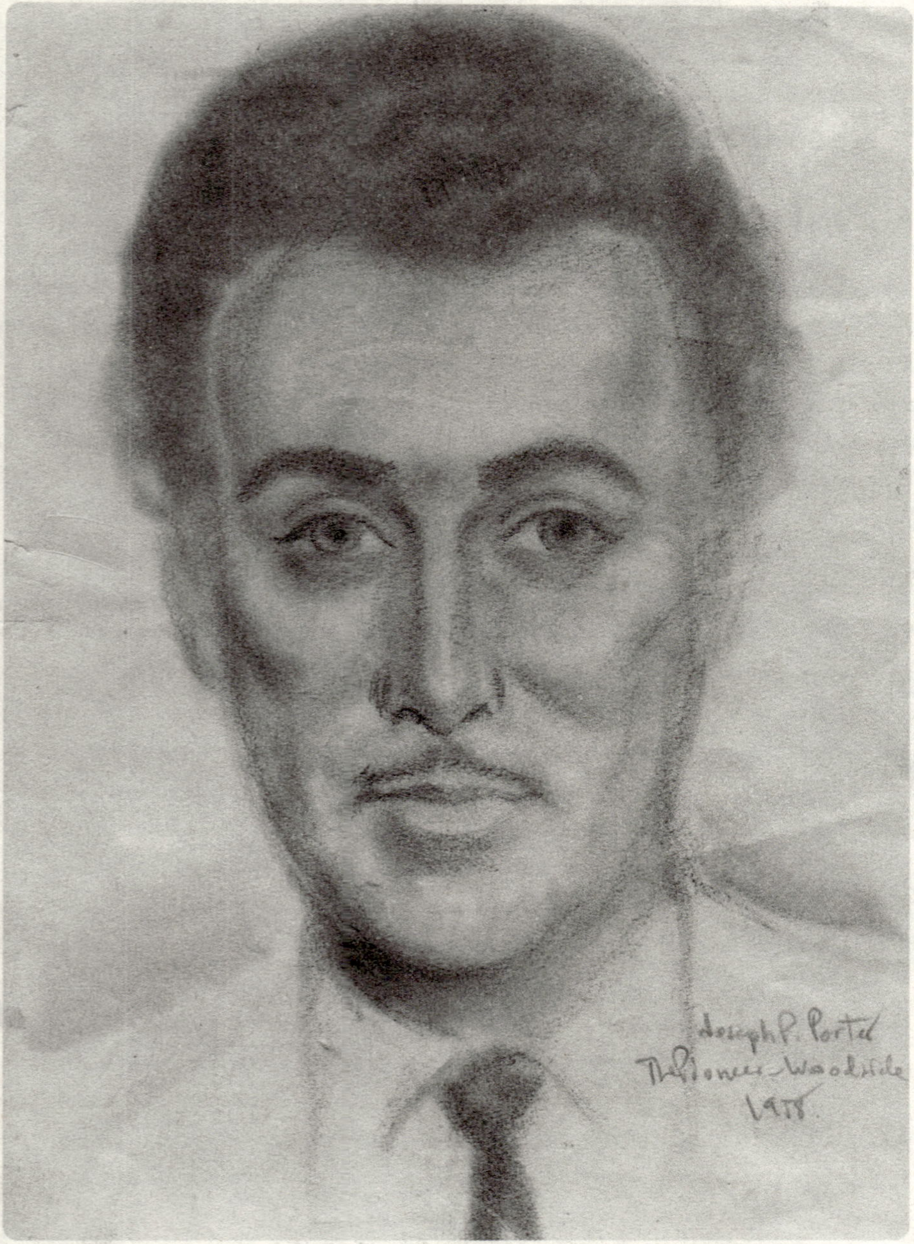
Joseph P. Porter
The Pioneer Woodside

nehmen und alles zeichnen, was es auf der Welt gibt. Alles, was er wollte."

„Wir waren stolz auf ihn", sagte Harlene.

„Wusstet ihr etwas über seine Herkunft? Erinnert ihr euch an Einzelheiten zu seiner Familie?"

„Kein bisschen. Er sprach nicht darüber."

„Wisst ihr, warum er und meine Mutter sich trennten?"

„Etwas ist vorgefallen, das ihn sehr wütend gemacht hat", antwortete Bob, „denn danach sahen wir ihn nie wieder. Zu der Zeit dachten wir, Deanna habe etwas getan, das ihm nicht gefiel."

„Vielleicht hat sie auch", fügte Harlene hinzu. „Keine Ahnung."

Rätsel ungelöst. Jemand hat etwas getan. *Etwas* muss passiert sein. Doch selbst wenn Bob und Harlene irgendwann erfahren hätten, was dieses Etwas war, gaben sie es nicht preis. Oder sie haben es, weil sie ehrliche Leute und rundheraus sind, verdrängt beziehungsweise vergessen. Auf Frank folgte eine lange Reihe anderer Männer. Über einige davon waren die beiden im Bilde, aber nicht über alle. „Sie hielt es nie lange mit jemandem aus", so Harlene. „Frank dürfte derjenige gewesen sein, bei dem sie am längsten blieb."

Im Leben meiner Mutter gab es eine Menge klarzustellen, doch das schmälert nicht meine Neugier darauf, was *wirklich* geschah.

Ich kann mir nicht vorstellen, wie es war, meine Schwester aus der Klinik nach Hause zu bringen. So wie ich es verstehe, rechnete man nicht damit, dass sie überlebte. Jeder wäre überfordert gewesen. Es hätte jede Ehe auf die Zerreißprobe gestellt. Als Lisa nicht starb und sie sie aufgaben – wie kommt man über so etwas hinweg?

Was, falls nicht? Falls man abschaltet? Was, falls meine Mutter schon abgeschaltet hatte.

„Ging meine Mutter liebevoll mit mir um?", wollte ich von Tante Harlene wissen.

„Das kann ich eigentlich nicht beurteilen. Ich weiß noch, wie ich nach deiner Geburt, als Deanna mit dir aus dem Krankenhaus zurückkehrte, in das Appartement kam, wo sie mit deinem Dad wohnte. Ich blieb 14 Tage, kümmerte mich um dich – sie wollte nicht – und dachte mir nicht viel dabei. Sie kochte gern und wusste, dass ich Babys und Kinder allgemein liebte, also waren wir beide in unserem Element. Nun, da ich älter bin, sehe ich ein, dass ich sie hätte zwingen sollen, sich um dich zu kümmern und eine Bindung mit dir einzugehen. Ich war aber selbst noch ein Kind, und was wissen Kinder schon?"

Eventuell hat uns mein Vater nicht verlassen. Meine Mutter könnte ihn vertrieben haben.

Aber einer Mutter Schuld zu geben ist einfach.

Nehmen wir den Streit um meinen Namen: Vielleicht lief diese Angelegenheit auch andersherum.

Womöglich freute sich mein Vater als stolzer Sizilianer, der er war, riesig darüber, einen Sohn gezeugt zu haben, also handelte es sich von seiner Seite aus weniger um Verdruss als Stolz.

Aber auch das könnte wieder ein Irrtum sein. Vielleicht hat er mit der Faust Löcher in die Wand geschlagen.

Und selbst wenn Deanna versuchte, Frank davon abzuhalten, mich anzurufen oder zu besuchen (davon gehe ich nicht aus, aber sagen wir der Diskussion zuliebe, sie hat es versucht), wäre das keine Entschuldigung gewesen.

„Etwas ist vorgefallen, das ihn sehr wütend gemacht hat, denn danach sahen wir ihn nie wieder.", hat Bob gesagt.

Aber Frank seinerseits hat auch mich nie wiedergesehen.

4.

NONA UND TOM

Wir zogen danach herum: nach Lake Tahoe, Reno, El Paso. Allzu lange schienen wir nirgendwo geblieben zu sein.

Bob und Harlene schlugen zuerst in Lake Tahoe auf. Er war von Beruf Kfz-Schlosser. Er arbeitete 13 Jahre für ein Unternehmen in Santa Cruz, ehe er sich selbständig machte, nachdem er erfahren hatte, dass es in Tahoe einen Automobilteilehandel gab, aber keine angeschlossene Werkstatt. Bob siedelte mit Harlene um und eröffnete eine solche Werkstatt, die dann für viele Jahre die einzige vor Ort blieb.

Mein Großvater Tom war Schlosser und Mechaniker wie mein Onkel. Er und Nona folgten Bob und Harlene nach Tahoe, wo er einen Job in der Werkstatt erhielt.

Irgendwann müssen wir uns zu ihnen gesellt haben.

Deanna fand eine Anstellung als Kartengeberin – Blackjack – in Harvey's Wagon Wheel. Es war nicht das, was sie sich wünschte. Sie hatte davon geträumt, Model oder Schauspielerin zu werden. Von Musikern und Personen aus dem Showgeschäft fühlte sie sich angezogen, doch das Kasino war nicht allzu weit von der Bühne entfernt, und sie konnte sich nach ihrer Schicht unter die Entertainer mischen. Sie machte die Nächte durch und schlich sich morgens ins Haus. Gelegentlich wachte ich auf und fand einen fremden Mann in unserem Appartement vor. Ich war jung, erinnere mich aber noch besonders gut an einen davon, weil er sowohl länger dablieb als auch etwas Eigentümliches an sich hatte. Mehrere Eigenheiten, um genau zu sein. Er war freundlich, und ich weiß noch, wie er aussah, sogar seine Hände und Knie, da er mit mir spielte und Witze riss, die ich für die witzigsten der Welt hielt. Er hatte sich sein eigenes inneres Kind bewahrt, wurde aber bisweilen traurig. Ich kletterte auf die Couch und legte den Kopf an seine Schulter.

Wenn er eine Zeitlang weg war und unvermittelt wieder auftauchte, sah er mich freudestrahlend. „Frankie, mein Freund!"

Richard blieb ein paar Wochen in der Stadt und verließ uns, kam aber stets zurück. Ich war immer begeistert, ihn zu sehen. So empfand allerdings nicht jeder.

Das war zwar in den 1960ern, aber nicht gegen Ende des Jahrzehnts. Männer trugen noch Hüte. Rassenmischung – „Ehen und/oder sexuelle Beziehungen zwischen Menschen unterschiedlicher Rassen" – war in mehreren Staaten illegal. In Kalifornien war es 15 Jahre zuvor illegal gewesen und wurde weiterhin argwöhnisch betrachtet. Deanna verlor ihre Arbeit im Harvey's. Die Überwacher des Tischspielpersonals behaupteten, mit Entertainern anzubandeln sei für Angestellte des Kasinos ein Regelverstoß, doch ich bin mir sicher, dass sie andere Dinge beanstandeten. Seinerzeit waren solche Beziehungen selten, falls nicht gar unbekannt.

Falls ich eines über meine Mutter weiß, dann, dass wir ganz bestimmt von Gehaltsscheck zu Gehaltsscheck lebten. Wir hatten keine Ersparnisse. Unser einziges Sicherheitsnetz wären Verwandte gewesen – was angesichts der vielen Arbeitsstunden meiner Mutter und der Zeit, die sie in der Stadt verbrachte, sehr hilfreich gewesen wäre –, doch niemand hatte Geld. Ich wusste es damals nicht, aber rückblickend ist mir klar, dass wir richtig arm waren. Den Job zu verlieren war ein herber Schlag. Ich kann nicht sagen, dass sie darüber dachte, Richard verloren zu haben. Später grämte sich Mom sicherlich darüber, obwohl sie nichts dazu äußerte, falls dem so war. Ich musste erst viel älter werden, bis ich zwei und zwei zusammenzählen konnte, sodass mir dämmerte: „Ohhh… Richard Pryor."

Aber Richard verschwand wie mein Dad, und ich weiß nicht, ob er es freiwillig tat. Laut Bob und Harlene rief er meine Mutter weiterhin an. Als sie nicht mehr abhob, wandte er sich an die beiden. Es dauerte etwas, bis er aufgab, und brauchte auch eine gewisse Zeit, bis er berühmt wurde. Als ich jedoch auf die High School kam, war er mehr als nur berühmt – eine Ikone. Niemand in Jerome hätte geglaubt, dass er ein Verhältnis mit meiner Mutter hatte. Genauso gut hätte ich behaupten können, wir seien ein Jahr lang bei Außerirdischen gewesen. Oben in Idaho wirkte Kalifornien wie eine andere Welt.

Meine Mutter fand in anderen Kasinos Arbeit, aber nichts so Beständiges wie im Harvey's. Bald fing auch sie an, zu verschwinden. Sie blieb über lange Zeit hinweg fern, oder zumindest kam es mir lang vor. Ich wohnte bei Nona und Tom oder pendelte zwischen ihnen und Bob und Harlene. Das muss um meine Einschulung in Tahoe herum gewesen sein, doch die wenigen Erinnerungen, die ich daran habe, sind hoffnungslos mit Eindrücken von anderen Schulen an anderen Orten verschmolzen. Ich weiß noch am meisten von der Umgebung. Schwimmen im Sommer, im Winter auf Schneemobilen fahren. Um sie selbst zu steuern, war ich wohl zu klein, also saß ich vermutlich auf Bobs oder Toms Schoß – und Bob und Harlene hatten ja auch Kids, meine älteren Cousins. Wahrscheinlich schneite es an dem Tag, als ich Dad ein letztes Mal sah. Es muss ungefähr vier Uhr nachmittags gewesen sein – das kann ich anhand eines Fotos von uns von jenem Tag bestimmen –, und er schenkte mir eine kleine rote Untertasse, einen Schlitten. Das fiel mir neulich in Wyoming ein, als ich zu Ace Hardware fuhr, um meiner Tochter einen Schlitten zu kaufen. Draußen schneite es heftig, ein richtiges Gestöber. Ich kam mit der gleichen roten Untertasse für Ruby aus dem Geschäft, woraufhin die Erinnerung an meinen Vater mit voller Wucht hereinbrach. Ich hüte sie immer noch, weil sie die einzige ist, die ich an ihn habe. Abgesehen davon aber, dass ich ihn vermisste und Richard ebenfalls, wüsste ich nicht, dass ich in Tahoe sonderlich traurig oder einsam gewesen wäre. Meine Cousins und ich verbrachten viel Zeit zusammen, ich sah sie fast wie Brüder an. Bob und Harlene waren ständig da, Nona und Tom auch. Eine schöne Zeit, umgeben von Familienangehörigen.

Tom hatte einen extremen Drang nach draußen, wie ein im falschen Jahrhundert geborener Grenzer. Er liebte das Angeln und die Jagd, und falls es kein Werkzeug gab, das er brauchte, um eine Aufgabe zu erledigen, konnte er sich niedersetzen und es selbst entwickeln. Mich faszinierten seine Werkzeuge – sie waren wie Spielsachen, die sich verwenden ließen, um andere Spielsachen zu machen. Von seinem Taschenmesser war ich besessen. Ich wollte auch so eines, und Tom kaufte mir ein Exemplar, das ich lange behielt. Ich wusste nicht, dass er einige seiner alten Werkzeuge verkauft hatte, um es zu besorgen. Es handelte sich um Arbeitsmittel, mit denen er seinen Lebensunterhalt verdiente, doch sein erster Gedanke war: „Frankie will das. Was kann ich verkaufen?" Die Vorstellung, dass er schließlich in einem Bürojob festsaß, ist merkwürdig. Bevor es aber soweit kam, tauchte meine Mom wieder auf, und ich brach mit ihr und ihrem neuen Freund Bernie zu einem großen Abenteuer in Puerto Vallerta auf.

Bernie war Musiker. Er spielte mit Unterbrechungen Trompete für Frank Sinatra. Vielleicht markierte er für Mom nach Richard den nächsten Schritt, doch aus irgendeinem Grund fürchtete ich mich vor ihm. Heute habe ich mehr Verständnis für ihn. Als Musiker beendete er seine Arbeit erst spät nach Mitternacht – und was tun Kids frühmorgens? Ruby fängt an, herumzutoben und Zeichentrickserien zu schauen, was ich bestimmt auch getan habe. Ausgerechnet das wollte Bernie morgens nicht hören, nachdem er die halbe Nacht auf den Beinen gewesen war. Als Erwachsener kann ich sein Verhalten besser nachvollziehen, gleichwohl ich von ihm nie etwas anderes hörte als „Sei still! Sei still!"

Damit umzugehen war enttäuschend, und jede Wette, dass er mich auch als Enttäuschung sah. Ich bin aber eben dagewesen, also machte er mir das Leben schwer, ununterbrochen. Ihm passte nicht, wie ich mich auf meinem Sessel fläzte, wenn ich die Ellbogen auf den Küchentisch stützte, wie ich mir die Zähne putzte – horizontal statt vertikal, wie er es mir beigebracht hatte – und dass ich ihn weckte. Darum schrie er mich an, und ich dachte: „Du bist nicht mein Dad."

Ich glaube nicht, dass ich es laut sagte. Einmal schlug oder ohrfeigte Bernie mich – ich hatte mir die Zähne wieder falsch geputzt –, was zu einem derben Streit zwischen ihm und meiner Mutter führte. Viel Gebrüll, während ich weinend auf dem Boden saß, nachdem ich eine Maulschelle bekommen hatte. Selbst in dem Moment sagte ich es nicht laut, denke ich.

Das Foto rechts zeigt uns drei. Es sieht so aus, als hätten Bernie und Mom Wein und Kaffee getrunken. Und geraucht: Marlboro Red. Obwohl sie aber entspannt sind, sitzt Bernie am Rand und hat die Arme verschränkt. Mom nicht; sie scheint mich aufrichtig liebevoll anzuschauen, streckt sich aber nicht nach mir aus und sitzt auch nicht allzu dicht neben mir.

Bernie muss mich nichtsdestoweniger bis zu einem gewissen Grad geduldet haben, sonst hätte er mich nicht mit nach Mexiko genommen. Warum er und Mom umziehen wollten, verstehe ich nicht genau. Bob vermutet, dort wäre ihnen der Kauf von Eigentum leichter gefallen, wenn sie ein Kind in Mexiko zur Welt gebracht hätte, was so oder so nicht geschah, denn meine Schwester Celia wurde in den USA geboren. Ich wusste wohl nicht, dass Deanna schwanger war, sondern zu jener Zeit nur, dass wir eines Tages einfach zusammenpackten und aufbrachen.

Die Reise in den Süden war nicht gerade behaglich. Bernie hatte ein kleines Auto – einen Corvair oder einen Karmann Ghia. Er besaß einen großen Hund, eine böse Schäferhündin, mit der ich zusammengedrängt auf der Rückbank saß, wo Bernie und Mom alles hineingequetscht hatten, was nicht in den Kofferraum passte. Das Tier biss. Und knurrte. Wenn wir anhielten und ausstiegen,

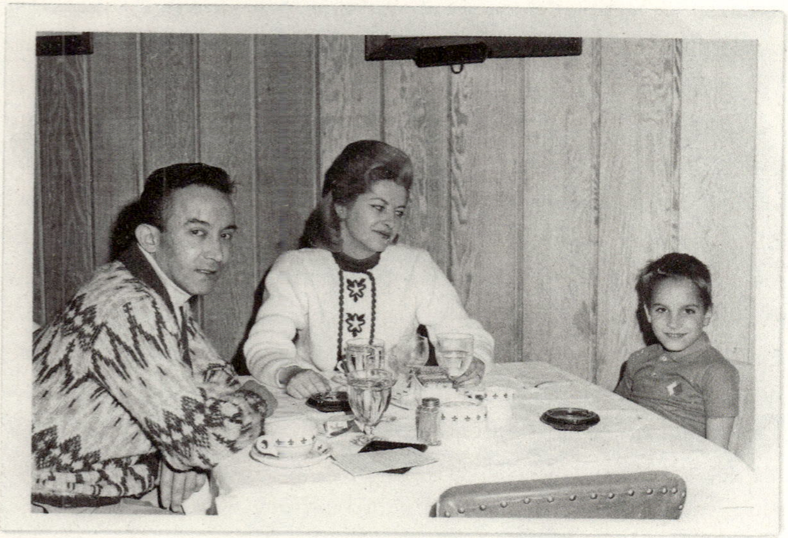

rannte es mir hinterher. Die Straßen, die wir nahmen, waren alle unbefestigt, und einmal blieben wir im Matsch stecken. Ein Fluss war über die Ufer getreten, sodass ein Teil der leicht abschüssigen Straße unter Wasser stand. Das war nicht ideal für einen Sportwagen mit drei Insassen und zu viel Krempel, doch als Leute aus ihren eigenen Autos stiegen, um uns anzuschieben, knurrte und bellte der Hund sie an. Die ganze Reise war bereits ein kleiner Alptraum, lohnte sich aber, weil sich Puerto Vallarta bei unserer Ankunft als äußerst zauberhafter Ort herausstellte.

Ich bin in einer Bucht am Pazifik geboren, doch die Bahía de Banderas unterschied sich stark von der Bay Area. Tropisches Klima. Üppige Vegetation. Überall stieß man auf Echsen – und Echsen waren ebenfalls zauberhaft. Zu unserem Häuschen an einem Berghang gelangte man über eine Treppe mit 100 Stufen, auf der es alle paar Schritte etwas zu sehen gab. Da waren Esel und Leguane. Schaute man vom Gipfel aus hinunter, überblickte man sämtliche Tiere und das Meer selbst. Ich starrte stundenlang hinaus, während Boote vorbeifuhren, und durfte öfter denn je allein herumziehen.

Ich lief die Treppe runter, spielte mit anderen Kids am Strand, ging schwimmen und rannte nackt durch die Gegend. Straßenverkäufer boten heiße, gesalzene Maiskolben mit Koriander und Butter in Alufolie an, die man von einem Stock aß, und ich handelte mir durch den Verzehr von Ceviche einen Bandwurm ein – was wohlgemerkt auch zu den Dingen gehörte, die ich erst später herausfand. Als ich wieder in den Staaten war, ging ich zur Toilette und musste nach Nona rufen. Ich dachte, meine Eingeweide würden herausquellen, und hatte Angst. Ich kam ins Krankenhaus, wo sie mich über Nacht behielten. Man gab mir nichts zu essen, sondern Bittersalz, um den Bandwurm herauszukriegen. Dabei machte ich meine erste Erfahrung mit einem Klinikbetttopf. Letzten Endes war das noch etwas, das ich Bernie vorwerfen konnte. Dennoch verstehe ich nur eine einzige Sache nicht, die er getan hat.

Unser Haus war sehr klein. Wir hatten keinen Fernseher, aber häufig Besuch. Ich erinnere mich vage daran, dass Bernie und meine Mutter tranken und kifften, obwohl ich seinerzeit nicht wusste, was Marihuana war. Zudem weiß ich noch, wie er mich fragte, ob ich probieren wolle, was er rauchte. Ich tat es und fühlte mich irgendwie beduselt, realisierte aber erst viel später, dass er mich auf Marihuana gebracht hatte, und das mit nicht einmal sieben Jahren.

Damals machten Eltern Dinge, für die sie heute in den Knast kämen. Es waren die Sixties. Man besuchte jemanden zu Hause, und dort waren alle nackt – die Erwachsenen, und die Kids trugen generell nie Kleider. Erwachsene taten Absonderliches, dessentwegen man sich ängstigte, doch du hast mitgespielt. Später in meinem Leben hat mich das viel mehr gestört, als ich mir deshalb herausnahm, das zu tun, worin ich sehr gut bin: „Scheiß auf den Typen" zu sagen. „Der kann mich mal, schau ihn dir jetzt an." Bernie trug fraglos zu meiner ätzenden Haltung gegenüber Menschen bei, die mir Unrecht getan haben.

Courtney sagt, wenn mich jemand respektlos behandelt, raste ich aus. Das stimmt bis zum heutigen Tag. Du darfst mich nicht anrühren. Mir keinen Respekt entgegenzubringen steht dir nicht zu. Meine Grenzen sind gesetzt. Selbst Kleinigkeiten können eine Beziehung zerstören, und wenn ich wütend genug bin, macht es mir nichts aus, mich selbst zu zerstören, um dich zu zerstören.

Zurück zu Puerto Vallarta. Die Düfte und Farben. Es gab ein altes Schiffswrack, das im Wasser geblieben war und vor sich hin faulte. Für mich war es das coolste Ding, das je existiert hatte. Als ich zum ersten Mal vom Heroin herunterkam, kehrte ich nach Puerto Vallarta zurück – nicht wie ein Verbrecher zum Tatort. Es ähnelte eher der Quadratur eines Kreises. Ich hatte keine Freundin, sondern nur einen cleanen Freund, mit dem ich die gesamte Zeit dort am Strand verbrachte. Wir lagen da und redeten, für mich markierte das den Beginn eines viel besseren Lebens – des Lebens, das ich jetzt habe.

Man könnte meinen, wenn jemand clean ist, wird sein Leben zu einem großen Zuckerschlecken, doch das Gegenteil ist der Fall. Wenn man von Drogen runterkommt oder welche Verbände auch immer abwickelt, mit denen man seine Wunden versteckte, fängt man an, Schmerzen zu empfinden und sich Fragen zu stellen. Falls man nicht gesagt hat: „Ich werde das Tag für Tag angehen und mein Leben einer höheren Macht anvertrauen", darf man sich auf einen Höllenritt einstellen. Zu der Zeit schloss ich mich richtig fest den Anonymen Alkoholikern an. Ich umgab mich mit Menschen, die gesund und nüchtern waren und etwas hatten, wofür sie leben wollten. Ich habe immer daran geglaubt, mich mit Personen zu umgeben, die smarter und besser als ich in etwas sind, das ich tun möchte. Hoffentlich kann ich etwas miteinbringen, das über meinen Namen und meine Bekanntheit hinausgeht. Ich denke, zumindest werde ich ein paar Dinge lernen und mir ein wenig nützliche Demut einbläuen lassen. Und Mexiko bleibt für mich immer mit guten Dingen verbunden, selbst wenn Bernie nicht dazu zählte.

Ich bemühe mich, es nicht zu persönlich zu nehmen. Bernie war auch für Celia ein mieser Dad – kaum anwesend –, zumal sie sein eigen Fleisch und Blut gewesen ist und ein wunderbarer Mensch, also denke ich nicht, dass er sich spezifisch gegen mich stellte. Der Mann hasste Kinder und hätte keine haben sollen. Dies bedeutete letzten

Endes, dass er und meine Mutter besser nicht zusammengekommen wären. Als sie sich jedoch endgültig trennten, war ich weg. Ich lebte bereits wieder bei Nona und Tom.

Wir wohnten nun in Carson Valley nicht weit südlich von Reno. Dort wurde gerade ein neuer Highway über den Donner Pass gebaut. Tom war von einem der Bauunternehmen als Schweißer eingestellt. Er arbeitete an den Gerätschaften, bis die Straße fertiggestellt war, und tat sich dann mit einem Mann zusammen, der ihn überredete, gemeinsame Sache zu machen und ein Gewerbe zu gründen, das alle möglichen Arten von Versicherungen verkaufte. Ich erinnere mich vage daran, wie sie das taten. Die Firma hieß Mark Twain Insurance. Zu dem Zeitpunkt waren wir nach Yerington in Nevada gezogen – eine trockene Wüstenstadt anderthalb Stunden außerhalb Renos. Sie schien kein typischer Ort zum Handeln mit Versicherungen zu sein, doch Tom und sein Partner hielten sich ein Jahr oder vielleicht länger über Wasser, bis sie einer Regierungsbehörde auffielen. Anscheinend hatten sie Versicherungspolicen ohne ordentliche Rücklagen verkauft – nichts Illegales, doch es genügte, um sie in Kalamitäten zu bringen. Sie veräußerten ihre Verträge an eine der großen nationalen Gesellschaften.

Tom war schließlich auch nicht für ein Leben als Büroarbeiter geschaffen. Nichtsdestoweniger hatten Nona und er gerade genug Geld für einen Neuanfang. So kam es, dass wir in Texas und New Mexiko lebten.

Nach einem Jahr Büro wollte Tom wahrscheinlich wieder draußen sein und mit den Händen arbeiten. Das gelang ihm nicht sofort – und als es soweit war, entsprach der Job möglicherweise nicht seinen Vorstellungen –, doch er kam letztlich dazu. Zuerst reparierte er Autos an einer Shell-Tankstelle in El Paso.

Meine Großmutter und ich besuchten ihn dort. Ich erinnere mich an den Geruch von Schmierfett und dass ich ihn liebte. Ich kam mir vor wie ein Mitglied eines Geheimbunds aus coolen Typen mit pomadig zurückgekämmten Haaren und Spielzeug, an dem sie den ganzen Tag lang und in die Nacht hinein herumschraubten, bis ein jedes perfekt war. Frisierte Karren waren damals schwer angesagt, klassische amerikanische Muscle Cars, und ich hielt diese Shell-Tankstelle für so etwas wie das Taj Mahal. Zu Hause baute ich Modelle zusammen, wohingegen mein Großvater an echten Autos arbeitete. Er wechselte echte Reifen, baute echte Motoren zusammen. Es war faszinierend. Und man könnte vermuten, es hätte auf mich abgefärbt – aber nein. Das einzige Werkzeug, mit dem ich je umzugehen lernte, ist mein Bass.

In weiten Teilen von Texas weht kräftiger Wind, doch in dieser Gegend war es obendrein außerordentlich heiß. Es gab meines Wissens keinen See zum Schwimmen, doch unser kleines Haus befand sich neben einer Grundschule, also hatte man sowohl ein Base- als auch ein Football-Feld, und wenn ich geradeaus über die Straße schaute, sah ich das Haus, in dem mein Freund Juan wohnte. Die Tür dort stand immer offen, und Juans Mom kochte ständig. Sie fütterte uns, und wenn wir zu mir hinübergingen, tat Nona es.

Wir fuhren mit unseren Rädern zum Park. Auch dort gab es einen Platz zum Ballspielen. Das taten die älteren Kids aus der Nachbarschaft, Juan und ich hängten uns an den Maschendrahtzaun, um zuzuschauen. Hinterher, wenn alle Spieler verschwunden waren, suchten wir nach verloren gegangenen Baseballs – kostbare Schätze in unseren Jackentaschen, als wir auf unseren Schwinn Stingrays nach Hause zurückkehrten.

Juans Elternhaus war klein, genauso wie unsere Bude. Bei allen Gebäuden in der Umgebung handelte es sich um kleine Würfel, doch Juan und ich wussten damals nicht, dass sie klein waren. Sie sahen gleich aus und hatten zwei oder drei Schlafzimmer. Niemand besaß einen Swimmingpool, sondern nur kleine Hinterhöfe, die an jene der hinteren Nachbarn grenzten, wie es auch die Gärten an den Seiten taten. Die Zäune teilte man sich. Jeder muss über die Tätigkeiten seiner Nachbarn im Bilde gewesen sein. Für ein kleines Kind reichte ein kleiner Hinterhof allerdings aus. Vorne hatten wir auch einen, dort konnte man die Fahrräder liegenlassen. Das waren alte Drahtesel ohne Gangschaltung oder Ständer. Man warf sie einfach ins Gras, und falls man vergaß, sie zu holen, lagen sie noch dort, wenn man zurückkam, egal wie viel Zeit vergangen war. Das Leben war damals gelassener, unschuldiger. Wir steckten Spielkarten in die Speichen, damit sich unsere Räder anhörten, als ob sie Rennmotoren hätten. Das Kleingeld, das wir für Hausarbeit bekamen, gaben wir für Black-Cat-Kracher aus, die in Texas legal waren. Das Piggly Wiggly war unsere Anlaufstelle, ein wichtiger Treffpunkt für uns, weil sie auch Modelle und Hot Wheels verkauften.

Ein Modell bauten Juan und ich gemeinsam zusammen, einen langen Dragster mit dicken Hinter- und winzigen Vorderreifen sowie einem riesigen Spoiler. Wir ließen uns viel Zeit beim Bemalen und Bekleben – das Ding war eine große Sache und der Stolz meines Kinderzimmers, bis Juan und ich es eines Tages mit nach draußen nahmen. Dort klebten wir eine ganze Packung Böller an die Seite und jagten das Modell in die Luft.

Meine Großmutter hörte uns, klar. Sie kam raus und fragte: „Wie konntet ihr das tun?" So schlicht war das Leben eben, wenn man nichts Schlimmeres tun konnte, als ein Modellauto hochzujagen.

Manchmal bauten Juan und ich Sprungrampen aus Betonstein und Sperrholz. Rampen mitten auf der Straße, doch Autos, die durchkamen, bremsten und fuhren vorsichtig um uns herum. Gelegentlich schliefen wir auf dem Hof, nachdem wir lange wach geblieben waren und die Sterne betrachtet hatten. Als wir nach New Mexiko zogen, war ich zutiefst traurig. Ich verlor dabei meinen besten Freund.

In Anthony wohnten wir in einem Mobilheim mit einem Klärbecken, einem Gastank und einem großen Haufen Erde dahinter, der für das Becken ausgehoben worden war. Ich spielte auf diesem Hügel und wühlte im Matsch, wenn es regnete – kräftiger Wüstenniederschlag, der das gesamte Land blitzartig überschwemmte und *alles* zu Schlamm verwandelte.

Mit dem Matsch beschäftigte ich mich lange. Ich vertiefte mich richtig. Etwas daran beflügelte meine Fantasie, sodass ich stundenlang alles um mich herum vergaß. Schließlich kam Nona und riss mich davon los, was auch immer ich gerade formte. Auf der Farm gab es nicht sonderlich viel zu tun.

Wenn ich „Farm" sage, denkt ihr womöglich an Bilder von Mais und Kohl – mit anderen Worten: Feldfrüchte. Dies war keine solche Farm. Hätten wir Pferde gehabt, würde man es eine Ranch nennen, doch wir hatten Schweine, also war es eine Farm – eine Schweinefarm. Viel Grün gab es nicht in der Umgebung. Ungefähr 200 oder 250 Meter die Straße runter besaßen wir ein umzäuntes Gelände, wo die Schweine gefüttert wurden und schliefen. Wir hatten auch einen Esel namens Gabe, ein kleines Pony (warum, weiß ich nicht) und Hasen, die ich füttern musste. Hinzu kamen Hühner – Eier einsammeln gehörte ebenfalls zu meinen Pflichten – und ein psychotischer Hahn, der mich attackierte, sobald ich nur einen Blick in den Stall warf. Ich hasste ihn genauso, wie ich Bernies Schäferhündin gehasst hatte, und beklagte mich ständig bis zu dem Tag, als Tom in seinem El Camino vorfuhr. Ich schaute auf die Ladefläche, und dort lag der Hahn ohne Kopf. Ich war happy und dankbar. Nona und Tom kamen aber auf ihre Kosten mit mir. Ich fütterte die Schweine. Ich grub die Löcher für Zaunpfähle. Ich ging mit Werkzeug hinaus, obwohl ich überhaupt nicht damit hantieren konnte, und reparierte den Stacheldrahtzaun.

Stellt euch einen Stacheldrahtzaun mit gewöhnlichen Zaunpfosten vor, wie man sie auf dem Land so sieht. Man betritt den Pferch oder Viehhof durch ein klappbares Gatter.

Dummerweise hatten wir keine gewöhnlichen Zaunpfosten – es waren eher Baumstämme oder -stümpfe – und auch kein klappbares Gatter. Es gab nur den Stacheldraht, und um das Gehege zu schließen, musste man einen Pfosten nehmen, den Draht straffziehen und in einer Schleife um den Pfosten legen, damit die Spannung den Zaun zusammenhielt. Wenn sich diese Schleifen lösten, ging ich nachziehen, und wenn ich mit der Arbeit fertig war, lungerte ich bei den Tieren herum.

Mir machten diese Pflichten gar nichts aus, nun da der Hahn tot war. Es war sengend heiß – egal. Regen? Kümmerte mich nicht. Ich legte mich neben eines der Schweine, indem ich den Rücken oder Kopf an seine Seite lehnte, und blickte hinauf zu den Sternen. Die Schweine seien meine Freunde, dachte ich. Die Hasen auch, bis ich einsehen musste, dass eine meiner weiteren Pflichten darin bestand, sie umzubringen. Wir aßen sie zu Abend, und das war verstörend. Ist es *immer* noch, wenn ich mich an das Kantholz erinnere, das Tom zu einer Waffe geschnitzt hatte, die wie ein Baseballschläger aussah, sogar komplett mit Griff. Nun begreife ich allerdings, dass mir eine Lehre erteilt wurde: Was man tötete, musste man essen. Was man aß, musste man töten.

Tom versuchte, mir beizubringen, was die Dinge wirklich kosteten.

Mit den Schweinen verhielt es sich genauso. Ein Laster kam auf unsere Staubstraße gerattert, und die Schweine – meine Freunde – wurden abgeholt. Zurück blieben die Ferkel. Wenn sie ausgewachsen waren, kam der Laster wieder.

So funktionierte der Kreislauf der Landwirtschaft, der Kreislauf des Lebens. Nicht alles war eitel Sonnenschein.

In Anthony gab es so gut wie keine geteerten Straßen. In einem Mobilheim direkt gegenüber von uns wohnte eine alte Frau. Sie trank andauernd etwas und rauchte, während sie mit heiserer Stimme sprach – sie hätte Furcht einflößen sollen und war wirklich ein bisschen unheimlich, weckte aber mein Interesse. Ihre Gesichtsfalten, ihre Geschichten, die Asche, die von ihren Zigaretten fiel und ihr Hund, der auf der unbefestigten Vorterrasse lag, machten mich neugierig.

Ein kleines Stück die Straße hinunter befand sich eine Haltestelle für den Schulbus. Ich glaube nicht, dass sie gekennzeichnet oder viel mehr war als die Kreuzung zweier Staubstraßen, aber dort standen noch drei oder vier Mobilheime. Darin lebten ältere Kids, die mich jeden Tag im Bus drangsalierten. Sie klauten die Mahlzeit, die Nona eingepackt hatte, aus meiner Pausenbox, oder zwangen mich, ihnen mein Essensgeld zu geben. Eines Tages stießen sie mich aufs Trittbrett runter und drückten mich die ganze halbe Stunde lang, die der Bus auf jenen Straßen bis zur Schule brauchte, mit den Füßen nieder. Es war dreckig, staubig und stank nach Schweiß – es gab keine Klimaanlage – und in mir sprang ein Schalter um.

„*Das* ist mir zum letzten Mal passiert", sagte ich mir.

Ich ließ ihnen das an jenem Tag durchgehen, vergaß es aber nicht. Als ich das Haus am nächsten Morgen verließ, warf ich mein Pausenbrot ins Gebüsch und füllte die Box mit Steinen. Kaum dass ich den Bus betrat, legten die älteren Kids wieder los. Sie hatten kein schlechtes Gewissen, sondern fühlten sich im Gegenteil bestärkt. Viel tun konnte ich nicht, doch sobald wir ausstiegen, rief ich einen der Typen beim Namen. Er drehte sich um, woraufhin ich ihm die Essensbox so fest ins Gesicht schlug, wie ich konnte. Er fiel prompt um, und ich knöpfte mir den anderen Jungen vor. An der Box klebte Blut, ich hatte Blut an den Kleidern, und die Gesichter der älteren Kids waren blutüberströmt – doch damit hörte es nicht auf, denn ich wurde schnurstracks zum Büro des Schulleiters geführt.

Ich weiß noch, dass ich stolz auf mich war. Meine Essensbox lag nun vor mir auf dem Tisch des Rektors. Ich sah eine neue Macke neben dem STP-Aufkleber, den Tom von der Shell-Tankstelle mitgebracht hatte, und bildete mir etwas darauf ein, wie diese Macke dort hingekommen war. Mir kam es so vor, als hätte ich wirklich etwas erreicht – und das hatte ich auch. Keines der älteren Kinder legte sich je wieder mit mir an.

„Diese Jungen haben mich geärgert", erklärte ich dem Schulleiter.

„Du darfst niemanden schlagen, Frankie."

„Aber sie haben mich geärgert."

Am Ende wurde Tom herbestellt. Er hörte dem Rektor zu und sagte dann: „Na gut, ich werde das mit ihm klären."

Ich machte mich auf Riesenstress gefasst. Nachdem wir aber in den El Camino gestiegen waren, umarmte mich Tom.

„Ich bin echt stolz auf dich", sagte er.

Das habe ich nie vergessen. Als mein Sohn Decker in der fünften Klasse war, tat der das Gleiche. Er war immer ein verschlossener Junge, blieb gerne für sich und hätte andere Kinder nie so behandelt, wie es jene älteren mit mir taten. Setzt sich Decker aber etwas in den Kopf, zieht er es auch durch. Eines Tages, fing eine Gruppe Schüler an, Steine in seine Richtung zu werfen, während er in sich selbst versunken war.

Eine Viertelstunde später rief mich der Direktor an. Wir lebten einen Block von der Schule entfernt, und als ich dort eintraf, verstand ich sofort, was passiert war. Decker hatte fünf ältere Jungen verprügelt.

Ich brachte ihn nach Hause und umarmte ihn, sobald wir drinnen waren.

„Ich bin echt stolz auf dich", sagte ich.

Wenn man hinter jener Bushaltestelle in Anthony mehrere Kilometer weiterging, fand man einen Gemischtwarenladen, der in einem Stall untergebracht war. Hier in Wyoming baut man mit Stein und Holz. Richtig große Holzhütten. In Anthony waren alle Häuser notdürftig zusammengewürfelt – aus Lehmstein, Sperrholz, Betonblöcken und Aluplatten. In der Bevölkerung überwogen Hispanier, und alle meine Freunde waren Latinos. Ich habe noch mein Klassenfoto aus jenem Schuljahr – 1969 – und bin darauf eines der wenigen weißen Kids in einem Meer brauner Gesichter. Es war mir nicht fremd, ich hatte ja schon in Mexiko gewohnt und in El Paso; wir waren ständig nach Juárez gefahren. Ich fühlte mich jener alten katholischen Kultur eng verbunden und hätte mich dort vermutlich zufriedengegeben, wenn wir geblieben wären. Unsere Farm war aber nicht so rentabel, wie es sich Tom erhofft hatte.

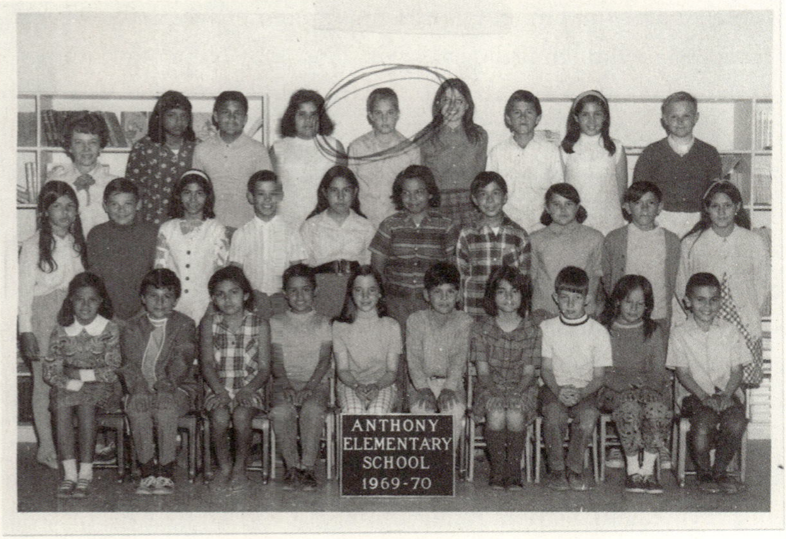

Meine Großmutter fungierte immer als Toms Komplizin und arbeitete gelegentlich nebenher – einmal zusammen mit Harlene in einem Haarsalon. Meistens blieb Nona aber zu Hause. Das musste sie, um sich um mich kümmern zu können, während Tom mehreren Jobs nachging. Selbst nach unserem Umzug nach Anthony pendelte er zur Shell-Tankstelle, was zwar weniger als 50 Kilometer waren, allerdings auf den unwegsamen Staubstraßen. Er fuhr morgens früh los und kam spät zurück; wenn er nicht dort arbeitete, tat er es daheim. Heute erkenne ich, was mir damals nicht auffiel: Nona und Tom jagten ihr Leben lang Gehaltsschecks und Jobs hinterher, um für mich und füreinander aufzukommen.

Die Shell-Tankstelle muss der Grund dafür gewesen sein, dass wir nach El Paso zurückkehrten, statt woandershin zu ziehen, als sich die Farm nicht bezahlt machte.

In El Paso gab es Arbeit.

Ich freute mich darüber, wieder in Texas zu wohnen. Als wir vier Blocks von Juans Haus entfernt landeten, konnte ich es nicht fassen. Ich ging sofort rüber, holte Juan und ging mit ihm an der Grundschule vorbei zur Junior High School, doch etwas hatte sich verändert, wie ich mich erinnere – wir selbst, obwohl ich gar nicht so lange weg gewesen war. Ich weiß noch, wie ich an dem Tag nach Hause kam und spürte, dass ich keinen besten Freund mehr hatte. Ich pflanzte mich zum Fernsehen nieder und machte ein langes Gesicht.

Zu der Zeit drehte sich das TV-Programm um altmodische Vorstellungen vom Leben in Amerika. Seifenopern bis Schulschluss, gefolgt von ein paar Stunden Kindersendungen: *The Munsters*, *Batman*, *Gilligans Insel*. Im Nachhinein kann man sich die Programmleiter gut in ihren Büros in Burbank sitzend vorstellen – „Kinder zwischen zwölf und 15 mögen *The Munsters* – und denken: ‚Oh nein, ich habe mich vom System vereinnahmen lassen!' Manchmal fühlt sich diese Vereinnahmung durch das System aber großartig an. Fernsehen war ein hervorragendes Betäubungsmittel – ich glaube nicht, dass ich allzu lang brauchte, um über das Ende meiner Freundschaft mit Juan hinwegzukommen –, und die Schule zog sich noch nicht so schleppend dahin. Dort gab es die ganzen Bücher, und ich konnte mich schon immer gut in ein gutes Buch vertiefen. Außerdem war die Schule der Ort, wo es Bastelsachen gab. Und der Ort, wo man Mädchen traf.

Unsere Rückkehr nach El Paso fiel mit dem Beginn meines Interesses an Mädchen zusammen. Hinter unserem Haus stand ein identisches, in dem eine Familie lebte, die genauso war wie unsere – außer dass sie eine Tochter hatte. Ich sah, wie sie sich im Garten sonnte, und konnte es nicht glauben. An Schultagen versuchte ich, das Haus früh zu verlassen, um die Straßenecke vor ihr zu erreichen. So konnte ich cool und gefasst wirken, wenn sie kam. Allerdings wusste ich nicht so recht, wie man cool war. Ich hatte keine Maschen und auch keinen Mut. Hätte ich den Mund aufgemacht – und sei es bloß für ein „Hey, ich heiße Frankie, wir sind Nachbarn" –, wäre es völlig falsch rübergekommen. Darum stand ich da wie ein Tollpatsch.

Später, als ich in meiner ersten Band spielte, zogen mich die anderen Mitglieder damit auf: Sie machten Girls klar, während ich dastand, mit dem Rücken an der Wand und wieder wie ein Tollpatsch. Für jene Zeit und jenen Ort war das allerdings die richtige Strategie. Wenn die Arbeit vorbei war, hatte ich immer mehr Mädels oder die hübschesten abbekommen. Wohlgemerkt hatte ich da aber halt eine Band. Und Selbstbewusstsein. In Texas hätte ich, was Mädchen anging, ebenso gut ein Steppenläufer oder Kaktus sein können. Wir waren jedoch sowieso nicht für Texas geschaffen. Tom wollte mehr, als sein Job bei Shell zu bieten hatte, und obwohl es in Anthony nicht glattgegangen war, hielten er und Nona an ihren Hoffnungen und Träumen fest. So brachten sie uns zurück in den Teil des Landes, aus dem die Familie stammte. Niemand fragte mich danach, doch das ist nicht verwunderlich und machte mir nichts aus. Mit den beiden wäre ich überallhin gegangen.

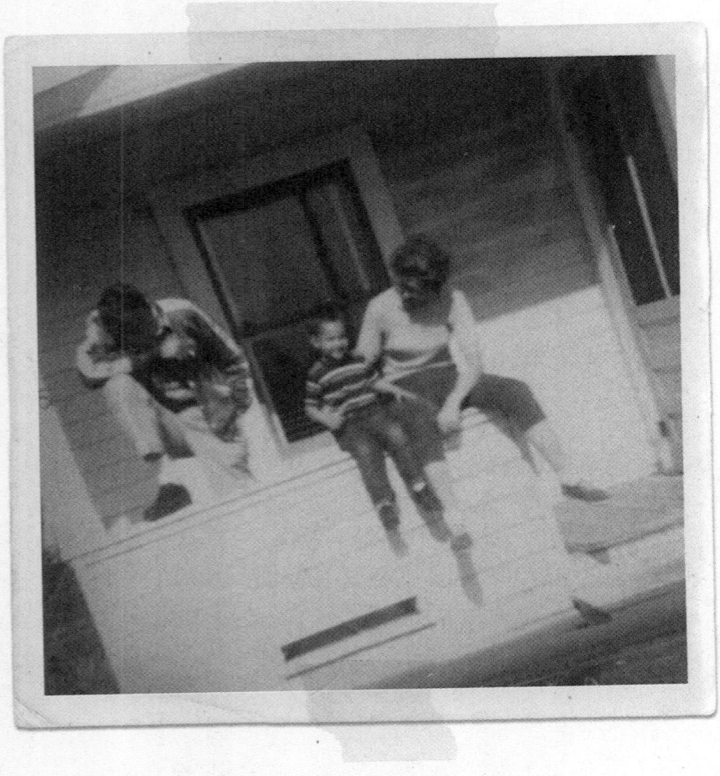

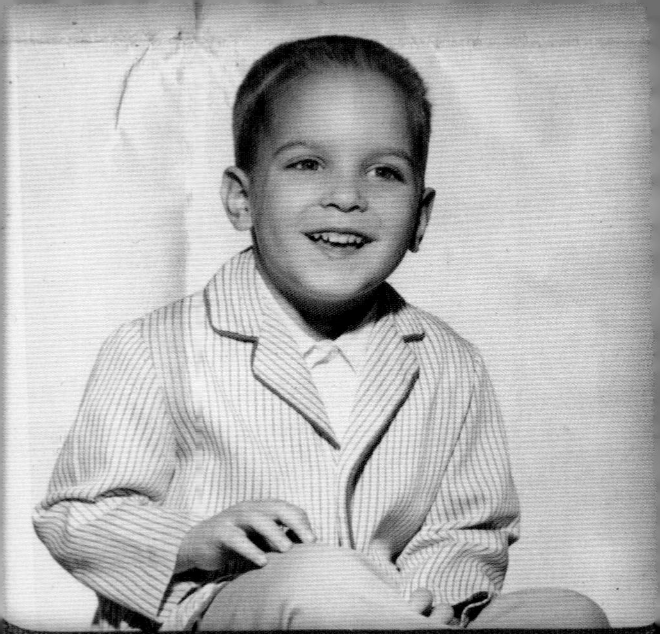

SCRAPBOOK

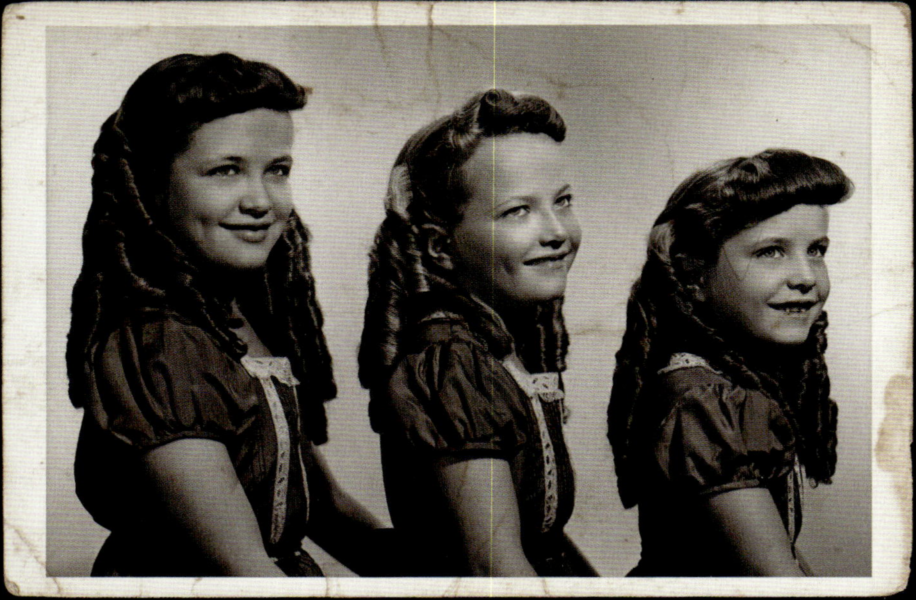

Tante Harlene, Sharon, Mom

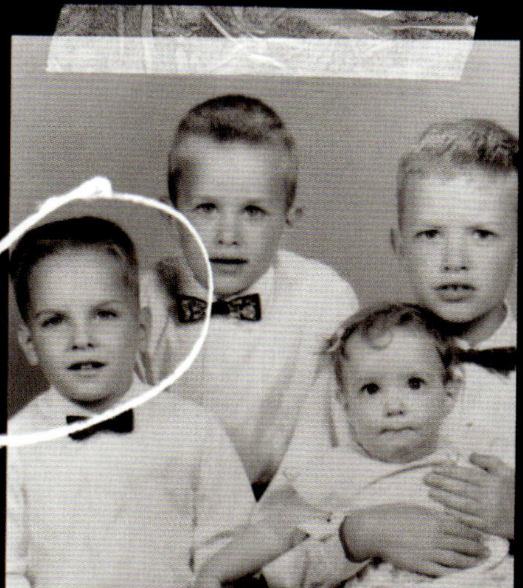

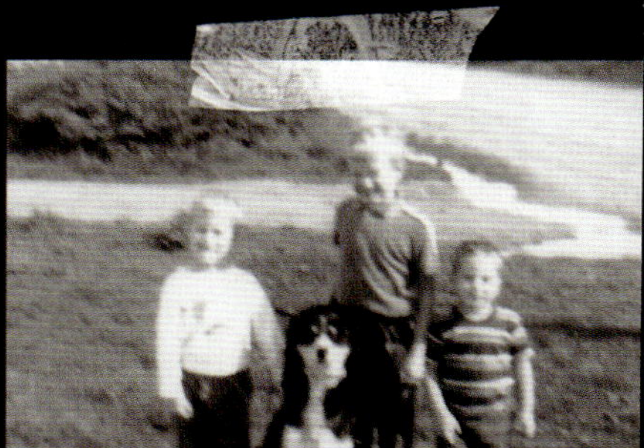

Mit meinen Cousins
und Cooker

Ich

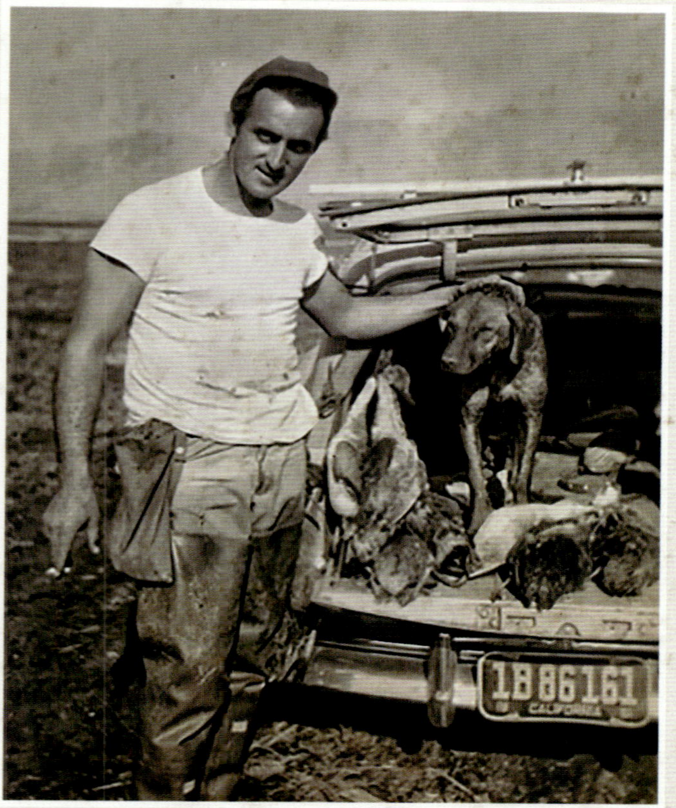

Dad 1953

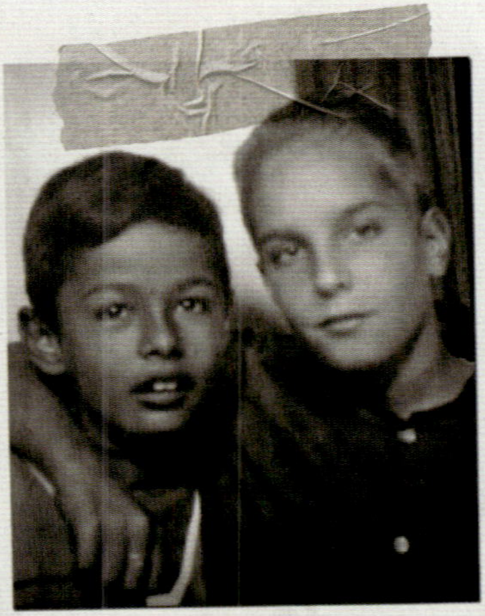

Ich und Juan in El Paso

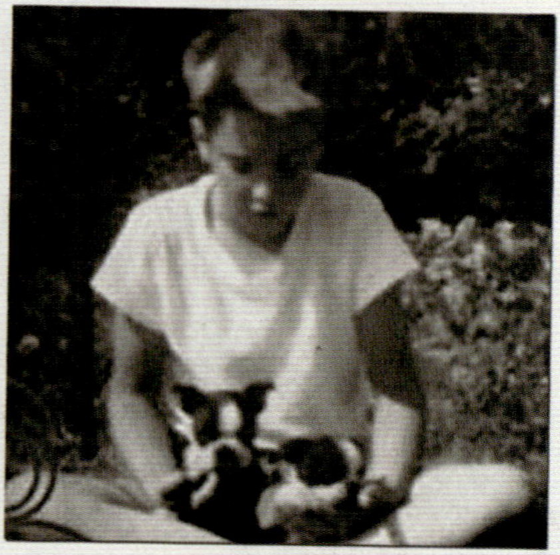

Wir hatten immer Hunde

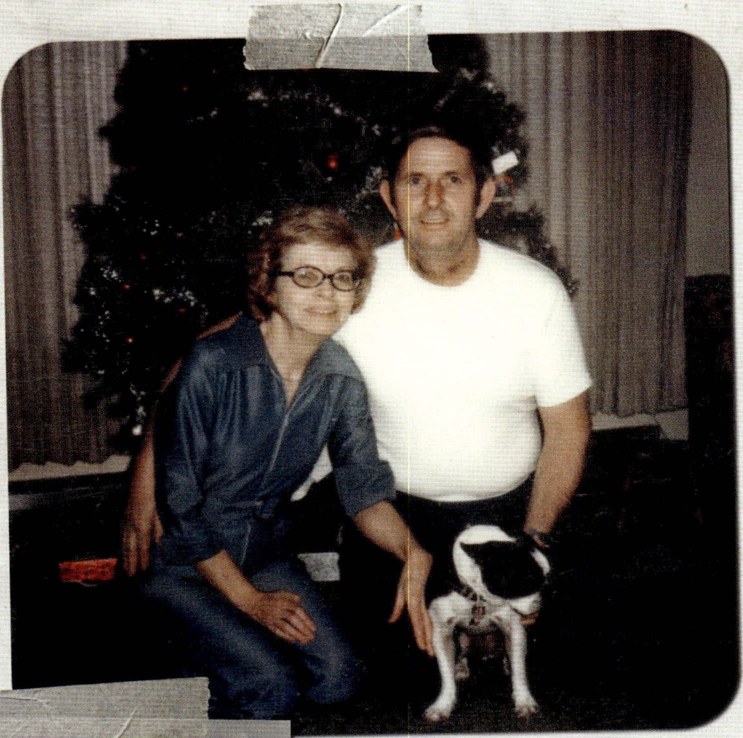

Nona und Tom

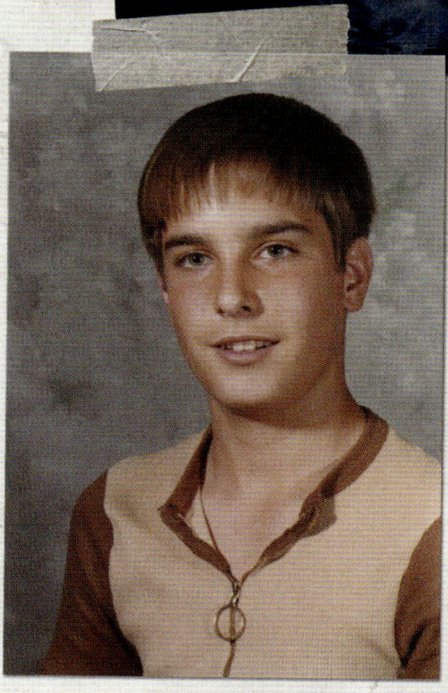

Noch ein schlechtes
Schulfoto

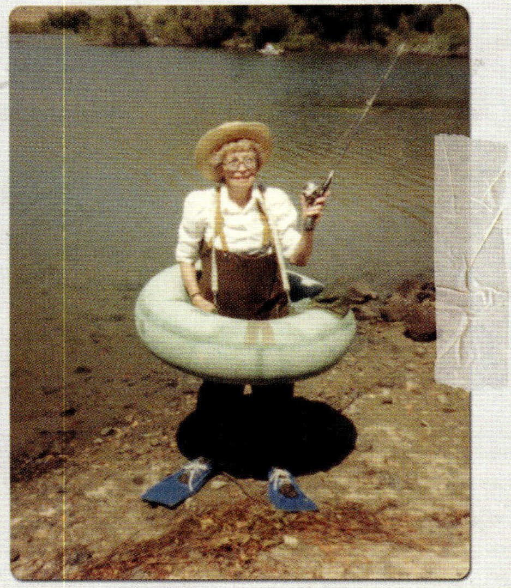

Anglerglück

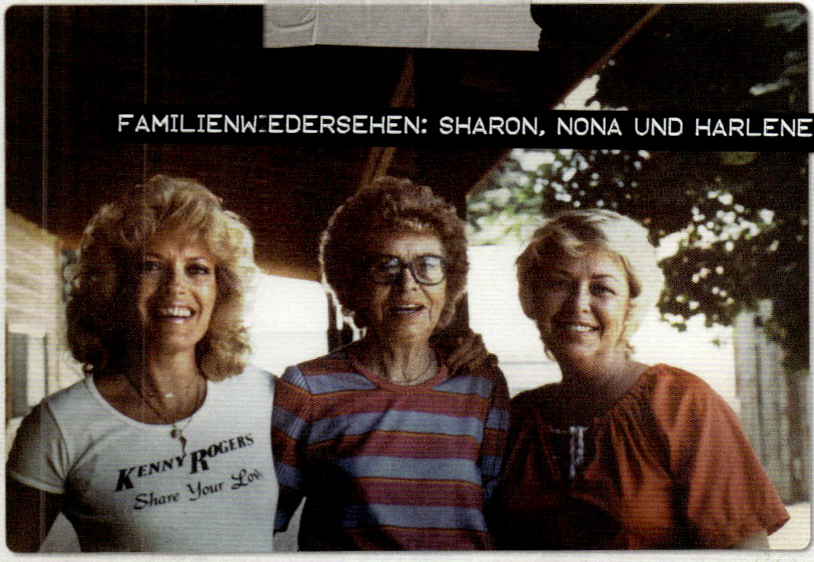

FAMILIENWIEDERSEHEN: SHARON, NONA UND HARLENE

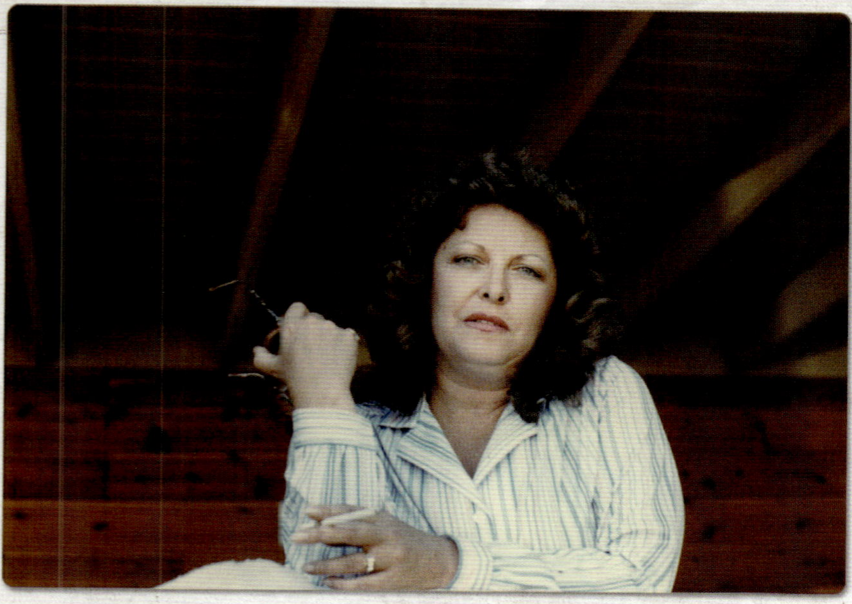
Mom

Susie und ich

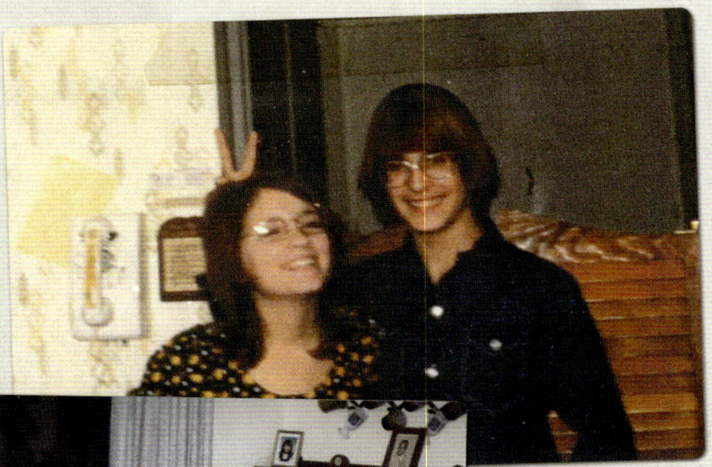

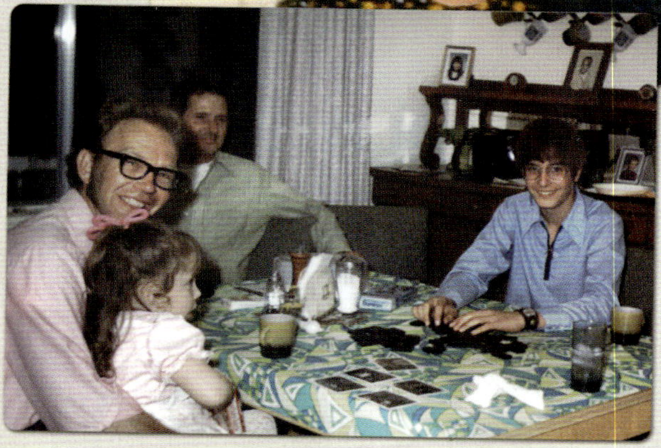

Tom, Bob, Raylene
und noch eine
schlechte Frisur

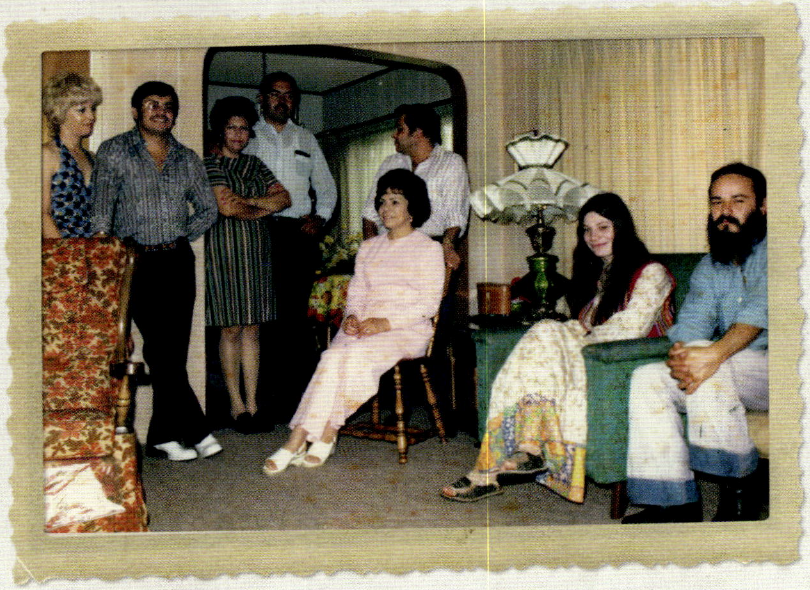

Mom mit Ramon und seiner Familie (Seattle)

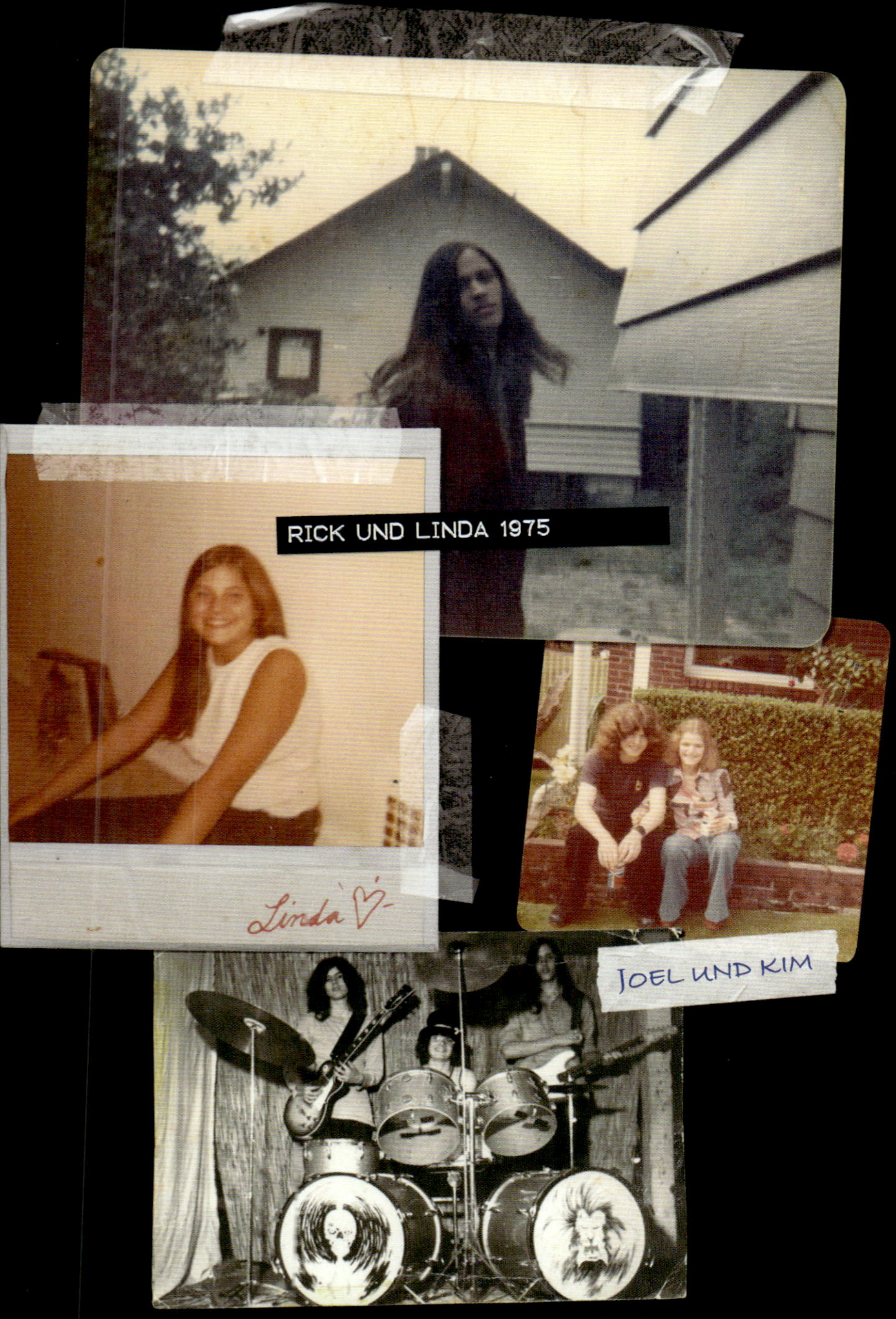

PIZAZZ!

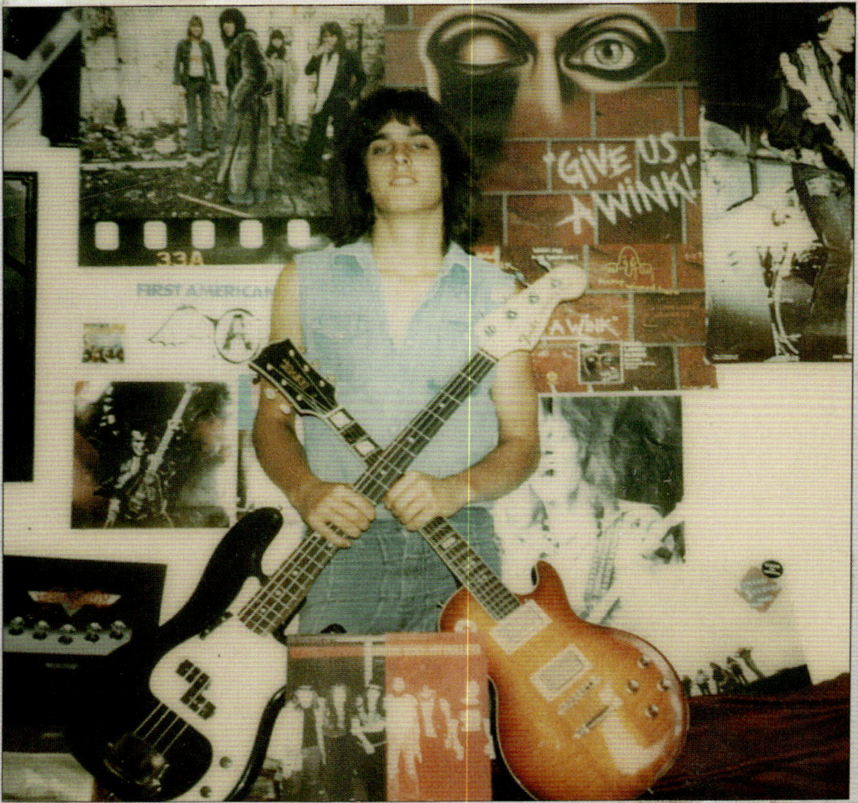

AUF NACH LOS ANGELES

Jerome, Idaho 1976

5. TWIN FALLS

Wir übernachteten nie in Hotels. Für die Fahrt von Tahoe nach Texas hatten wir uns einen Umzugstransporter genommen. Wenn wir zum Schlafen haltmachten, legte Tom einen Schlafsack neben den Wagen. Ich legte mich in den Fußraum, Nona schlief auf der Sitzbank, und Tom unter freiem Himmel. Morgens standen wir auf, tranken Kaffee, aßen Donuts und machten uns wieder auf den Weg. Auch für den Umzug nach Anthony mieteten wir einen Transporter, obwohl er in einem Rutsch ohne Übernachtung ablief. Für unsere Rückkehr nach El Paso hatten wir erneut einen Mietlaster, und als wir hoch nach Idaho zogen, besorgte Tom abermals einen.

Vielleicht war es aber nicht so einfach. Irgendwann – da bin ich mir sicher – lebte ich wieder mit meiner Mutter zusammen, bloß in Hollywood und nicht in Lake Tahoe. Eigentlich *weiß* ich es genau, weil ich mich an einen Modellladen erinnere, der nur einen oder zwei Blocks von unserem Haus entfernt war.

Später wohnten wir im Topanga Canyon, wo es ein wenig so war wie in Anthony oder El Paso: waldig, schäbig und trocken. Die Umgebung des Modellladens war aber dicht besiedelt mit einer Menge Leben auf der Straße und viel Verkehr – Lkws, Busse und Pkws. Man hätte denken können, wir seien in Hollywood gelandet, doch wo auch immer wir waren: Es gab zahllose von Menschen gemachte Dinge zum Anschauen, und ich versuchte auf dem Weg zu dem Laden so viel davon in mich aufzunehmen wie möglich. In dem Alter kann jeder Abstecher außer Haus zu einem Abenteuer werden, einem unendlichen Gefühlsschub. Jeder Lattenzaunpfosten. Jede Straße, die man überqueren muss. Jede Gruppe Fremder, an der man vorbei- oder um die man herumgeht, um durch die Eingangstür des Modellladens zu treten – und sobald man drinnen ist, wird man von Ehrfurcht, von der Aufregung überwältigt. Ich verirrte mich in den engen Gängen und blinzelte in die Sonne, wenn ich rauskam. Manchmal hatte ich genug Geld, um den gleichen Dragster zu kaufen, den ich mit Juan gebaut und in die Luft gesprengt hatte. Was ich allerdings wirklich wollte, war ein großes „Knatterboot".

Ein „Knatterboot" ist eine brillante Erfindung: ein simples Dampfschiff zum Spielen mit Kessel und zwei Schloten. Es lässt sich mit einer Kerze oder Pflanzenöl in dem winzigen Kessel betreiben. Das Modell, das der Laden anbot, wurde mit Pellets befeuert, und meine Mutter kaufte mir schließlich eins. Ich spielte stundenlang damit und schaute dabei zu, wie es langsam von einer Seite unseres Swimmingpools zur anderen tuckerte. Wenn ihm der „Sprit" ausging, musste ich ins Wasser steigen, um es zu holen, was für sich genommen ein Abenteuer war.

Der Pool befand sich in der Mitte des Appartementkomplexes, wo Mom eingezogen war, doch ansonsten benutzte ihn niemand. Ich weiß nicht warum, er war nicht schmutzig. Die Gebäude waren eigentlich nett, zweigeschossig mit Außentreppen, die zu rundum verlaufenden Balkons führten, und cremefarbenen Stuckfassaden. Wir wohnten parterre ganz am Ende eines der Quader, aus denen der Komplex bestand. Im Appartement hatten wir ein futuristisches Anbausofa und Flauschteppiche. Viele Jahre später, als unser Album *„Girls, Girls, Girls"* herauskam, kaufte ich in einem Ort namens Hidden Hills ein Haus im Stil einer Ranch, wo meine erste Handlung darin bestand, grünen Zottelteppich auszulegen.

Alle meine Freunde waren entsetzt. „Wie konntest du bloß?"

Tja, ich konnte, weil ich diese Art von Teppichen liebte. Man sieht keine mehr, doch 1987 riefen sie mir schöne Erinnerungen an jene Zeit zum ersten Mal in L.A. ins Gedächtnis.

Wir hatten auch eine Musikanlage mit riesigen Lautsprechern, auf der Mom beim Kochen Motown und Latin hörte. Sie kochte damals ständig, weil immer Leute da waren, Cocktails tranken und Kräuterzigaretten rauchten – und Mom trank beziehungsweise kiffte mit. Sie kam mir nicht wie eine Mutter vor, eher wie eine weitere coole Type an diesem coolen Ort, wo es cooles Essen und gute Musik gab. Natürlich holte mich Mom auch aus den Federn. Sie kämmte mich, machte Frühstück und brachte mich auf den Schulweg. An die Schule kann ich mich aber nicht mehr erinnern, nur an den Duft dessen, was sie zubereitete: Lasagne oder Menudo, eine mexikanische Suppe, wenige Schritte von dem Zimmer weg, in dem die hippen Leute waren und die coole Mucke lief.

Bei den hippen Leuten dürfte es sich um Entertainer oder Musiker – zu diesem Schlag Mensch fühlte sich meine Mutter hingezogen – und Freunde der Männer gehandelt haben, mit denen sie gerade zusammen war. Zwei davon, Carl und Alan, waren professionelle Footballspieler und Riesen, die größten Männer, die ich je gesehen hatte. Auf mich wirkten beide haushoch, und wenn sie mich auf ihren Schultern herumtrugen, fühlte ich mich groß genug, um die Sonne zu berühren – auserkoren, ganz besonders, weil ich wusste, dass Carl und Alan auf dem Feld Monster waren. Sie hatten sogar Monsternamen, die ich liebte: gemeinsam mit zwei weiteren Spielern ihres Teams, der Vikings, kannte man sie als Purple People Eaters.

Seinerzeit galten sie als gefürchtetste Verteidigungslinie der NFL.

Carl spielte hintere Defensive, Alan vorne. Zusammen brachten sie mir Schach bei. Sie hatten alle Geduld der Welt mit mir, und ich bin ihnen immer dankbar gewesen. Wenn meine Band in Minneapolis auftrat, besorgte ich mir ein Vikings-Trikot und zog es für die Zugabe an.

Dafür wurde ich kritisiert. Die Leute sagten: „Wir mögen die Vikings nicht einmal hier in Minnesota!"

Ich entgegnete: „Ihr werdet das nie verstehen."

Und ich glaube echt nicht, dass sie das verstanden hätten. Es war etwas, das mir aus tiefster Vergangenheit nachhing. Es bedeutete mir so viel, dass ich bis ans Ende meiner Tage daran festhalten wollte. Indes verstand auch niemand, wieso ich schwarze Striche unter den Augen hatte. Ich hätte ein Patent darauf anmelden können – sie gehörten in gleichem Maß zu meinem Look wie der Blitz von *Aladdin Sane* zu David Bowie. Fans bezeichneten sie als Kriegsbemalung, doch keine einzige Person, der ich in den 1980ern begegnete, kam auf die Idee, sie mit Football in Verbindung zu bringen.

Im Obergeschoss des Komplexes wohnte ein Kerl, den ich ebenfalls in Erinnerung behalten habe, ein alter Mann und Veteran des Zweiten Weltkriegs. Er verbrachte seine Zeit in einem Sessel sitzend mit einer alten Decke auf dem Schoß. Er faszinierte mich, weil er einen Luftröhrenschnitt hatte – ein Loch in seinem Hals – und die Klappe daran vibrierte, wenn er mit seiner knackenden, krächzenden Stimme sprach. Er erzählte gern aus dem Krieg, und ich hörte gern zu, hypnotisiert sowohl von ihm als auch der zitternden Klappe. Er hätte einem Kind genauso wie die alte Dame in Anthony Angst einjagen sollen, war aber wie sie eben auch einfach nur bezaubernd.

Zu der Zeit ahnte ich nicht, dass ich einmal Songwriter sein und mir Figuren für meine Lieder ausdenken würde. Dennoch war ich hungrig auf die Informationen. Ich wusste, dass sie nützlich waren. Treibstoff.

Gedichte und Songs warteten darauf und verlangten danach, geschrieben zu werden. Und als ich damit anfing, schaute ich mir andere Songwriter an und fragte mich: „Was tut ihr alle überhaupt?" Ich dachte: „Warum seid ihr überhaupt am Leben?" Immer das Gleiche über nichts singen: „Wie eine Rose ist meine Liebe / und schlägt frische Triebe"? Warum gaben sie sich die Mühe, so etwas zu Papier zu bringen? Ich fand, dass ich viel mehr zu sagen hatte, und achtete darauf, dass ich es, wann immer ich etwas von mir gab, ernst damit meinte.

Ich liebte die Narben. Die Luftröhrenschnitte. Die Kriegsverletzungen. Kriegsgeschichten. Tragödien. Gebrochene Herzen. Dinge, die wirklich geschehen sind.

Ich sehe es so: Meine Aufgabe als Songwriter besteht darin, die Welt, die ich sehe, so zu beschreiben, wie sie ist, und nicht so, wie ich sie mir wünsche. Vince Neil meinte einmal zu mir: „Du behandelst Leute herablassend.“ Meine Frau schlug in die gleiche Kerbe: „Du schaust auf Menschen hinab, die mit Silberlöffeln geboren wurden.“ Sie hatte Recht. Ich schaue tatsächlich auf diese Menschen hinab. Auf ihr oberflächliches Verhalten. Darauf, dass sie Leid nicht einmal zur Kenntnis nehmen. Es ist, als würde der Schmerz anderer für sie nicht existieren.

Das tut er aber, und man kann sich nicht davon absondern, ohne einen Großteil der guten Dinge zu verlieren, die damit einhergehen. Alle Falten, die das Gesicht und die Hände der Alten zeichnen: jede einzelne erzählt eine Geschichte. Sie nur zu betrachten und zulassen, dass man die Schönheit darin erkennt – das ist die halbe Miete. All ihre Hoffnungen, Ängste und das, was sie antreibt oder vielleicht zu dem Wunsch bewegt, nicht leben zu wollen – das sind reale Dinge, worüber man schreiben kann. Keine „Sonne/Wonne“-Klischees, sondern wahre, handfeste Gegenstände aus der realen Welt. Die sind wie Backsteine. Klischees sind Wolken. Wolken zu werfen macht keinen Spaß, aber mit Backsteinen kann man Scheiben einschmeißen – und genau das sollte ein Rocksong sein: etwas, das Fenster brechen lässt.

Das Größte, was Los Angeles für sich hatte, war meine Schwester Celia. Ceci war damals winzig mit ihren braunen Zöpfen und Kulleraugen. Sie wich nie von meiner Seite. Ich identifizierte mich sehr damit, ihr Aufpasser zu sein, wobei ich nicht weiß, ob das mit der Erfahrung zusammenhing, Lisa geliebt und verloren zu haben. Nichtsdestotrotz ist da ein Gefühl von Reue, weil ich versäumte, Zeit mit den beiden zu verbringen. Ich bin die meiste Zeit meines Lebens in Los Angeles gewesen, aber selbst hier in Wyoming, weit weg von Ceci, deren Leben sich weitgehend in Seattle abspielte.

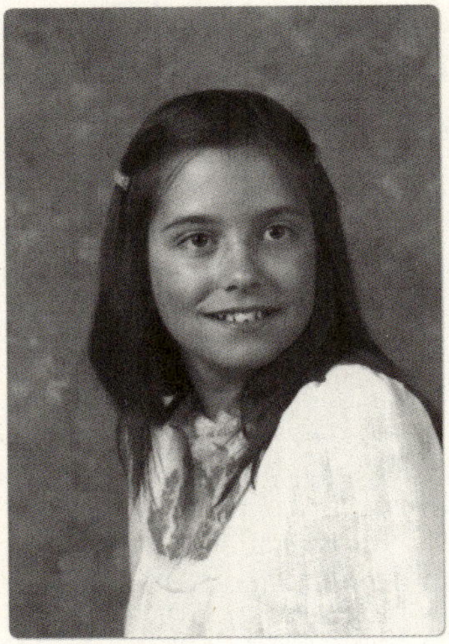

Meine Empfindungen für sie sind sehr, sehr tief. Sie ist aber bei unserer Mom gelandet, und ich nicht. Früher oder später musste sie sich um Mutter kümmern. Phasenweise wusste ich nur über Mom Bescheid, weil ich Ceci anrief und mir ihre Neuigkeiten erzählen ließ. Unabhängig davon, wie weit mein Leben aus den Fugen geriet – wie intensiv ich mit mir selbst beschäftigt war –, wollte ich stets im Bilde sein. Ich hörte nie auf, mich wie ein Aufpasser zu fühlen.

Ich hatte meine alte, verbeulte Pausenbox mit mir in Los Angeles – genauso wie zu der Zeit, als Mom mich wieder zu Nona und Tom schickte – und besitze sie noch heute. Ich erinnere mich daran, wie ich sie zusammen mit einigen Klamotten einpackte. Viel mehr Gepäck hatte ich nicht, doch es gab nichts, was ich nicht brauchte und was Nona und Tom nicht hätten bereitstellen können.

Es zog sie nach Pocatello in Idaho, eine Kleinstadt auf ehemaligem Gebiet der Schoschonen wenige Meilen vom Snake River entfernt. Es ließ sich mit El Paso vergleichen: kleine Häuser auf kleinen Grundstücken mit Gehsteigen, und ich verbrachte viel Zeit im Freien auf meinem Rad. Auf unserer Straßenseite verlief hinter den Häusern ein Abflussgraben, und ich weiß noch, wie ich mit ein paar Nachbarskindern eine Rampe baute. Wir radelten barfuß und sprangen über den Graben, doch eines Tages landete ich mitten im Wasser und spürte, wie etwas über die Sohle eines meiner Füße kratzte. Zurück blieb eine garstige Wunde mit weißem Knorpelgewebe, die genäht werden musste. Das war ein weiteres Abenteuer. In Pocatello gingen die Kids nicht nach Hause, ehe der Sonnenuntergang einsetzte. Man hatte ein Fahrrad und Freunde, blieb den ganzen Tag lang draußen, und alles war okay, solange man zum Abendessen heimkam.

Mein Großvater muss an einer Tankstelle gearbeitet haben. Das dürfte der Standard gewesen sein, weil er weder die Kompetenzen noch den Lebenslauf für einen Schreibtischjob besaß. Tom hatte nie die High School abgeschlossen. Ich bin mir nicht einmal sicher, ob er sie überhaupt *besucht* hatte. Mir erzählte er, dass er mit 13 abgegangen und der Handelsmarine beigetreten sei. Obwohl er nicht viel über seine Familie redete, gewann ich anhand dessen, was er sagte, den Eindruck, seine eigene Mutter habe ihn schrecklich misshandelt. Sein Vater machte sich davon, und sie sagte Tom: „Ich wünschte, du wärst nie geboren worden." So kam es, dass er viel von der Welt sah und sich daran gewöhnte, von Ort zu Ort zu ziehen, eine Anstellung nach der anderen anzunehmen und stets zu versuchen, einen Vorsprung zu gewinnen, wobei er immer für Nona sorgte, genauso wie für mich.

Später, als er ein alter Mann war, erhielt ich die Gelegenheit, mich Tom erkenntlich zu zeigen, und tat es. Er war ein stolzer Kerl. Geld spielte für ihn keine Rolle, doch als sein letzter Wagen kaputt ging, rief er mich an und meinte: „Ich hol mir einen dieser Exploder."

So nannte er den Ford Explorer – einen „Exploder"

Ich entgegnete: „In Ordnung, klasse. Warum schaust du nicht beim Händler danach?"

„Oh, *so* viel Geld werde ich nicht ausgeben!"

Einmal besuchte er uns daheim und erzählte Courtney: „Weißt du, ich brauche nicht in einer schicken Gegend zu wohnen."

Sie fühlte sich beleidigt. Es war, als ob ihn unser Haus abstoßen würde. Sie fragte sich, ob es Tom kränkte: der Gedanke, außerstande gewesen zu sein, Nona ein angenehmeres Leben zu schenken. Trotzdem hätte ich ihn nicht inniger lieben können, wenn ich von ihm in einem Palast aufgezogen worden wäre. Wo würde ich heute ohne meine Großeltern stehen? Wie sähe meine Version der Handelsmarine aus?

Nicht dass es von Belang wäre, aber ich kaufte ihm den „Exploder". Er kam mit seinem alten Wagen aus Idaho zu Besuch, und als er eintraf, hatte ich einen brandneuen Ford für ihn in der Einfahrt stehen.

„Na so was“, sagte Tom. „Wenn das mal kein tolles Fahrzeug ist.“

„Zweifellos!“

„Du hast dir also selbst einen zugelegt.“

„Nein“, antwortete ich. „Er gehört dir.“

An einem Bein habe ich mir ein Tattoo eines Fotos stechen lassen, auf dem ich ihn in dem Augenblick fotografierte, als ich ihm die Schlüssel gab. Tom grinste bis über beide Ohren – er war ungeheuer stolz und liebte den Wagen so sehr. Wie er mir sagte, konnte er den ganzen Tag lang herumbasteln und dann nachts im Kofferraum schlafen. Da fiel mir ein, wie meine Mutter behauptet hatte: „Nona und Tom haben dich mir weggenommen.“ Hätte ich ihr geglaubt, wäre ich sprachlos gewesen, doch Mom hätte mir ebenso gut weismachen wollen, sie sei die erste Amerikanerin im Weltall gewesen. Die Wahrheit ist: Sie tat sich schon schwer genug damit, für sich selbst und Ceci auszukommen.

Als nächstes wohnten wir in Twin Falls in Idaho. Wir hatten ein zweistöckiges, weißes Haus mit Eingangsflur an der Rückseite und einem Kohleofen, dessen Rohr in der Mitte hinaufführte. Eine meiner Aufgaben bestand darin, morgens rauszugehen und den roten Wagen mit zwei großen Eimern zum Kohleschuppen zu fahren. Ich schaufelte die Eimer damit voll, schleppte sie zurück zum Haus und befeuerte den Ofen. Das ganze Haus geriet in Wallung, und während es wärmer wurde, breitete sich der Geruch der brennenden Kohlen aus.

Nona und Tom hatten ihr Schlafzimmer oben, ich schlief in einem Zimmer im Erdgeschoss mit Durchgangsbad zur Küche. Dort stand ein kleines Radio von Nona, das für mich etwas Zauberhaftes war. Ich wurde von einem Song von Jimmy Dean besessen: „Big Bad John“ – ein paar Jahre später bezog sich Steve Martin in „King Tut“ darauf, der berühmten Parodie aus *Saturday Night Live*. Ich rief wiederholt beim Sender an und sagte: „Hi, ich bin Frankie, würdet ihr ‚Big John' von Jimmy Dean spielen?" Wenige Minuten später hörte ich dann, wie sich die Nadel auf die Platte senkte, und schließlich das Lied. Das war die *Definition* von Magie. Wer sind die Leute gewesen, die ich anrief? *Wo* waren sie? Woher kam diese seltsame Musik? Wie war sie gemacht worden? Und wer hatte sie gemacht?

Ich klingelte gleich wieder durch und sagte: „Hallo, Frankie hier. Würdet ihr wieder ‚Big John' von Jimmy Dean spielen?"

„Also, das geht nicht. Wir haben das doch gerade erst gespielt!"

Aber tags darauf meldete ich mich erneut, und dann kam die Nummer wieder.

Ich war schon zuvor in das Radio vernarrt gewesen, als ich mit Mom und Ceci im Topanga Canyon gewohnt hatte.

Das war zu der Zeit, als wir drei in der Luft hingen. Mom konnte keine Anstellung behalten, was manchmal ihre eigene Schuld war, aber nicht immer; hatte sie männliche Vorgesetzte, machten diese sie früher oder später unweigerlich an, und handelte es sich um Frauen, sahen diese meine Mutter mit hoher Wahrscheinlichkeit als Bedrohung an. Sie war noch sehr jung, und sie war noch hübsch – ungebildet zwar, doch sie wusste sich gut auszudrücken, hatte Charisma und konnte jeden Kerl kriegen, den sie wollte. Ich sag's ungern, aber das war vor der Ära #metoo und ihr wirklicher fester Job: von einem Mann zum nächsten zu ziehen. Einige dieser Typen besaßen nette Häuser, nette Autos und nette Musikanlagen wie jene, die wir in Hollywood hatten.

Topanga Canyon war allerdings anders. Im Gegensatz zu jeglichen Orten, wo wir sonst gelebt hatten, gab es dort auch andere Kids. Das störte mich nicht, obwohl ich es schon eigenartig fand, bis ich erfuhr, dass diese Kids einen Plattenspieler hatten. Es war eines jener alten Geräte mit im Deckel integrierter Nadel, weshalb man ihn schließen musste, um etwas laufenzulassen. Ich weiß noch, wie ich das mit einer Single von *Alvin und die Chipmunks* tat, die ich so innig liebte, dass ich über Jahre hinweg auf die Frage nach meinem Lieblingslied schlicht mit „45" antwortete, der aufgedruckten Abspielgeschwindigkeit.

Eines Tages warf ich einen Blick in den Keller hinunter, wo die älteren Kinder herumhingen. Dort stand eine große, altmodische Radiokommode, die wie eine Jukebox oder ein Fernseher ohne Bildschirm aussah, der umgedreht war, sodass man die Röhren darin glühen sehen konnte. Der ältere Junge fummelte daran herum, und nach einer kurzen Weile ging das Gerät an. Ein Moderator sprach, und ich fragte mich: „Woher kommt diese Stimme?"

Dieses Gefühl bewahrte ich mir im Lauf der Jahre, bis ich anfing, selbst Radio zu machen. In dem Kasten steckte ein Geschichtenerzähler, und ich liebte es, mir Geschichten erzählen zu lassen. Falls mir ein Ort, an dem ich war, nicht gefiel, konnte ich mich von einer guten Geschichte mitreißen lassen.

Auch das Haus in Twin Falls hatte einen Keller voller Zeug, das sich als faszinierend herausstellte. Alte Ausgaben der Magazine *Time* und *Life*. Zeitschriften über Historisches. Bücher, deren Einbände auseinanderfielen, wenn man sie anfasste. Es handelte sich um ein altes Bauernhaus, das über ein Jahrhundert hinweg von Familie zu Familie weitergereicht worden war, und dieser alte, unausgebaute Keller kam mir wie eine archäologische Ausgrabungsstätte vor. Ich schätze, das war er in gewisser Weise auch.

Keine 100 Meter von unserem Haus entfernt stand noch eines, und dessen Bewohner arbeiteten auf der Farm, auf deren Gelände wir wohnten. Wir teilten uns einen Kohlenschuppen, doch ihr „Rasen" bestand aus Sandboden, unserer aus schönem grünem Gras. Nona und Tom arbeiteten nicht auf der Farm, hatten aber irgendwie die bessere Karte gezogen.

Vor unserem Haus lag ein Pferch. Darüber gelangte man zum Eingang, durch ein Gatter wie jenes aus Stacheldraht, das wir in El Paso hatten. Man löste die Drahtschleife von einem Pfosten, ging hindurch, befestigte sie wieder und nahm einen Pfad, der mit Schafkot übersät war. Candy, so hieß ein Schaf, das ich adoptierte. Als ich irgendwann aus der Schule nach Hause kam, lag es auf einer Seite, tot und aufgequollen vor Hitze. Das war hart für mich – eine herbe Lektion über Leben und Tod, während ich Tom half, Candy zu begraben.

Hinter einem zweiten Drahtgatter stand schließlich unser Haus. Man nahm die Hintertür in eine Dreckschleuse – wir hatten eine Vorterrasse, auf der wir jedoch nie saßen. Es schien immer zu viel zu tun zu geben. Die Wäscheleine meiner Großmutter hing am Kohlenschuppen, und ich hatte meine Luftpistole, meine Steinschleuder, meine Angel sowie meinen Hund Barnaby – einen schwarzen Labrador, der nach dem Fernsehdetektiv Barnaby Jones aus den 1970ern benannt war.

Wir zwei gingen ständig jagen oder angeln. Über eine unbefestigte Straße kam man von unserem Haus zu einem Bach und einem Graben, die wohl der Snake River bewässerte, sonst wären keine Forellen darin geschwommen. Ich schoss mit meiner Pistole Spatzen von den Bäumen und machte auch auf den Maisfeldern Jagd auf Vögel. Dann gab mir Tom eine .410er Schrotflinte, das kleinste Gewehrkaliber auf dem Markt. Sie war für mich als 13-Jährigen eine bedeutende Sache. Nun hatte ich meinen Hund und die Flinte, also konnten wir Enten und Fasane jagen, die Nona dann zum Essen zubereitete. Sie drückte mir einen alten Kissenbezug in die Hand und schickte mich zum Spargelstechen. Das Gemüse wuchs weit draußen hinter der Farm wild. Ich nahm mein Fahrrad, schnitt den Spargel mit meinem Taschenmesser an der Wurzel ab und steckte ihn in den Bezug. Nona machte Spargelcremesuppe daraus, eines meiner Lieblingsgerichte bis heute. Sie kochte literweise davon und fror sie ein. Ständig war sie am Kochen und Einwecken, weshalb wir Gefrierschränke voller Wildbret und Geflügel hatten, das Tom erlegte.

Allzu viele Kinder zum Spielen gab es nicht für mich – die Häuser, in denen man wohnte, standen zu weit auseinander –, doch mit den wenigen zog ich raus zu den Bahnschienen, die hinter allen Farmen vorbeiführten. Wir legten Münzen aufs Gleis, die platt waren, wenn wir am darauffolgenden Tag zurückkehrten, nachdem ein Zug darübergefahren war. Ich holte Toms Bohrmaschine, machte ein kleines Loch hinein und zog einen Lederriemen durch, um solche Münzen um den Hals zu tragen. Die meiste Zeit über begnügte ich mich allerdings damit, allein in meine eigenen geheimen Verstecke abzuhauen. Dort wo auf unserem Grundstück das Vieh stand, erstreckten sich weite Felder mit Wegen, die zu großen Heuhaufen führten. Einen davon höhlte ich aus und legte eine Decke hinein. Das war mein Clubhaus, wo ich den Sears-Katalog durchblätterte, mir die Gelände- und Motorräder anschaute, während ich davon träumte, sie zu fahren.

An Wochenenden ging ich mit Tom auf Vogeljagd. Selbst wenn wir angelten, hatten wir unsere Schusswaffen dabei. Falls wir auf dem Weg zum Wasser einen Fasan sahen, hielten wir an, töteten ihn, weideten ihn aus und legten ihn auf Eis, um ihn und die Fische später mit zurückzunehmen. Das war die gleiche simple Lehre, die ich in Texas erhalten hatten: Man aß, was man erlegte. Und darin bestand das Problem bei den Spatzen – wenn ich welche mit meiner Luftpistole schoss, meinte Tom: „Falls du sie nicht essen willst, darfst du sie nicht töten.“ Ich sah mich aber selbst als einen Jäger. Alle möglichen Arten von Vögeln, Echsen und Schlangen tötete ich. Einmal, als Tom bei der Arbeit und Nona in die Stadt gefahren war, ging ich in ihr Schlafzimmer und nahm seine Kaliber-12-Flinte, die er immer geladen in einer Ecke abstellte.

Ich ging damit hinaus zu einem der Bäume, von denen ich Spatzen schoss, legte an und zielte, indem ich am Lauf entlang schaute, mitten auf den Baum. Dann drückte ich ab.

Voilà! Ein Schuss, und 50 Vögel – vielleicht auch mehr – lagen tot vor mir.

Ich kehrte ins Haus zurück, stellte die Waffe wieder in ihre Ecke, sammelte alle Vögel ein und begann, sie kopfüber an Nonas Wäscheleine aufzuhängen. Im Wissen darum, dass man aß, was man erlegte, griff ich zu einer Axt, die wir zum Holzhacken benutzten, und schickte mich an, den Vögeln die Köpfe abzuschlagen, um sie dann auszunehmen.

Als meine Großmutter vom Einkaufen zurückkehrte, lagen überall Federn. Vogelköpfe, Vogeleingeweide, Vögel von einem Ende der Leine bis zum anderen. Ich bekam Ärger wie nie zuvor, was ich zu der Zeit als ungerecht empfand. Vögel auszuweiden ist nicht gerade einfach. Zuerst rupft man sie, dann werden sie auf bestimmte Weise geöffnet und das Innere herausgenommen. Schließlich schlägt man außer den Köpfen auch die Füße ab. Ein Spatz ist so klein, dass das eine Weile dauert – und ich hatte mich bemüht, richtig zu handeln. Wie ich allerdings feststellen musste, bestand der Grund für Nonas Aufregung nicht nur im sinnlosen Tod all der winzigen Vögel. An jenem Abend erzählte sie mir, dass ihr während einer ihrer ersten Autofahrstunden ein Fasan entgegengeflogen, durch die Windschutzscheibe geschlagen und auf ihrem Schoß liegengeblieben sei. Seitdem fürchtete sie sich vor Vögeln, und Tom hatte natürlich seine eigenen Gründe dafür, wütend zu sein: obendrein abgesehen von allem anderen, weil ich seine Flinte ohne Erlaubnis genommen hatte.

Heutzutage lässt niemand Gewehre geladen oder ungesichert herumstehen. Nichtsdestoweniger brachte man uns damals auch etwas über Waffensicherheit bei, und die erste Lektion lautete: Rühr niemandes Kanone an. Sie wurde mir an jenem Tag so verinnerlicht, dass ich sie nie vergessen sollte.

Das Denkwürdigste an Twin Falls – das Schönste an unserem Aufenthalt dort – war indes Football. Selbst in New Mexico, lange bevor ich die Purple People Eaters Carl und Alan kennenlernte, hatte ich einen Narren an diesem Sport gefressen. Als kleiner Junge hatten wir es oft in der Nachbarschaft gespielt – Flag Football –, und jetzt war ich endlich alt genug, um einer richtigen Mannschaft beizutreten. Als ich herausfand, dass es Testspiele gab, konnte ich es nicht fassen.

Ich war schnell und zäh, außerdem fühlte ich mich auf dem Platz wohl. So gelangte ich prompt ins Team. Ich spielte manchmal Offensive Tackle, stand aber meistens in der hinteren Abwehr und trug die Nummer 67. Dem gegnerischen Offensive Tackle auszuweichen, von außen zu kommen und den Quarterback auszuschalten, fühlte sich toll an: Rippenstoß, ihn mit voller Kraft zu Fall bringen, sodass er nicht mehr aufstand.

Ich liebte es so sehr. Ich fühlte mich wie zu Hause und dachte: „*Das* ist es, wozu ich geboren bin."

Jahre später besuchte mein Großvater ein Mötley-Crüe-Konzert. Ich hatte mich angezündet und hielt diese Kleiderpuppe an der Kette an ihrem Kopf fest. Vor der Show hatten wir den Kopf abgenommen und die Puppe bis zum Hals mit Kondomen voller Kunstblut gefüllt. Während des Songs „A Piece Of Your Action" fuhren unsere Roadies sie auf die Bühne. Ich packte sie mit links, während ich mit rechts ein A spielte. Vince kam mit einer Kettensäge, die man über sein Mikrofon hören konnte, und schnitt der Puppe den Kopf ab.

Das Blut saute mich und Vince komplett ein. In einer kleinen Halle war das ein unvergessliches Erlebnis. Hinterher sagte Tom zu mir: „Du spielst Rock'n'Roll auf genau die gleiche Art und Weise wie Football."

Damit traf er den Nagel auf den Kopf. Football gab mir das gleiche Gefühl wie die Band, wenn wir „Shout At The Devil" anstimmten. Ich spiele wie ein Tier und habe Narben, die das beweisen. Wer mich persönlich aus der Nähe betrachtet, erkennt es gleich: Ich bin ramponiert wie ein alter NFL-Veteran. OPs an beiden Knien liegen hinter mir. Ich brach mir einen Knöchel, ließ mir ein neues Hüftgelenk einsetzen und habe vier hervorstehende Bandscheiben am Rücken, auf die ich ständig achten und deretwegen ich mich schlussendlich auch operieren lassen muss. Meine Schultern sind beide hinüber – rechts mussten sie die Rotatoren mit Muskelgewebe aus meinem Rücken reparieren, und das ist noch etwas, woran ich jeden Tag arbeiten muss. Ich hatte einen Bizeps-Abriss und bin unheilbar hörgeschädigt, doch das war jetzt nur ein Teil der Liste.

Die Knie haben mit der Zeit auf der Bühne Schaden genommen, wenn ich von Sachen hinuntersprang und sie überbeanspruchte. Bei der Hüfte waren es repetitive Bewegungen. Man fand heraus, dass ich mein Gewicht beim Spielen nach links verlagere. Ich gehe voll mit, egal bei welchem Song, neige mich abwechselnd nach vorn und nach hinten.

Der Arzt sagte mir: „Sie haben das Gelenk verschlissen wie ein Fabrikarbeiter, der 30 Jahre mit Stahl hantiert hat."

Die Schultern habe ich mir beim Zertrümmern von Gitarren à la Pete Townshend auf der Bühne kaputtgemacht. Wir bereiteten uns auf unsere Auftritte als Opener der Rolling Stones vor, doch wenige Wochen vor dem ersten Konzert wachte ich morgens auf und konnte meinen rechten Arm überhaupt nicht mehr bewegen. Er hatte wehgetan und kräftemäßig nachgelassen, weshalb ich ihn hätte untersuchen lassen sollen, doch das war schlimmer als erwartet. Im Krankenhaus hieß es: „Tut uns leid, Sportsfreund, Sie müssen operiert werden. Umgehend."

Ich antwortete. „Auf keinen Fall. Wir gehen bald mit der größten Rockband der Welt auf Tournee. Das lasse ich mir niemals entgehen."

Davon überzeugte ich die Ärzte.

„Na gut, wir spritzen Ihnen Kortison, damit Sie es durchstehen. Sobald Sie aber eine Pause einlegen, kommen Sie zurück, denn wenn die Rotatoren reißen, sind sie Gummibänder. Dann vernarben sie nicht nur, sondern fangen auch zu verkümmern an, weil sie nicht mehr ausreichend mit Blut versorgt werden."

Ich erklärte mich einverstanden und ließ mir regelmäßig Kortison gegen die Schmerzen verabreichen. Als der verrückte Experte, der ich bin, verlagerte ich mich allerdings sofort darauf, Gitarren mit *links* zu zerbrechen. Jetzt habe ich also zwei kaputte Schultern – und der Bizeps war mir zur selben Zeit bei dem schieren Gewaltakt abgerissen, ein Stück Holz zu nehmen und so fest auf den Boden zu schlagen, wie ich konnte.

Warum hatte ich die Schrauben der Instrumente nicht gelöst oder ihre Hälse angesägt? Mick und Keith hätten es mir sagen können: Das, was wir tun, ist Show und nicht Wirklichkeit.

Sie haben es mir aber nicht gesagt, und selbst wenn, hätte ich wahrscheinlich nicht auf sie gehört. Damals kannte ich nur ein Tempo: schneller.

Nun, da ich älter bin und immer noch nicht langsamer machen möchte, muss ich besser aufpassen. Gesundheit und Fitness, Ernährung und Schlaf sind jetzt gemeinsam mit Training – körperlichem und geistigem – reale Dinge für mich, weil es reale Dinge gibt, die ich noch tun will. Wenn meine Kinder Lust haben, runter zum Snake River zu gehen oder in den Bergen zu wandern, wäre ich gerne dabei. Ich möchte mithalten. Schmerzmittel kommen für mich nicht infrage. Chronische Schmerzen sind aber ein Problem, und zwar nicht nur deshalb, weil sie nerven. Körperliche Leiden machen es schwierig, Gedichte oder Songs zu schreiben – einen stillen Ort in mir selbst zu finden, wo das möglich ist. Alles verlangt nach immer mehr Wartungsarbeit. Man wacht morgens nicht mehr blendend aussehend auf und tritt zu einem Marathon an, weil man es schlichtweg kann oder vielleicht etwas zu beweisen hat. Jetzt sieht man nach dem Aufstehen aus wie ein Wrack, muss Yoga und Dehnübungen machen und hofft inständig, die Hälfte der Laufstrecke zu bewältigen.

Dennoch bin ich weiterhin derjenige, der den Quarterback so heftig umhaut, dass er nicht mehr aufsteht. Ich werde die *gesamte* Strecke hinter mich bringen.

Loyalität bedeutet mir extrem viel. Das ist mir im Lauf der Jahre bewusst geworden, manchmal auf die harte Tour, wenn mich Menschen hintergingen, um die ich mich sorgte und denen ich vertraute. Stolz ist aber genauso wichtig. Selbstachtung. Loyalität mir gegenüber. Das habe ich in Twin Falls als Defensive Tackle gelernt. Ich erinnere mich noch an mein grün-weißes Trikot für Heimspiele an seinem Kleiderbügel. Ich hängte die Hose einfach daran auf, die Stollenschuhe darüber, dann die Schulterpolster und schließlich das Hemd, damit ich es mit nach Hause nehmen konnte, denn Nona hatte bei alledem die Aufgabe, sich darum zu kümmern, dass das Trikot tadellos sauber wurde. Wer mit einem schmutzigen auflief, musste Liegestütze machen. Deshalb nahm ich es jeden Tag mit und strahlte die ganze Zeit über – in Hallen, im Bus oder wenn ich über das Feld auf dem Pferch vor unserem Haus ging – vor Stolz.

Ich war genauso stolz darauf, dieses Trikot zu tragen, wie an dem Tag, als ich meinen ersten Bass bekam. Und heute kapiert immer noch niemand, dass die schwarzen Striche unter meinen Augen an meine Tage als Footballspieler gemahnen. Niemand außer meinen Großeltern vielleicht.

6.

JEROME

In jenen Tagen stand an der Kreuzung von Main und Lincoln, den beiden Hauptstraßen in Jerome, eine Ampel.

Es war die einzige in dieser Stadt in Idaho.

In der Main Street gab es einen Park, wo sich die Jugend traf. Hin und wieder fuhr ich mit dem Rad dorthin. Auf der Südseite des Parks, wo die Langhaarigen abhingen, roch es nach Marihuana. Der Geruch war mir nicht mehr in die Nase gestiegen, seitdem ich bei meiner Mutter gelebt hatte. Die coolen Kids konnten sich aber nicht in allzu große Schwierigkeiten bringen, weil Jerome sehr klein war – jeder kannte zwangsläufig jeden – und die Hälfte der Bewohner den Mormonen angehörten. Dabei handelte es sich um cleane Leute, Abstinenzler. Sie tranken nicht einmal Kaffee.

Nona und Tom waren auch abstinent, aber keine Kirchgänger.

Er scherte Prediger mit Politikern über einen Kamm. In seinen Augen waren alle Verbrecher, oder die meisten von ihnen machten den übrigen Leuten Religion madig. Dadurch grenzte er sich in einer Stadt ab – nur ein bisschen –, wo auch Presbyterianer, Methodisten, Baptisten und Nazarener lebten. Außerdem gab es Katholiken, die im Sommer kamen. Die Fremdarbeiter sprachen Spanisch und wohnten in einfachen, einstöckigen Zweifamilienhäusern am Stadtrand. Im Herbst nach der Ernte zogen sie weiter.

Abgesehen von ihnen war Jerome der weißeste Ort der Welt. Eine weiter abgeschottete Gemeinde konnte man sich kaum vorstellen, in der Schule gab es im Jahr höchstens einen Neuling von außerhalb.

Dieser Neue zu sein, daran hatte ich mich gewöhnt, obwohl es sich nach wie vor unangenehm anfühlte. Das galt in dem Alter für alles. Zum ersten Mal kam ich mir in meiner eigenen Haut unwohl vor. Ich war davon überzeugt, besser auszusehen, wenn ich mir bloß die Haare wachsen ließ. Tom wollte jedoch nichts davon wissen. Hätten sich meine Großeltern durchgesetzt, wäre ich mit einem Bürstenschnitt durch die Gegend gelaufen. Am Ende einigten wir uns auf eine Art von Topffrisur mit Zotteln bis zu meinen Augenbrauen, aber ich war mir ziemlich sicher, dass es schrecklich aussah. Wenn ich mir jetzt das Foto aus meinem Schuljahrbuch anschaue, erkenne ich, dass ich Recht hatte.

Und als wäre das nicht schlimm genug gewesen, hatte ich auch noch eine Brille bekommen.

Heute trage ich eine zum Lesen, habe eine Fernbrille und noch eine für den Fall, dass ich die andere verlege, was nun häufiger geschieht als früher. Jene Brille hasste ich hingegen besonders mit ihrem Metallgestell, weil ich damit aussah wie ein Stubenhocker.

Erfreulich war, dass wir gegen Ende des Schuljahrs nach Jerome zogen. Ich hatte ein paar Monate, um mich einzugewöhnen, bevor der Unterricht wieder anfing. Hoffentlich konnte ich im Herbst Football spielen. Bis dahin hatte ich einen ganzen Sommer, auf den ich mich freuen durfte.

Hier in Wyoming wäre es keine gute Idee, über jemandes Zaun zu springen und dort auf die Jagd zu gehen, doch in Idaho in den 1970ern war das kein Verbrechen. Tom und ich konnten einfach aus der Stadt hinausfahren, am Straßenrand stehenbleiben, falls wir Enten, Wachteln oder Fasane sahen, über einen Zaun steigen und ein paar Vögel erlegen. Das taten wir im Sommer häufig und bis in den Herbst hinein. Auch Hasen schossen wir, und in Jerome kosteten Kartoffeln nichts. Ihr Anbau war seinerzeit weitverbreitet – Milchbauern waren aber schon im Kommen und dominierten schließlich –, und die Landwirte pflügten die Ränder ihrer Felder nicht. Man sah sich eingeladen, selbst zu buddeln und einen Sack vollzumachen, der einen durch den Winter brachte.

Tom brachte mir zudem das Fahren bei, entweder im El Camino oder in Nonas orangefarbenen Datsun 510. Niemand von uns wusste es, doch Wagen wie der Datsun markierten für das Land einen Wendepunkt. Amerikanische Spritschlucker verschwanden zusehends. Die Ölkrise 1973 stand unmittelbar bevor. In dem Jahr kam es zur Watergate-Affäre und zum Gerichtsprozess „Roe gegen Wade", außerdem wurden die letzten US-Streitkräfte aus Vietnam abgezogen. Die 1960er waren vorbei, die Inflation erreichte einen Höchststand. Nixon war gerade wiedergewählt worden, und die Stahlkrise nahm ihren Anfang – der Beginn des Endes amerikanischer Fertigung, so wie man sie gekannt hatte. Das langsame Siechtum einer bestimmten Art von amerikanischem Arbeiterleben. Allerdings kam 1973 auch das erste Album der New York Dolls heraus.

Sie sind eine ungeheuer wichtige Band für mich. Ihre Kleider. Ihre Attitüde.

Vieles hat Mötley Crüe geprägt: die frühen Aerosmith-Alben, Cheap Trick, The Raspberries, Wings, Alice Cooper, Sex Pistols und Ramones. New York Dolls waren aber ikonisch, ihre übertriebene Scheißegal-Einstellung. Ich nahm mir Johnny Thunders zum Vorbild und verwandelte mich zu einer Kreuzung aus ihm mit Mad Max. Darum toupierte ich mir die Haare: Ich bemühte mich redlich, wie Thunders auszusehen.

Allerdings weiß ich nicht, ob zu der Zeit irgendjemand außerhalb von New York wusste, wer er war.

Es läuft ungefähr nach dem Sprichwort: „Geschichte wird von den Gewinnern geschrieben." Im Rock'n'Roll schreiben College-Schüler Geschichte. Falls man nichts außer *Pitchfork* liest, gewinnt man den Eindruck, in den 1970ern hätten alle nur Bands wie Pere Ubu gehört, doch in Wirklichkeit waren es Pink Floyd, Bachman-Turner Overdrive, die Stones, Led Zeppelin, Black Sabbath und Journey. Die Leute hörten auch Sweet, Slade, Deep Purple und Free (ich liebte viele dieser Acts), aber in den seltensten Fällen Pere Ubu. An keinem Ort, wo ich je gelebt habe, hatte irgendjemand überhaupt *von* Pere Ubu gehört. Die Welt brauchte lange zum Aufholen, und heute erinnert sich vielleicht niemand mehr an Cactus oder Uriah Heep, doch wer wissen möchte, wie die Seventies *tatsächlich* klangen: nach ebenjenen Bands, Steely Dan und einer Menge Discomusik.

Rein zahlenmäßig hatten selbst die Sex Pistols keinen so starken Einfluss in Echtzeit wie später – außer womöglich in England, wo man schneller auf Moden anspringt, als es in unserem größeren, eher schwerfälligen Land geschieht.

Das alles war im Gange und sollte mein Leben prägen beziehungsweise verändern. Mit 14 hatte ich aber keinerlei Ahnung davon. Mir gefiel der Datsun, weil sich Donuts damit einfacher vollführen ließen als in Toms El Camino: Motor hochdrehen, Kupplung loslassen, drehen. Ich hatte auch ein neues Rad – mit zehn Gängen und funktionierendem Tachometer, was ich sehr cool fand.

Ich muss allerdings auf einer gewissen Ebene selbst weit, weit draußen in der Pampa bemerkt haben, dass sich ein Wandel vollzog. Ich fühlte mich auf bislang ungekannte Weise unruhig. In Anthony war ich zu klein gewesen, um die Kleinheit der Stadt wahrzunehmen. Von Jerome wusste ich hingegen, dass es klein war. Idyllisch auch, doch irgendetwas daran ging mir gegen den Strich.

Ich hätte es damals nicht beschreiben können – weder Nona noch Tom oder mir selbst gegenüber –, aber mir war klar, dass ich weg musste.

Das hing zu einem großen Teil mit Onkel Don und den Platten zusammen, die er mir zukommen ließ. Ein weiterer Faktor war die Tatsache, dass ich Künstler bin – und das ist ein wenig so, als käme man ohne Haut zur Welt. Man fühlt alles. Dann wächst man auf und macht es sich zur Aufgabe, die Welt zu fühlen und zu interpretieren. Jackson Pollock tat dies, indem er praktisch auf seine Leinwände pinkelte. Wir taten es mit Kleiderpuppen, Kettensägen und Kunstblut in Kondomen.

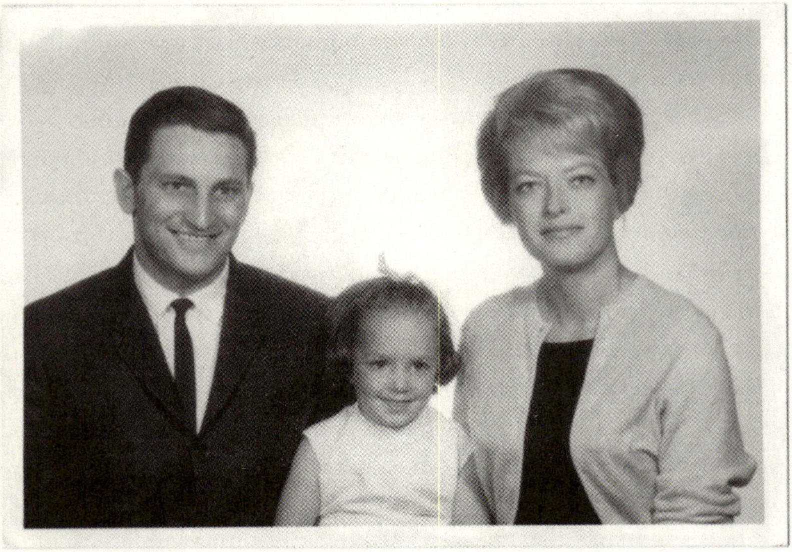

Onkel Don war mit Moms Schwester Sharon verheiratet. Er arbeitete als Teenager im Plattenladen seines Vaters in Santa Cruz. Eines Tages fragte ihn ein Tonträgerhändler auf der Durchreise: „Haben Sie schon einmal darüber nachgedacht, ins Verkaufsgeschäft einzusteigen?“

Onkel Don hatte nicht darüber nachgedacht, wurde aber letzten Endes in diesem Bereich tätig, und zwar bei Capitol Records. Capitol hatten die Beatles, Capitol hatten die Beach Boys. Er arbeitete sich zügig in der Hierarchie hoch bis zum stellvertretenden Geschäftsführer und übernahm das Label in den 1970ern schließlich selbst. Obwohl er aber viel zu tun haben musste, nahm er sich die Zeit, mir Care-Pakete zu schicken: Alben von Acts aus dem Firmenprogramm wie John Lennon, Paul McCartney und Wings, der Steve Miller Band, Bob Seger, Joe South und Sweet. Mal waren es Kassetten, mal LPs. Letztere fand ich besser, weil ich mich in die Artworks und Liner Notes vertiefen konnte, die ich vollständig durchlas, immer wieder.

So sahen die Bands also aus. Das waren die Songtexte, gedruckt auf Papier. Zudem brauchte es Produzenten, um Alben zu machen, und Tontechniker, Verantwortliche für die künstlerische Seite, Design, Foto- und Typografie, Farbgebung und Druck.

Ich liebte Zeichnen, ich liebte Schreiben und war immer imstande gewesen, mich stundenlang in selbst ausgedachten Geschichten zu verlieren. Nun ähnelten meine Geschichten zusehends Liedtexten. Ich hatte nie überlegt, ein Instrument spielen zu lernen. Bei uns im Haus gab es zu keiner Zeit ein Klavier oder eine Gitarre. Darum wusste ich nichts mit diesen Geschichten anzufangen, sondern nur, dass ich mich aus irgendeinem Grund gezwungen sah, sie festzuhalten.

Auch das Kaufen von Platten war ein Zwang, denn wie viele Don schickte, spielte keine Rolle: Es waren nie genug. Eine kostete fünf oder sechs Dollar – Capitol bot sie für 5,98 Dollar an –, und das war damals hartes Geld, als der Mindestlohn weniger als zwei Dollar die Stunde betrug. Ich ging nachts Regenwürmer suchen, füllte Karton um Karton damit und ging in der ganzen Nachbarschaft von Haus zu Haus, um sie als Köder zu verkaufen. Dabei lernte ich Alan Weeks kennen, der mein erster Freund in Jerome wurde. Er verbrachte den Sommer 1973 mit Rasenmähen und tat es auch, als ich ihm begegnete. Ich ging mit meinen Würmern vorbei und winkte; er winkte zurück, und in dem Alter knüpft man sehr schnell Kontakt.

„Magst du die Eagles?"

„Wie kann man die Eagles nicht mögen?"

Und schon hatte ich meinen ersten Freund in der Stadt.

Wir fuhren mit unseren Rädern zum Park – das war der Weg auf dem man zwangsläufig anderen Kids begegnete – und angelten am Snake River. Seinerzeit konnte man in Idaho mit 14 einen „vorläufigen" Autoführerschein machen, 15-Jährige bekamen ihn uneingeschränkt. Jedenfalls durfte man schon vorher hinters Steuer. Streng genommen brauchte man einen Erwachsenen als Begleitung auf dem Beifahrersitz, doch darauf schien in Jerome niemand zu achten. Ab und an erlaubte uns Nona, den Datsun zu nehmen. Dann vollführten wir am Flussufer Donuts, wobei wir einmal fast ins Wasser geschleudert wären. Auf dem Nachhauseweg musste ich ununterbrochen daran denken, wie ich es Nona und Tom hätte beichten oder meine Sachen packen und mich aus dem Staub machen müssen.

Ein andermal wurden wir wieder knapp vor einer Katastrophe bewahrt. Gegenüber von Alan wohnte eine ältere Frau. Sie war verwitwet, und falls sie Kinder hatte, waren diese erwachsen und weggezogen, doch sie besaß einen großen Rasen, auf dem wir Football spielen durften. Sie schenkte uns Kekse und war immer nett, bezahlte Alan fürs Mähen und ließ mich auf ihrem Hof nach Würmern buddeln. Wir sind ständig hinübergegangen, und spät an einem Abend – es war schon dunkel, aber wir spielten noch Fangen – kam Alans Bruder Darrin mit einer Luftpistole aus dem Haus der Weeks.

Alan hatte neben Darrin noch einen Bruder: Tracey, und die beiden dürften so sieben, acht gewesen sein. Tracey war auch draußen in der Nähe von uns und spielte mit seinem Modellauto unter einer Straßenlaterne. Darrin kam barfuß mit kurzer Hose und ohne Shirt, die Pistole steckte wie bei Cowboys im Bund. Aus irgendeinem Grund meinte er, die Laterne ausschießen zu müssen.

Er zog und traf gleich beim ersten Schuss; der Kerl hätte einen prima Cowboy abgegeben. Überall lag Glas, und wir rannten los. Ich trat genau auf Traceys Auto, was es nicht überlebte, und dann stürzten wir vier in Alans Elternhaus. Wir standen Todesängste aus, von wegen die Cops würden anrücken, und versteckten uns getrennt voneinander.

Ich glaube nicht, dass Alans Mom die Polizei belogen hätte. Die Weeks waren redliche, tüchtige Mitglieder der Kirche Jesu Christi der Heiligen der Letzten Tage. Der Vater arbeitete wie Tom an einer Tankstelle, wo er auch Würmer verkaufte, um etwas Kleingeld nebenher zu verdienen. Es lief nach dem Vertrauensprinzip ab, und Mr. Weeks' Würmer wurden ständig gestohlen, möglicherweise von Kindern aus der Gegend (aber nie von mir, falls ihr das denkt). Er verkaufte sie trotzdem oder versuchte es, denn Vertrauen gehörte zu den Zügen, auf die er schlicht gepolt war. Jedes Mal wunderte er sich darüber, dass nicht alle ehrliche Häute waren wie er.

Wie dem auch sei, wir hatten uns gerade beruhigt, als die Cops aufkreuzten. Sie klopften an die Haustür, und Mrs. Weeks öffnete. Wir hörten sie sagen: „Darrin und Tracey schlafen. Ich weiß nicht, wo Alan steckt, aber er tut gut daran, beizeiten heimzukommen."

In Wirklichkeit versteckten sich die Brüder im Bad. Mrs. Weeks wusste das nicht, wir verrieten es ihr nie und wurden auch nicht gestellt. Danach blieb ich aber wohl mehrere Tage lang von Alans Haus fern, denn als ich ihn wieder besuchte, waren die Glasscherben weggefegt, und man hatte die Laterne repariert.

Jerome mag klein gewesen sein, hatte aber ein Zentrum mit einem JCPenny-Kaufhaus, einer Western-Auto- und Dairy-Queen-Filiale sowie mehreren Drogerien. Alans Großmutter arbeitete bei McCleary's, wo es einen richtig altmodischen Getränkespender mit einer halbrunden Theke und Hockern gab. Sie wohnte über dem Geschäft und war hinten in der Küche tätig, wo sie Pasteten machte. Alan und ich gingen oft hin und tranken Milchshakes.

McCleary's war ein Kleinstadtladen wie aus den 1950ern. Sie hatten fast alles im Angebot, was man brauchte: Klamotten, Werkzeug, Zeitschriften und Groschenromane. Sogar Tonträger gab es. Ich kaufte mir ein Pink-Floyd-Tape, *Dark Side of the Moon*. Alan und ich hörten „Money" ununterbrochen auf einem batteriebetriebenen Kassettenrekorder, den wir mit hinaus nehmen konnten. Die Bassfigur des Songs ging mir in den Bauch. Ungefähr zur selben Zeit hörte ich zum ersten Mal Deep Purple – „Smoke on the Water" lief eines Tages bei Nona im Radio – und „Saturday in the Park" von Chicago. Wenige Monate später war ich gerade mit irgendetwas in meinem Zimmer beschäftigt, als sie mich rief: „Hey, Frankie, dieser Kerl, den du magst, Peter Cooper, der ist im Fernsehen."

Ich wusste, wen sie meinte. Obwohl ich keine Alben von Alice Cooper besaß, interessierte ich mich für ihn, also lief ich durch den Flur in den Raum, wo unser TV stand. Wir hatten ein kleines Gerät auf einem jener Fernsehtische, die man rollen konnte – und dort in der *Merv Griffin Show* erlebte ich zum ersten Mal Gene Simmons von Kiss.

Nicht Alice Cooper. Simmons war aber auch spannend. Er trat im vollen Ornat auf, geschminkt in schweren Stiefeln mit Teufelshörnern an den Schultern, total auf Schockeffekt gebürstet.

Merv fragte ihn: „Sind Sie eine *Fledermaus*?"

„Ja", raunzte Simmons. „Genauer gesagt bin ich das Böse in Person." Er blickte finster in Mervs Publikum.

„Und ein paar dieser Backen und Hälse sehen richtig gut aus", fuhr er fort. Dann fauchte er und streckte seine sehr lange Zunge heraus.

Es war albern, weit übertrieben. Der Gast auf dem Platz neben Simmons – eine ältere Komödiantin namens Totie Fields – verdrehte die Augen und wollte nichts davon hinnehmen.

„Schaut Ihre Mutter heute zu?", fragte sie. „Wäre es nicht lustig, wenn unter alldem bloß ein freundlicher jüdischer Junge stecken würde?"

Ihr könnt euch die Unterhaltung selbst anschauen; sie ist auf YouTube abrufbar und heute genauso lächerlich wie damals. Anschließend trat jedoch die ganze Band auf. Sie spielte „Firehouse", das zwar ein Remake von Frees „All Right Now" ist, aber trotzdem auch ein guter Song. An dieser Akkordfolge gibt es echt nichts zu mäkeln.

Das war eine Menge zu verarbeiten. Kiss' Look gefiel mir nicht. Ich hasste ihn aber auch nicht. Eine Obsession wie einige meiner Freunde entwickelte ich nie für die Band. Für andere in meinem Alter wurde sie zu einem 1970er Pendant der Power Rangers. Sie hatten Kiss-Brotboxen und später Kiss-Tätowierungen. Ich achtete in erster Linie auf ihr Songwriting, und es ist merkwürdig: Einmal waren wir Co-Headliner neben Kiss, und ich spielte unser Stück „Ten Seconds to Love". Ich war voll bei der Sache, die Menge rastete aus, und plötzlich wurde mir bewusst: „Irre, ich hab die Nummer von „Calling Doctor Love" abgekupfert!"

Es war die gleiche Akkordfolge, wir tourten gemeinsam, und ich wusste nicht, wie stark sie mich beeinflusst hatten. Dennoch stand ich dort und machte das Gleiche wie Kiss mit Free, ohne es bemerkt zu haben.

Bis Kiss und Alice Cooper auf den Plan traten, war Musik immer softer geworden. Jim Croce, James Taylor, Bread. Ich liebte ihre Texte und Melodien, aber die härteren Sachen, zu denen ich zusehends neigte, brachten mich in Wallung. Ich drehte sie zu Hause immer lauter auf, was Probleme verursachte, weil wir in einem Doppeltrailer wohnten.

Tom dabei zuzuschauen, wie er die beiden Teile zusammengefügt hatte, war aufregend gewesen. Er baute eine Treppe und goss Beton für eine Einfahrt aus, zimmerte einen kleinen Werkzeugschuppen und zäunte den Hinterhof ein. Dort hatte ich eine Hundehütte für Barnaby. Nona einen Garten für Obst und Gemüse, die sie gern anbaute. Es war schön – weiße Trailer, und sie trug Sorge dafür, dass es immer tipptopp aussah, auch draußen –, aber nicht groß. Wir hatten eine Küche, ein Wohnzimmer vorne, einen kleinen Waschraum und zwei Schlafzimmer hinten. Die Wände waren dünn, weshalb Tom, wann immer ich die Musik aufdrehte, zu rufen anfing: „Frankie! Mach den kommunistischen Dreck leiser!"

Da wurde mir klar: „Falls ich mal eine Freundin abkriege, werde ich hier nicht viel mit ihr machen können."

Als ich endlich *wirklich* eine Freundin hatte, war es aber sowieso anders als gedacht.

Ihr Name lautete Susie. Sie hatte eine Metallrahmenbrille wie ich und ein hübsches Lächeln. Ihr Vater nannte sie spöttisch „Sauertopf", aber bei mir war sie überhaupt nicht schlecht drauf, sondern bloß leicht unbeholfen. Andererseits bin ich jedoch selbst etwas schüchtern und tollpatschig gewesen – was in Ordnung ging, weil wir alle Zeit der Welt zu haben schienen, um einander kennenzulernen.

Das taten wir auf Spaziergängen hoch zum Dairy Queen am Ende der Main Street und zu den Ballplätzen kurz dahinter. Es war wie ein zum Leben erwecktes Bild von Norman Rockwell, buchstäblich Main Street, USA. Susies Mom fuhr den Schulbus, ihr Vater arbeitete in der Milchabfüllung. Ich sprach mit Susie über Nona und Tom, meine Schwester Celia und wie sehr ich sie vermisste, weil sie so weit entfernt lebte. Manchmal hielten wir Händchen, küssten uns vielleicht auch, und auf einmal fühlte sich die ganze Welt elektrisch aufgeladen, schummrig und wild an, obwohl sie mir rückblickend sehr beschaulich vorkommt – was sie auch war.

Susies Dad ging nicht in die Kirche. „Ich verehre Gott oben auf dem Berg", pflegte er zu sagen. Die Mutter gehörte hingegen der Kirche der Nazarener an. Wir begleiteten sie manchmal zum Gottesdienst. Dort wurden viele geistliche Lieder gesungen, die jedoch keinen bleibenden Eindruck hinterlassen haben, soweit ich mich erinnern kann. Am eindrücklichsten ist mir die Schüchternheit im Gedächtnis geblieben, sowohl meine als auch Susies, wenn sie neben mir auf der Bank saß. Betretenheit, weil ich mich öffentlich mit meiner „Freundin" blickenließ. Aber auch Stolz, weil das Mädchen, das ich mochte, auch mich zu mögen schien.

Jerome und Twin Falls liegen beide im selben Tal in Idaho, Magic Valley. Einmal im Monat besuchten alle Nazarener-Gemeinden aus der Gegend die Rollschuhbahn in Twin Falls. Susie und ich waren zusammen dort, obwohl ich nicht gut Rollschuh fahren konnte und mich meistens an der Bande festhielt. Wir haben auch Filme geschaut, im einzigen Kino von Jerome. Es hatte nur einen Saal und befand sich in der Nähe der Main Street neben der Bankfiliale. Wir hielten Händchen. Manchmal gingen wir kegeln. Und es gab eine Single, die wir ständig hörten: „Diamond Girl" von Seals and Crofts. Sie wurde unser Sommerlied.

Zwölf Jahre später während der Aufnahmen zu Mötley Crües drittem Album überlegte ich, welcher Song sich hervorragend zum Covern eignete. Wir probierten „The Boys Are Back in Town" von Thin Lizzy – eine großartige Nummer, die jedoch nicht funktionieren wollte. Dann kam Elton Johns „Saturday Night's Alright For Fighting" an die Reihe, klang aber in unseren Ohren auch nicht richtig.

Ich schlug „Diamond Girl" vor.

Die anderen Mitglieder sagten: „Du spinnst, das hört sich nicht mal wie ein Rocksong an!"

Wir versuchten es. Die Jungs hatten Recht: Als Mötley-Crüe-Lied ging es nicht auf.

Stattdessen coverten wir aus demselben Jahr wie „Diamond Girl" (1973) Brownsville Stations „Smokin' In The Boys Room", das zu unserem ersten Top-40-Hit wurde. In den Charts kletterte es bis auf Platz 3. Manchmal frage ich mich allerdings, was passiert wäre, wenn ich auf meinen Vorschlag bestanden und „Diamond Girl" durchgesetzt hätte.

7.

MCCLEARY'S

Jener Sommer schien lange Zeit nie zu enden. Alan und ich verbrachten ihn mit Musikhören, Radfahren in der Stadt und Milchshakes unten bei McCleary's. Ganz allmählich aber rückte der Herbst näher. Als die Fernarbeiter vom Stadtrand fortgezogen waren, hatte die Schule begonnen, und meine Freundschaft sowohl mit Susie als auch Alan kühlte langsam ab.

Bis dahin hatte ich mehrere Kämpfe gewonnen. Nona und Tom erlaubten endlich, dass ich mir die Haare wachsen ließ. Es war jetzt schulterlang, strubbelig und fast blond, weil ich es den ganzen August mit Zitronensaft gespült und mich in die Sonne gesetzt hatte, um es zu bleichen. Außerdem trug ich eine coole Jacke, einen blauen Anorak mit Streifen. Das Allerbeste war aber mein High-School-Football-Trikot.

Ich war ein Ersti, doch aufgrund der Unterteilung der städtischen Schulen in Junior High von der siebten bis zur neunten Klasse und High School von der zehnten bis zur zwölften waren Erstis – Neuntklässler – an meiner Penne die Platzhirsche. Obwohl ich also neu in der Stadt gewesen bin, besaß ich einen gewissen Status. Ich hatte lange Haare und ein Football-Trikot, das ich im Unterricht tragen durfte. Mir fiel immer deutlicher auf, dass sich die hübschesten Mädchen in der Klasse für mich interessierten. Nicht dass sie mich *mochten* oder sich so verhielten, als würden sie mich mögen, doch sie taten auch nicht so, als ob ich nicht existiert hätte. Je mehr Aufmerksamkeit sie mir schenkten, desto weniger reizte mich Susie.

Ich bilde mir von meiner jetzigen Warte aus betrachtet nichts darauf ein. Zudem hätte ich netter zu Alan sein können, der damals in das eine Cheerleader-Girl verliebt war, auf das alle Jungen an der Schule abfuhren.

Sein Steckenpferd war damals das Singen. Er sang in der Kirche, und seine Mutter ließ ihn an Talentwettbewerben teilnehmen. Die Mormonen hatten ihren eigenen Veranstaltungsbetrieb, und er sang „I'll Fly Away" oder „Spread Your Tiny Wings". Manchmal tat er es für die runzeligen alten Damen drüben im örtlichen Zentrum der Moose-Bruderschaft. In der Schule gehörte er dem Chor an, und Jill, die Cheerleaderin, war ebenfalls Mitglied.

Einmal warf sie ihm einen Blick zu, oder er bildete es sich ein.

„Glaubst du, Jill mag mich?"

Alan sah nicht übel aus. Er hatte markante Gesichtszüge: eine Kieferpartie, die wirklich von Charakter zeugte, und den besaß er auch. Er war ein ernster, gelehriger und einfühlsamer Junge, der obendrein Football spielte. Dies tat er aber nicht wie ich. Ihm schien der Killerinstinkt abzugehen.

„Ich weiß nicht, Alan", antwortete ich.

Ich hätte ihm sagen können, dass Jill nicht seine Kragenweite war, doch meine war sie auch nicht. Sie war *niemandes* Kragenweite. Ebenso gut hätte sie ein Laufsteg-Model in New York sein können – sie gehörte nicht nach Jerome. Trotzdem redete ich Alan nicht aus, sie zu einem Date zu bitten. Vielmehr tat ich es selbst, bevor er dazu kam. Eines Tages nach der Schule nahm ich meinen Mut zusammen, ging zu ihr und fragte: „Hast du Lust, *Der Exorzist* mit mir anzuschauen?"

Wundersamerweise bejahte sie.

Ich freute mich riesig… und hatte Angst. Zwei Stunden lang stand ich vorm Spiegel und versuchte, mir eine ordentliche Frisur zu verpassen. Tom lieh mir den alten Truck, den er gekauft hatte, und als ich Jill an ihrem Elternhaus abholte, lächelte sie so strahlend breit, dass ich sogar meinen Bammel vergaß. Nichtsdestoweniger war ich fast die gesamte Fahrt über nervös wie nie zuvor. Der Wagen war mit einer Kunstledersitzbank ausgestattet, und ich hatte mir ausgemalt, wie Jill zu mir herüberrutschte, sodass ich meinen Arm um ihre Schultern legen konnte. Sie blieb jedoch auf ihrer Seite, während ich fuhr. Ich brachte es nicht über mich, ihre Hand zu nehmen, und als der Film begann, fehlte mir die Chuzpe, sie zu küssen.

Was hätte ich zu verlieren gehabt? Wir waren nach Twin Falls gefahren, weil *Der Exorzist* nie und nimmer in Jerome gelaufen wäre. Er war viel zu grenzwertig und furchteinflößend, und hätte Jill mehr für mich übriggehabt, wäre sie sicherlich auf meinen Schoß gesprungen.

In dem Fall hätte ich aber nicht gewusst, was ich tun sollte, und es geschah auch nicht, denn Jill – da bin ich mir ebenfalls sicher – ging nur aus Mitleid mit mir aus: aus Mitleid verbunden mit Langeweile, obwohl ich nun keine Brille mehr trug (ich hatte Nona und Tom davon überzeugt, dass ich sie nicht mehr ständig aufhaben musste) und nicht der hässlichste 15-jährige Knabe in Jerome war.

Ungeachtet der Gründe redeten wir auf der Rückfahrt nicht sonderlich viel. Auch hielten wir weder bei Dairy Queen noch McCleary's und küssten uns nicht. Als ich montags zur Schule kam, sagte ich Alan nichts davon. Ich hatte ein schlechtes Gewissen, wenn auch nicht allzu lange, weil ich sowieso neue Freundschaften schloss.

Bubba, einer der wenigen mexikanischen Jugendlichen, die das ganze Jahr über in der Stadt wohnten, war die Person, der ich am nächsten kam.

Er hieß mit richtigem Namen Mike Garcia, wurde aber immer nur Bubba genannt. Er hatte einen Anorak, der meinem ähnelte, bloß in Violett. Er war wuchtig: Ringer und Kugelstoßer in unserem Leichtathletik-Team, außerdem spielte er in der Football-Mannschaft der Neuntklässler, die relativ gleichmäßig in Schwer- und Leichtgewicht unterteilt war. Alan spielte bei den Leichtgewichten, obwohl er flink genug war, um sich der anderen Gruppe anschließen zu dürfen, wenn diese nach Schnelligkeit verlangte. Aufgrund meiner schmächtigen

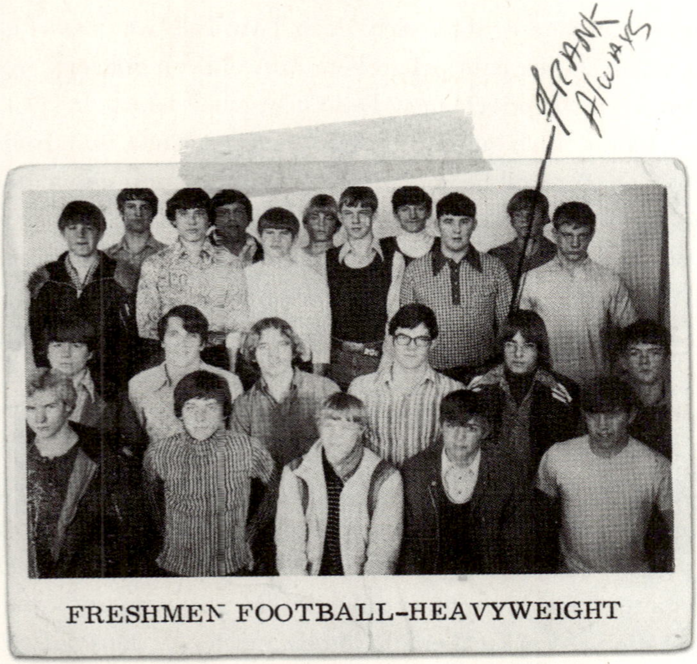

Figur wechselte auch ich dauernd hin und her. Bubba war unterdessen so kräftig wie jeder Bauernsohn – und zum Team von Jerome gehörten ein paar richtig stämmige Ochsen.

Wir trainierten ausnahmslos alle hart, indem wir schwere Schlitten zogen und Kurzsprints machten, bis wir vor Erschöpfung umfielen. Die Schule sparte sich den Aufwand von Testspielen. Wer spielen wollte, durfte auch, und wenn du es nicht konntest, wurdest du niedergemacht: so übel vermöbelt, dass du nicht mehr zurückkamst. Diejenigen unter uns, die blieben, spielten guten Football. Auf die Region bezogen waren wir gleichwohl zu klein, um den größeren Städten Konkurrenz zu machen. Bei einem Auswärtsspiel in Twin Falls trat ich gegen einige Jungen an, mit denen ich die Mittelschule besucht hatte. Nona und Tom kamen als Zuschauer, und ich gab alles, weil die ganze Stadt zum Anfeuern ihres Teams zugegen war – alle brüllten – und die Tigers nur ein paar Familien hinter sich hatten. Alle in der

Mannschaft verausgabten sich, doch Twin Falls war so viel größer und verfügte über eine viel größere Auswahl von Spielern, weshalb sie uns vernichtend schlugen. Das Endergebnis lautete in etwa 44:3. Ich schämte mich zutiefst, während ich mit Nona und Tom zum Auto ging. Football bedeutete mir unheimlich viel. Wie hatten wir verlieren können? Aber wir *hatten* verloren.

Wir spielten gegen Wood River. Bei einem Match gegen Sun Valley verletzte sich Bubba – heute würde er auf einer Trage vom Platz geschafft. Dann war ich mit dem Verletzen an der Reihe. Ich weiß nicht mehr, wer die andere Mannschaft war, erinnere mich aber daran, wie ich dem gegnerischen Offensive Tackle auswich, außen herlief und einen solchen Sprint hinlegte, dass der Quarterback große Augen machte und einfach den Ball fallenließ. Ich las die Murmel auf und stürmte auf die Endzone zu. Das Einzige, was ich in diesem Moment in meinem Leben wollte, war ein Touchdown – ich hatte einen wahnsinnigen Adrenalinschub –, und ich war kurz vorm Ziel, als ein Gegner von hinten angelaufen kam und mir voll aufs Schlüsselbein schlug.

Jene Lücke zwischen Helm und Schulterpolster ist die einzige wirklich ungeschützte Stelle am Körper des Spielers. Und das war eine der zwei Situationen in meinem Leben, von denen ich noch weiß, dass ich wirklich das Bewusstsein verlor; zu dem anderen Mal kam es, als ich meinen Bass hochwarf und er mir auf den Kopf fiel. Alle erschraken, ich hatte eine Gehirnerschütterung und dachte nur: „Das ist mir schon mal passiert.“ Zu jener Zeit waren meine Großeltern sehr besorgt.

„Das hat deine Großmutter ein wenig beunruhigt“, sagte Tom.

Das war seine Art, zu verstehen zu geben: „Du hast uns beiden Angst gemacht.“ Sie hielten mich aber nicht vom Spielen ab, und selbst wenn, wäre das kaum relevant gewesen, weil die Neuntklässler-Saison sowieso nicht lange dauerte.

Bubba war stark genug, um ins Universitätsnachwuchsteam aufgenommen zu werden. Sie setzten ihn auf Bundesebene ein, was für ihn eine zwiespältige Sache war, weil er aufgehört hatte, sich die

Haare schneiden zu lassen, und Ed Peterson, der Trainer, drohte ihm: „Falls du nicht zum Friseur gehst, bevor wir morgen in den Bus steigen, spielst du nicht mit."

Zu Hause machte Bubba seine Frisur zunichte, und als er am nächsten Tag in den Bus stieg, lachten ihn alle aus. Als einziger Mexikaner im Team hatte er selbst vermutlich ohnehin nicht so viel zu lachen – aber letztlich doch Glück, denn er durfte an den letzten drei Spielen des Bundesturniers teilnehmen. An jenem Tag war er wütend genug, um einigen Schaden anzurichten – und auch hinterher, indem er aufhörte, sich mit den Kids abzugeben, die ihn ausgelacht hatten.

Stattdessen hing er mit mir rum. Gemeinsam handelten wir uns immer häufiger Stress ein.

Wir verbrachten viel Zeit an den Bahnschienen, gingen daran entlang, kickten einander Kieselsteine zu und alberten herum. Dann trafen wir uns regelmäßig an der Südseite des Parks, wo sich die Langhaarigen oder Hippies aufhielten, wie man sie noch nannte.

So sah unser zaghafter Schritt aus. Bubba hatte seine selbstgeschnittene Frisur, und wir waren beide noch brave, wohlerzogene Jungs. Innerhalb einer oder zwei Wochen hatte ich jedoch mit dem Kiffen begonnen. Ich fühlte mich dazu genötigt, weil wir Partys besuchten, wo ich mich andernfalls gefürchtet hätte. Unterwegs dorthin verließen wir die Straße, damit ich einen Joint anzünden konnte, und Bubba wartete auf mich – bis er irgendwann selbst rauchte.

Alkohol war auch im Spiel, wir klauten ihn im Circle K. Bubba gab mir Deckung, indem er Limo kaufte und die Bedienung ablenkte, während ich mit einer Gallone Boone's Farm durch die Tür verschwand. Wir kehrten zu den Schienen zurück, wo wir den ganzen Nachmittag lang tranken, Gras rauchten und laberten. Eine Gallone Wein war zudem ein unfehlbares Mittel, um sich zu Partys einzuladen. In der Stadt und auch außerhalb – überall wo wir hingelangten –, sprach es sich herum, und wir schlugen dort auf, bekifft und auf der

Suche nach Girls. Die Feier, die mir am lebendigsten in Erinnerung geblieben ist, war klein: nur wenige andere Leute, ein paar Mädels, ein heruntergekommenes Haus in der Nähe der Ballplätze. Ich rauchte in einer Ecke einen Joint, und Bubba saß im einzigen Sessel in dem Zimmer, sternhagelvoll vom Wein. Wenngleich er genauso schüchtern war wie ich, befand er sich körperlich auf seinem Zenit; er hatte Athletik-Auszeichnungen in drei verschiedenen Sportarten erhalten. Ich weiß noch, wie ein Mädchen zu ihm ging und leise sagte: „Es gibt keinen Sitzplatz mehr, macht dir das was aus?"

Dann ließ sie sich einfach so auf seinem Schoß nieder und legte einen Arm um seine Schultern.

Kurze Zeit später tauchte Lee Chapman mit einem vollen Kasten Bier auf. Jackie Johnson war draußen auf dem Flur und ließ sich das Gesicht von mehreren Girls abknutschen. Alle möglichen Leute waren eingetrudelt. Ich hatte mittlerweile selbst ein Mädchen, das sich um mich schlang wie zwei Brötchenhälften um eine Wurst, doch Lee war als Oberstufler der Hahn im Korb. Er machte ein Bier auf und drehte sich um, da stand dieser alte Mann – ein kleiner, drahtiger, arbeitsamer alleinerziehender Vater – direkt vor ihm.

„Hey Kumpel", grüßte Lee unerschrocken. „Willst'n Bier?"

„Was ich will, ist", entgegnete der Mann, „dass ihr verdammt nochmal aus meinem Haus verschwindet. Wer zum Henker seid ihr? Wer hat euch überhaupt erlaubt, hier zu sein?"

Seine Tochter ließ sich gerade im Schlafzimmer flachlegen.

Bubba sprang wie vom Blitz getroffen auf. Das Mädchen auf seinem Schoss plumpste auf den Boden. Er lief hinaus, die Straße runter und über die Gleise, ohne sich umzudrehen und zu vergewissern, ob ich ihm folgte.

Ich war auch hinausgerannt – geradewegs gegen eine Wäscheleine; davon habe ich eine kleine Narbe unmittelbar unter der Nase behalten. Tom verwies jedes Mal darauf, wenn er meinen Kindern die Story erzählte, was er sehr gerne tat. Es dauerte eine Weile, bis wir am SB-Waschsalon in der South Lincoln zusammenfanden. Dort trafen wir dann auch auf andere Kids. Sie saßen unterm Fenster, während ich in einen der Trockner kletterte und ein einstündiges Nickerchen machte.

Als ich aufwachte, war niemand mehr da. Irgendwie gelangte ich nach Hause, war aber noch betrunken. Ich bekam den Schlüssel nicht ins Schloss und fiel von der Vorterrasse in einen Kaktus, den Nona neben die Treppe zur Tür gestellt hatte.

Als es mir schließlich gelang, zu öffnen, ging oder kroch ich auf allen Vieren in mein Zimmer.

Ehe ich mich versah, klopfte es an der Tür.

„Zeit zum Aufstehen! Oma hat dir was zu essen gemacht."

„Hab keinen Hunger…"

„Nichts da, du frühstückst jetzt. Oma hat diese Mahlzeit zubereitet, und du wirst sie essen."

Ich kam nicht umhin, ohne respektlos zu sein. Nachdem ich in die Küche getaumelt war, setzte ich mich, und Nona stellte mir zwei Spiegeleier vor die Nase. Sie hatte sie nicht gewendet. Im Grunde waren sie fast noch roh, und meine Großeltern setzten sich, um sicherzugehen, dass ich sie aß. Dann sagte Nona: „Frankie, du musst für mich einkaufen gehen."

Wieder sah ich keinen Ausweg. Ich ging zum Supermarkt, der nicht gerade um die Ecke war, und übergab mich sowohl auf dem gesamten Hinweg als auch auf halbem Weg zurück.

Nona und Tom wollten mir eine Lektion erteilen, schafften es aber nicht, sie mir nachhaltig einzuprägen. Ich tapezierte mein Zimmer mit Postern und setzte Schwarzlichtlampen ein. Möbel hatte ich nicht, nur eine Matratze auf dem Boden und eine Stereoanlage. Bubba und ich hockten oft high im Schneidersitz darauf und rockten ab.

Irgendwann sagte ich zu ihm: „Ich werde berühmt sein."

„Ach ja?", erwiderte er. „Wofür? Kopfschütteln? Kiffen?"

„Wirst du sehen", versicherte ich.

Ladendiebstahl wurde ein weiteres Hobby. Ich klaute sogar bei McCleary's, indem ich Musikkassetten in die Vordertaschen meiner Hose steckte und mit einer LP hinausschlich, wenn ich sah, dass niemand achtgab. Das taten sie selten. In Jerome hielt man viel darauf, Haustüren nicht absperren zu müssen. Mir ist nie zu Ohren gekommen, dass jemandem etwas aus der Bude gestohlen wurde. In der Öffentlichkeit ließ sich niemand etwas zuschulden kommen, doch hinter geschlossenen Türen ging bestimmt alles Mögliche vonstatten. Ich hatte einen Eindruck von der hasserfüllten Seite der Stadt erhalten.

Im Laufe des Sommers fuhr ich mit einem wesentlich älteren Typen durch die Gegend. Ich ließ mich von ihm mitnehmen, weil ich seine sehr coole Mühle checken wollte – einen echten Hot Rod aus den 1950ern, den er tiefergelegt hatte. In der Lincoln hielt er einmal an, um zwei Fernarbeiter mitzunehmen. Sie stiegen hinten ein, er öffnete ein Bier, und nach wenigen Meilen machten wir wieder halt, um die beiden hinauszulassen. Kaum waren sie weg, fing er zu lästern an. Er kotzte sich einfach über die Fernarbeiter aus, fand fürchterliche Schimpfworte für sie. Ich war entsetzt. Dabei konnte ich nur an Bubba denken – Bubba und seine liebe, alte Großmutter, die mich zwar einen Hippie nannte, aber in ihrem Haus willkommen hieß.

Später erfuhr ich, dass der Kerl mit dem Hot Rod in einer Besserungsanstalt oder im Knast gelandet war. Bubba und ich haben nichtsdestotrotz nie etwas erlebt oder selbst getan, das über Bagatellen hinausging.

Einmal im McCleary's verlangte ich von ihm: „Stell dich dorthin."

„Was hast du vor?"

Nein, *dort*hin.

„Wieso?"

„Bubba, mach dir keine Gedanken darüber."

An dem Tag verließ ich den Laden mit acht oder neun Schallplatten, meiner bis dahin fettesten Beute. Die Hälfte davon kannte ich nicht, doch das war mir schnuppe. Darauf kam es nicht mehr an. Der Nervenkitzel beim Stehlen, ohne erwischt zu werden, darum ging es. Und Bubba gehörte zu denjenigen, die sich alles anhörten. Vom Aussehen her hätte man ihm nicht zugetraut, Conway Twitty und Loretta Lynn zu mögen, doch das tat er. Ihm gefiel das Lied „Rose

Garden". Er stand auf Country and Western und alles Traditionelle. Sogar Jazz mochte er. Ich lernte eine Menge von Bubbas Art, Musik zu konsumieren und tat es ihm gleich, als ich nach L.A. zog, wo ich anfing, in Plattenläden zu arbeiten. Bei mir liefen ABBA genauso wie AC/DC, ich kam von Herbie Hancock zu Generation X. Auch wenn ich nicht alles *liebte*, lernte ich davon. Ich erkannte, dass es gut war, darauf zu achten, was andere Leute zu sagen hatten, und auf die vielen verschiedenen Möglichkeiten, die sie fanden, um es zu sagen.

An jenem Tag bei McCleary's hielt ich aber nicht einmal inne, um zu schauen, was ich mitgehen ließ. Ich trat bloß mit eingezogenem Kopf in die Gasse und sah mir die gestohlenen Platten noch nicht mal an, um sie kurze Zeit später abzuholen. Das gelang mir. Tags darauf erzählte Bubba, ein Junge, den wir beide kannten – der gottesfürchtigste Kerl überhaupt, wie wir dachten – habe ihn angesprochen und gemeint: „Mir ist aufgefallen, was ihr getan habt. Du und Frankie, ihr habt die ganzen Platten gestohlen, und ich wollte sie euch wegnehmen. Als ich aber von der Arbeit kam, waren sie fort."

So stellte sich heraus: sogar Mormonen hatten Dreck am Stecken.

Nona und Tom waren nicht ahnungslos. Meine Großeltern konnten jedoch nur bedingt einschreiten. Ich fing an, durchs Schlafzimmer auszubüxen, und kehrte nachts zu unbestimmten Zeiten zurück. Nachdem sie mich zwei-, dreimal ertappt hatten, verrammelte Tom das Fenster mit seiner Nagelpistole. Ich fand trotzdem Fluchtmöglichkeiten. Rückblickend frage ich mich, ob ich zu dem Zeitpunkt gestellt werden *wollte*, denn manches von dem, was ich in Jerome trieb, war unsagbar dämlich. Einmal zeigte mir ein älterer Junge auf dem Feld eines Farmers, wie man den Kraftstoff eines Traktors inhalierte: Schlauch rein, Dämpfe einatmen und die Luft so lange anhalten, wie man konnte. Beim Ausatmen hast du Sternchen gesehen, bist ganz einfach von der Rolle gewesen.

Das war völlig idiotisch. Dann besorgte ich mir aber selbst einen Schlauch. Unterwegs auf der Main Street mit Bubba blieb ich stehen und inhalierte aus dem Tank parkender Autos. Er fragte: „Frankie, Mensch. Was machst du? Du bringst mich noch in Schwierigkeiten!"

„Scheiß drauf", antwortete ich. Ich kannte keine Furcht. Die Grenze erreichte ich jedoch, als ich Bubba zu dem Werkzeugschuppen mitnahm, den mein Großvater hinten in unserer Einfahrt gebaut hatte. Dort dröhnten wir beide uns über alle Maßen zu. Das war Tom und Nona gegenüber ungeheuer respektlos. Wir waren so faul, dass wir uns nicht einmal die Mühe gaben, zu den Schienen zu gehen. Ich beschwor Ärger herauf und kriegte ihn auch, denn wir wurden erwischt. Tom schickte Bubba nach Hause. Ich wurde wütend und ging allein zu den Schienen, um mich zu beruhigen. Später an jenem Abend hatten Nona, Tom und ich dann eine schwierige Unterhaltung – die dazu führte, dass ich bei meiner Schwester und meiner Mom in Seattle in Washington leben musste.

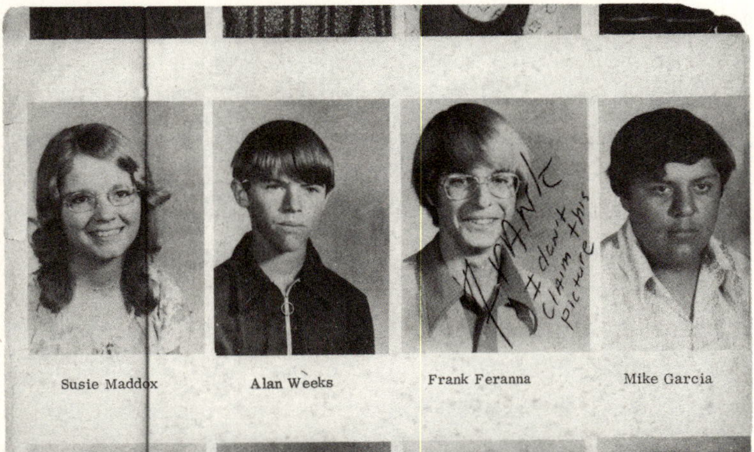

8.

SEATTLE

Idaho lag neben Washington – bis nach Jerome legte man eine lange Tagesstrecke zurück –, doch ich hätte ebenso gut auf dem Mars gelandet sein können. Seattle war eine richtige Stadt voller Musikgeschäfte, Platten-, Gebrauchtwaren- und Buchläden. Es gab eine Arena, in der alle Topbands auftraten. Erstaunlicherweise kosteten Eintrittskarten fünf oder sechs Dollar. In Seattle sah ich Led Zeppelin zum ersten Mal. Sie hatten einen Schriftzug ihres Namens auf der Bühne, und beim letzten Song „Black Dog" gingen die Buchstaben in Flammen auf. Das hinterließ einen bleibenden Eindruck. Ich ging zu Deep Purple, kurz nachdem ihr Album *Burn* erschienen war. Ritchie Blackmore, der damals noch dazugehörte, war mein Lieblingsgitarrist. Er zertrümmerte seine Klampfe am Ende der Show, und zwar ziemlich übel, indem er sie mehrmals auf den Boden schlug und ein Bein auf eine Monitorbox stellte, um das Instrument auf dem Knie durchzubrechen. Dabei entstand ein langgezogenes Knirschen, ein herrliches Geräusch und brutales Schauspiel.

T. Rex sah ich im Paramount Theatre, das heute einem Palast gleicht, aber damals extrem versifft war, mit aufgerissenen Teppichen, unbequemen Sitzen und Gestank nach Pisse. Es gab nur einen Türsteher, der Tiny hieß. Trotz seines Namens war er über zwei Meter groß und sah aus wie André the Giant. Marc Bolan war *wirklich* winzig, und das Publikum ging ziemlich aus sich heraus, doch Tiny hätte die halbe Meute im Alleingang zurückhalten können.

Auch Kiss sah ich im Paramount, als sie für Savoy Brown eröffneten. In der Mitte ihres Sets stolperte Gene Simmons über ein Kabel und machte sich hinterrücks lang. Er spielte weiter, während er mit den Beinen strampelte wie ein Käfer. Die Roadies mussten herbeieilen und ihm aufhelfen, doch die Band war unglaublich. Eine solche Lautstärke hatte ich noch nie erlebt. Es war, als würde man dicht neben einer Boeing stehen, und einfach in der Brust spürbar. Der Adrenalinschub dauerte stundenlang, dann kam ich nach Hause und zoffte mich mit meiner Mutter.

Sie war mit einem Mann namens Ramon zusammengezogen, der an der Universität Washington lehrte, aber ständig weg war, um irgendeine Schule in Mexiko aufzubauen. Er unterrichtete auch am Staatsgefängnis auf McNeil Island. Meistens waren Ceci, Mom und ich also wieder allein wie seinerzeit in Los Angeles.

Meine Schwester war neun und wich mir immer noch nicht von der Seite. Dies bedeutete im Alltag, dass sie zwischen die Fronten geriet, wenn ich mit Mutter stritt – was wir zu der Zeit instinktiv taten. Erst heute kann ich mit Abstand sagen, dass ich zornig war und zu Kontrollverlust neigte, wohingegen sich Mom Sorgen und vermutlich auch Vorwürfe machte, weil sie mich nicht selbst aufgezogen hatte. Seinerzeit fühlte ich mich einfach furchtbar orientierungslos. Ich sagte Mom stets, sie solle sich verpfeifen, und verschwand stundenlang – später waren es Tage – von zu Hause.

Da ich nunmehr in der zehnten Klasse war, gab es etliche Sofas, auf denen ich pennen konnte. Am allerersten Schultag begegnete ich auf der ausladend breiten Treppe der Roosevelt High School Linda, ein beeindruckendes Mädchen mit perfekt dunklem Haar, das sie links scheitelte, sodass es ein Auge verdeckte wie ein Vorhang. Das sah sexy aus. Linda war sehr hübsch, sehr gut gebaut und sehr aufgeschlossen. Wir hatten eine interessante Unterhaltung begonnen, als ihr Freund Rick kam und mir deutlich machte (wie er es in den darauffolgenden Wochen und Monaten wiederholt tun sollte), dass sie auch sehr vergeben war. Am Ende jenes Tages war Rick Van Zandt allerdings mein bester Freund in Seattle geworden.

Er war ungewöhnlich groß – fünf bis acht Zentimeter größer als ich, der die 1,80 Meter bereits überschritten hatte. Ricks Haare waren ebenfalls dunkel und auffallend lang. Damals ließen sich alle Leute die Haare länger wachsen: Priester, Politiker, Fernsehnachrichtensprecher. Eine richtige Matte hingegen, die über die Schultern fiel, kennzeichnete entweder Hippies, die noch in den 1960ern steckten, oder jemanden, der seiner Zeit voraus war. Auf Roosevelt High gab es alle Arten von Cliquen, die man in einer großen Oberschule erwarten würde – die Intelligenzbolzen, Sportfanatiker, Rocker und Autonarren, die ihre Zeit in der Kfz-Werkstatt der Einrichtung verbrachten –, doch mehr als zehn Jungen, deren Haare mehr als schulterlang waren, dürften sie nicht besucht haben.

Und es kommt noch besser, denn Rick spielte Gitarre. Er war ein Naturtalent und tat es schon seit seiner Kindheit. Für einen Zehntklässler war er ausgesprochen gut. Er besaß eine 1962er Fender Stratocaster in Weiß, wie Jimi Hendrix sie beim Woodstock Festival gespielt hatte, und einen Ampeg-V-4-Verstärker, der das Gegenstück zu einem 100-Watt-Turm von Marshall war. Ich bekam ihn an jenem ersten Schultag zu hören, weil Ricks Band fast täglich nach dem Unterricht probte und er mich ausdrücklich zum Zuschauen einlud.

Ich befand mich in meinem Element. Mir kam es vor, als hätte ich meine Leute gefunden.

Mom und Ramon wohnten mehrere Meilen von der Schule entfernt. Ich musste zwei Linienbusse nehmen, um in die Twelfth Avenue zu gelangen, wo die Roosevelt High School war. Rick lebte hingegen nur wenige Minuten entfernt in der Nineteenth Street in einem riesigen Haus aus der Zeit um die Jahrhundertwende herum, das oben auf einer hohen, steilen Böschung stand. In der Garage kam man durch eine Schiebetür aus Aluminium in einen Tunnel, der in einen unterirdischen Keller führte. Es war, als würde man Ali Babas Höhle betreten: ein großer, fensterloser Raum mit Sesseln und Sofas, von Rick mit Teppich verkleideten Wänden und dem gesamten Equipment der Band.

Sie hieß Oz – oder sie hatte sich zu dem Zeitpunkt schon zu Pizazz umbenannt, um mehr auf Glam Rock zu machen. Ihr Schlagzeuger Sam Henriot war der Sohn von Schauspielerin Zouanne LeRoy. Er hatte gerade in dem Fernsehfilm *Reflections of Murder* mit Sam Waterston und Tuesday Weld mitgewirkt, und zwar als Sprecher. Mit der Gage dafür hatte er sich ein fettes Kit mit zwei Bassdrums und einem Rack voller Becken gekauft. Es nahm viel Platz im Keller ein und klang so gewaltig, wie es aussah. Der zweite Gitarrist Joel Reeves wohnte gegenüber. Er spielte eine Les-Paul-Kopie von Univox, wie Rick über einen Ampeg V-4. Die beiden konnten sich in puncto Lautstärke jeweils allein behaupten, selbst wenn Sam am Schlagzeug in die Vollen ging. Sie hatten auch ein paar Bühnenlampen aufgestellt – farbige, die sich per Fußschalter steuern ließen und auf die sie in dramatischen Momenten traten, um den Raum mit Licht zu fluten.

Mit zehn bis zwölf Personen in dem Keller sah es aus wie bei einer richtigen Rockshow, wirkte und klang auch so.

Ein paar Dinge fehlten Oz allerdings. Da sie keinen Sänger hatten, spielten sie Instrumentalstücke. Dies führte bis zu einem gewissen Grad zu Improvisation und Soli, was aber kein großes Problem darstellte, weil Rick und die anderen die besten Parts verschiedener Songs zu großen Medleys verknüpften, um das Publikum bei der Stange zu halten. Sie gingen von Alice Cooper und ZZ Top über Blue Öyster Cult und Queen zu Deep Purple und mehreren Aerosmith-Nummern über, vielleicht auch etwas von Led Zeppelin, bevor es zum großen Finale kam, „Rock Bottom" von UFO. Sie waren gut genug, um das schlüssig umzusetzen, aber ihnen ging trotzdem noch etwas ab. Während ich so dastand, studierte ich sie – achtete stärker auf Rick und Joel als jemals auf meine Lehrer – und dachte: „Sie haben keinen Bassisten. Sie *brauchen* einen Bassisten. Hätte ich einen Bass, würde ich der Band beitreten."

Ramon hatte eine alte, lädierte Akustikgitarre mit drei Saiten. Er spielte nie darauf, und ich bat ihn nie, sie ausprobieren zu dürfen, obwohl wir zwei weitgehend gut miteinander auskamen. Selbst wenn Mom und ich stritten – sie schickte ihn üblicherweise in mein Zimmer, um mich in den Senkel zu stellen, doch er blieb bloß in der Tür stehen. Ich saß auf der Matratze am Boden. Ich hörte immer entweder Musik oder schrieb etwas auf meine Blöcke, und statt eine Standpauke zu halten, wollte Ramon wissen, was ich schrieb, oder redete mit mir über seinen Tag. Manchmal gelang es ihm, mich wieder aus dem Zimmer zu locken. Ich war in Musik verliebt und er hatte eine Anlage mit großen Boxen. Er ließ im Wohnzimmer ständig Latin-Kram laufen, Motown, Sly and the Family Stone. Mom kiffte dazu, tanzte und kochte Menudo. Ich sagte mir dann: „Das ist verglichen mit Idaho, wo ich mich zu Tode langweilte, endgeil."

Früher oder später ging es jedoch in die Brüche. Wenn Ramon zugegen war, ging es Mom gut. Ohne Mann schien sie verloren zu sein. Sie trank. Sie rauchte am Tag drei Päckchen Zigaretten. Sie wusste einfach nichts mit sich anzufangen. Nach ein, zwei Drinks machte sie einen glücklichen Eindruck. Sie lachte, sie alberte herum. Nach drei Drinks wendete sich das Blatt aber. Sie wurde wütend. Sie begann zu weinen und griff Ramon bisweilen an. Mom konnte sarkastisch und gemein sein, außerdem hatte sie eine gute Menschenkenntnis. Da sie nicht dumm war, wusste sie, wie sie anderen wehtun konnte. Wenn sie und Ramon auswärts zu Abend aßen oder tanzen gingen, gab es am Ende Tränen. Von Ramon hatte ich den Eindruck, dass er sie und auch Ceci wirklich liebte. Er war ein fleißiger Arbeiter und diszipliniert, und obwohl Mom ihn schlussendlich abstieß, weiß ich, dass er in Cecis Kindheit eine tragende Rolle spielte. Sie hat ihn in bester Erinnerung behalten, doch ich war älter als Ceci. Ramon war nicht mein Vater und verhielt sich auch nicht so. Wir beide stritten im Gegensatz zu Mom und mir nicht.

Sie war andauernd auf der Suche. Ehrgeizig. Voller Wünsche. Ramon war ebenfalls ambitioniert, aber auf seine eigene Art – was er auch sein musste angesichts all der Dinge, die er aufbaute und unternahm. Anders als meine Mutter aber lebte er in Frieden mit sich selbst. Er ruhte in sich, was ihm ermöglichte, großzügiger mit seinen Mitmenschen umzugehen. Eines Tages nach der Schule klopfte er an meine Zimmertür und gab mir seine lädierte Gitarre.

Dafür bin ich ihm ewig dankbar. Jene Gitarre war das erste Instrument, das ich je besaß. Sie stellte mein gesamtes Leben auf den Kopf.

9.

TEENAGE WASTELAND

Ramon zeigte mir, was ich mit den Fingern tun musste: linke Hand ans Grifbrett, mit der rechten die Saiten zupfen. So kompliziert war es nicht. Ich wusste zwar nicht, was ein Akkord war, doch hätte ich auf nur der Hälfte der Saiten überhaupt welche spielen können? Das Einzige, was ich wissen musste, war fürs Erste, dass man eine Saite mit Links aufs Griffbrett drückte und anschlug.

Das ist ein Ton.

Nächster Bund. Anschlagen.

Das war noch eine Note. Zwei Noten hintereinander ergeben eine Melodie.

Es war simpel, aber nicht langweilig. Ich arbeitete wirklich an dem Ding. Über lange Phasen hinweg vergaß ich die Zeit, während ich „Smoke on the Water" zupfte, die gleichen Noten wie Ritchie Blackmore. Richtig aufregend wurde es aber, wenn ich Worte, die ich aufgeschrieben hatte, zur Musik mitlas. Meine Gedichte begannen sofort, sich zu verdichten. Schlagartig nahmen sie Gestalt an. Ich hatte immer den Drang verspürt, mir Sachen zu notieren und Geschichten zu erfinden. War ich bei einer Schlägerei im Park gewesen, an einem Verkehrsunfall oder querstehenden Sattelzug vorbeigefahren, hatte ich mich daheim in mein Zimmer eingeschlossen und darüber geschrieben. Nun fühlte ich mich imstande, meine *Geschichten* zu erzählen. In vertonter Form ergaben sie mehr Sinn und waren fünfmal so ausdrucksvoll.

Ich hatte keine Ahnung, was ich da tat, doch es unterschied sich nicht großartig von dem, was ich später mit Liedern wie „Primal Scream“ oder „Kickstart My Heart“ machte. Meine Songs sind immer noch schlicht: wenige Noten und Texte, die eine reale Story erzählen. In „Primal Scream“ geht es um meine Familie. „Kickstart My Heart“ handelt von einer Drogenüberdosis: „When I get high I get high on speed / Top Fuel Funny Car's a drug for me“. Allein diese Zeilen schlossen die Nummer als Single-Kandidaten aus. Ihretwegen wäre sie seinerzeit nie im Radio gelaufen. „Kickstart My Heart“ war aber nicht einmal ein Drogensong. Für mich drehte sich der Text um Erlösung, womit ich sagen wollte: „Nun, da ich abstinent bin, finde ich andere Wege, um Hochgefühle zu erleben.“

Seattle war der Ort, an dem ich erkannte, dass mir das Komponieren oder der Versuch, zu komponieren, ein Hochgefühl anderer Art gab. Ein besseres in mancher Hinsicht. Ein länger andauerndes. Eines, das noch am darauffolgenden Tag andauert.

„Du hast die Hände dazu“, meinte Rick, nachdem ich einige Wochen mit der Gitarre herumgestümpert hatte. Wir waren in seinem Haus, und er ließ mich ein paar Noten auf seiner Stratocaster zupfen.

„Bei vielen Leuten ist es so: Man versucht, ihnen zu zeigen, wie gespielt wird, und es fühlt sich nicht richtig an. Bei dir hat man aber den Eindruck, dass du dich wohl dabei fühlst, die Gitarre zu halten.“

Rick zeigte mir Tricks. „Nicht so greifen. Tu das. Rutsch zwischen diesen beiden Noten hin und her. Siehst du? Das ist ein Riff.“

Zwischen zwei Noten sliden kam mir vor wie etwas, das Bassisten betraf. Es zu tun machte mich aber nicht zum Bassisten. Bassist zu sein bedeutete, einen Bass zu haben, und um einen zu kaufen, brauchte ich hartes Geld.

Ich besuchte Rick morgens zu Hause und begleitete ihn beim Zeitungsaustragen. Unterwegs fing ich an, mich an geparkten Autos zu vergewissern, ob sie verriegelt waren. Falls nicht, öffnete ich sie, nahm Wechselgeld aus der Ablage und durchstöberte das Handschuhfach nach anderen Sachen, die ich stehlen konnte.

Innerhalb kurzer Zeit war ich zu leichten Einbrüchen übergegangen, wobei ich an Haustüren checkte, ob sie abgesperrt waren. Das Wertvollste, was ich mitnahm, war eine kleine Stereoanlage, die ich in meine Kuriertasche steckte. Rick war gerade ein paar Häuser weiter. Als er sich umdrehte und mich sah, während ein Teil des Geräts aus der Tasche ragte, schaute er mich an, als sei ich verrückt. Es war das Ende jener Phase meiner kriminellen Laufbahn.

In der Schule verdiente ich mehr Geld. Hinterm Gebäude klappte ich die Hülle von Bowies *Diamond Dogs* auf meinem Schoß auf und drehte den Kids Joints für 25 Cent pro Stück. Weil ich fingerfertig war, schaffte ich innerhalb der wenigen Minuten bis zum Klingeln zur nächsten Unterrichtsstunde zehn bis zwölf Dübel. Unabhängig davon aber, wie schnell ich drehte, bekam ich mit diesen Vierteldollars keinen Bass zusammen.

Psychedelische Drogen waren damals weitverbreitet. Alle auf der Schule hatten begonnen, sich über LSD zu unterhalten. Erst hinter vorgehaltener Hand, dann kursierte es auf einmal in echt, und zwar überall. Acid überrollte die Schule wie eine Welle. Die Charge, die wir abbekamen, hieß Four-Way Windowpane. Man sollte ein Blättchen nehmen und es vierteln, doch ich hatte keine Erfahrung mit Acid. Ich dachte, ein ganzes Blättchen sei die Einheitsdosis, nicht ein Viertel.

Das Erlebnis war nicht schön. Ich würde es nicht unbedingt als schlechten Trip bezeichnen, sondern sagen, dass es meine Wahrnehmung veränderte. Ich glaube nicht, dass ich meine Hände, die Wolken, einen Baum, das Gras oder die Berge danach je wieder so sah wie zuvor oder meine Stimme so hörte wie früher. Ich hatte stets das Gefühl, unter Strom zu stehen: hellwach und auf Draht. Als ich jung war, verstand ich es als Temperament und führte es auf meinen

Vater sowie meine italienischen Wurzeln zurück. Später sah ich die Kehrseite: die vielen Situationen, in denen ich zu empfindsam war. Wer mich auf dem falschen Fuß erwischte, bekam das Feuer – den Zorn – zu spüren. Heute ist es für mich ein zweischneidiges Schwert: ich *bin* temperamentvoll und empfindsam, aber auch extrem wachsam – gut darin, andere Menschen zu durchschauen, schnell im Ausloten der Stimmung in einem Raum und habe meine Umgebung verstärkt wahrgenommen. Das ist in meinem Beruf eine Superkompetenz. Dummerweise kann man es aber nicht abstellen.

So fühlte sich der LSD-Trip an. Zunächst war er toll, wie mit Röntgenaugen. Allmählich sah man unter die Haut, das Fleisch, die Knochen und die Fäule darunter. Es ist beängstigend und hört nicht auf. Ich ließ mich aber nicht davon abhalten, weiter Acid zu nehmen. Kurzfristig bewegte es nichts weiter, als dass ich mich in dem Glauben bestätigt fühlte, die Dinge, die ich sah und spürte, müssten niedergeschrieben und besungen werden. Es festigte meine Entschlossenheit, mir einen Bass zu besorgen.

Ich legte mir einen Plan zurecht. Nebenher hatte ich angefangen, Gras zu verticken. Mir kam es wie der logische nächste Schritt nach dem Drehen vor, und wenn ich einzelne Joints vorfertigte, statt den Stoff nach Gewicht zu verkaufen, konnte ich meinen Gewinn verdoppeln.

Dann gelangte ich durch einen anderen Dealer an eine stattliche Menge Meskalin. Es kam als Pulver, weißlich wie hellere Schokolade. Das brachte mich auf die Idee, es mit Kakao zu mischen und an der Schule anzubieten. „Schoko-Meskalin“ lautete der Markenname, den ich mir für diesen todsicheren Erfolg ausdachte. Der Geschäftsmann in mir war voll bei der Sache. Rick und ich kauften Contac-Erkältungsmittel in Retardkapseln, die wir leermachten. Mithilfe einer Rasierklinge wurde das Meskalin mit einer Packung Pulver für heiße Trinkschokolade von Hershey’s verschnitten und in die Kapseln gegeben. Ich wollte meinen eigenen Kurs nennen, weil Meskalin an unserer Schule schwer zu kriegen war, doch meine Qualitätskontrolle ließ zu wünschen übrig. Einige Kids, denen ich Kapseln andrehte, spürten gar nichts. Andere verloren fast den Verstand.

Ich wurde nie hochgenommen. Die anderen Kids hätten mich verpetzt, doch ehe das geschehen konnte, warf man mich wegen eines weniger schweren Vergehens von der Schule. Ich saß mit der aufgeklappten Hülle von *Diamond Dogs* an meinem Stammplatz und drehte Joints. Da ich so vertieft in mein Tun war, bemerkte ich nicht, wie sich die anderen Schüler zerstreuten. Ich drehte noch weiter, nachdem mir der stellvertretende Direktor eine Hand auf die Schulter gelegt hatte.

Nicht einmal hoch schaute ich. Ich wusste, dass ich in der Patsche steckte. Dass mich die Leitung für zwei *Wochen* vom Unterricht ausschloss, fand ich dennoch ungerecht. Vielleicht war man froh, mich loszuwerden. Auf dem Nachhauseweg setzte ich mich unter die Brücke der Twentieth Avenue, rauchte einen Joint und schwor mir: „Ich gehe nie wieder hin."

An jenem Abend brach der schlimmste Streit zwischen mir und Mom aus, den wir je hatten. Das Gras sei nicht mein eigenes gewesen, behauptete ich.

Was ja auch stimmte Ich hatte Drogen verkauft, war aber nicht dafür bestraft worden. Außerdem war es nicht so, dass ich Drogen konsumierte und Mom nicht. Sie tat es. Das wusste ich, weil ich Stoff von ihr geklaut hatte. Außerdem trank ich auch nicht jeden Abend eine Flasche Wodka – bis ich das schaffte, brauchte ich noch ein paar Jahre. Alles in allem war ich immer noch ein unschuldiger Junge. Ich hatte jetzt Sex und dröhnte mich auch mal zu, aber erst seit Kurzem. Ich trank nicht viel und rauchte keine Zigaretten. Das taten alle, ich nicht.

Diese Argumente überzeugten meine Mutter nicht. Sie muss gewusst haben, dass ich sowieso kein guter Schüler war. Im Unterricht verlor ich die Aufmerksamkeit. Ständig kritzelte ich herum, dachte an Musik, schrieb kurze Abschnitte, notierte Zitate und verfasste kleine Einzeiler. Als ich Mom jedoch sagte, dass ich nicht zur Schule zurückkehren würde, schrie sie mich an. Ich schrie zurück, Ceci fing zu weinen an, und ich verschwand zu einem Freund – das ist ein Teil der Story, den der Mötley-Crüe-Film vergeigt, aber aufgebauscht hat, also hier die Wahrheit: In dem Streifen nehme ich ein Messer und schneide mir den Arm auf. Als die Cops kommen, gebe ich an, von meiner Mutter verletzt worden zu sein.

In Wirklichkeit ging ich aus dem Haus und warf einen Backstein durchs Wohnzimmerfenster. „Bis dann! Das ist mein Abschiedsgeschenk."

Meine Mutter brüllte mir auf der Straße hinterher. Sie rief die Polizei an. Ich schlug bei meinem Freund auf, nahm ein Messer und rammte es mir in den Arm.

Er fragte: „Was soll das? Hast du sie nicht mehr alle?"

Ich antwortete: „Lass mich einfach nur telefonieren."

Nun rief ich die Cops und behauptete, Mom hätte mich mit einem Messer geschnitten. Ich sah das als Präventivschlag. Als die Beamten aber eintrafen – falls sie tatsächlich kamen, sei es zu meinem Freund oder meiner Mom –, war ich nicht mehr da, um mit ihnen zu reden.

Ich schlief in Ricks Keller auf der Couch. Wir glaubten nicht, dass es seinen Eltern etwas ausmachen würde, denn sie hatten sechs Kinder, also war ihr Haus ohnehin eine Irrenanstalt. Als Ricks Mutter allerdings am oberen Treppenabsatz erschien, um mir mitzuteilen, dass es ihr durchaus etwas ausmachte, ging ich zu Joel gegenüber und pennte dort. Ich übernachtete auch bei Sam und Linda – ihre Mutter hätte angesichts der vielen Leute, die dort unterkamen, ein Heim für schwer erziehbare Kinder eröffnen können. Ich kehrte nicht nach Hause zurück, und als der zweiwöchige Unterrichtsausschluss vorbei war, leuchtete mir immer noch nicht ein, weshalb ich an der Roosevelt High weitermachen sollte.

Zu diesem Zeitpunkt hatte ich sowieso zu viel Spaß.

10.

DIAMOND DOGS

Ich fing erst mit dem Rauchen an, als ich über 40 war und eine Scheidung durchmachte. Zuvor hatten mich meine Mitmusiker ausgelacht: Nach zwei Zügen an einer Kippe musste ich husten und machte sie aus. Während des Scheidungsprozesses halfen mir Zigaretten beim Überwinden von Ängsten ohne Alkohol. Ich rauchte vier Jahre lang und dachte, nachdem ich aufgehört hatte: „Es gibt nichts mehr zum Abgewöhnen, weil ich mir alles abgewöhnt habe." Aus Erfahrung würde ich sagen, dass der Geist stärker ist als der Körper. Man muss körperlich nicht so stark sein, um sich irgendetwas abzugewöhnen, sondern es nur *wollen*. Entzüge sind natürlich schrecklich, doch was man *unbedingt* braucht, ist Selbstverantwortlichkeit. Man *muss* zu seinem Wort stehen. Du kannst andere Menschen belügen, aber nicht dich selbst. Falls du an eine höhere Macht glaubst, schadet auch das nicht.

Ich lebte in einem vierstöckigen Gebäude neben dem Ravenna Park nicht weit vom Universitätsviertel entfernt in einer Wohngemeinschaft. Dort schlief ich auf einer Matratze am Boden eines Abstellraums, den ich mir mit Postern an den Wänden gemütlich machte. Green Lake war in der Nähe, und Wanderwege verbanden den Ravenna mit dem Cowen Park. An einem Ende gab es ein 7-Eleven, am anderen ein Stop-N-Go. Beide waren nachts geöffnet und es kam häufig vor, dass Rick und ich die Nächte durchmachten, während wir zwischen diesen Läden pendelten.

Dann zog ich in ein Appartement, wo Joels Freundin Kim mit mehreren anderen Halbstarken wohnte, die aus diesem oder jenem Grund von zu Hause weggelaufen waren. Die Wohnung hatte zwei Schlafzimmer und lag im Universitätsbezirk, wo wir sowieso alle sein wollten, herumziehen und die Gebrauchtwarengeschäfte abklappern. Eine Weile lebten dort zehn Personen, doch es wirkte nicht sonderlich eng, weil alle ständig in der Stadt unterwegs waren – und falls doch einmal jeder anwesend war, fühlte es sich schlicht wie eine große Party an.

Ich fing an, mich mit Rob Hemphill abzugeben, dem Bassisten der anderen guten Rockband der Roosevelt High School: Cold Daze. Wir beide legten uns lange, coole Schals zu, mit denen wir uns wie Keith Richards und Steven Tyler vorkamen. Auch kauften wir Westen und Anzugjacken für Damen aus zweiter Hand. Wir waren so schmächtig, uns passte alles. Außerdem nahmen wir die Kleider auseinander, trennten sie auf und fügten sie wieder zusammen: wirr vernäht, mit Sicherheitsnadeln und Armbändern. Glam stand auf seinem Höhepunkt: *Diamond Dogs*, Mott the Hoople, T. Rex. Zeug, das mich bis weit ins folgende Jahrzehnt beeinflusste. Viele Jahre später, als wir mit Mötley aufnahmen, fiel mir „Future Legend" ein, der Opener von *Diamond Dogs*. Das erste Lied auf *Shout at the Devil* stellte meinen Versuch dar, Bowies Einleitung zu adaptieren. Ich nannte es „In The Beginning".

Auch die Bücher, die ich damals las, haben mich nachhaltig geprägt. Im Universitätsviertel gab es unheimlich viele Second-Hand-Buchhandlungen. Heute sind sie bestimmt nicht mehr da. Der ganze Bezirk wurde plattgemacht und anders hochgezogen. Dort sieht nichts mehr so aus, wie ich es kannte. Roosevelt High School ist verschwunden – die römische Fassade blieb erhalten, doch der Rest wurde niedergerissen und neugebaut, also ist nur noch jene breite Treppe übrig. Die Buchhandlungen sind das, was ich am meisten vermisse, weil sie mir fast wie ein zweites Zuhause vorkamen. Ich liebte den muffigen Geruch dort. Heute gehe ich immer zu Barnes & Noble, wenn ich an einer Filiale vorbeikomme, obwohl es dort völlig anders riecht, und komme mit zehn bis 20 Büchern raus.

Zu jener Zeit fühlte ich mich von den Titeln hinter der Theke angezogen, den am häufigsten gestohlenen. Es waren die gleichen, die ich auch eingesackt hätte. Ich mochte Burroughs und liebte Bukowski. Nach seinen Werken greife ich bis zum heutigen Tag, wenn ich schreibe. Öffne ich eines seiner Bücher, denke ich: „Nikki, Alter. Du musst jetzt kräftig zulegen, was grelle Farben und kesse Sprüche angeht."

Was ich ebenfalls von Bukowski habe, ist mein Hang zu kraftvollen, ins Auge springenden Titeln: *South of No North*, *Tales of Ordinary Madness*, *Aufzeichnungen eines Außenseiters*, *Two Kinds Of Hell*. Titel, die im Kopf steckenbleiben wie Glassplitter. Als Songschreiber habe ich mein Bestes getan, um mitzuhalten: „Too Fast For Love", „Dr. Feelgood", „Kickstart My Heart". Auch das sind Blickfänger. Hymnen. *Theatre of Pain* entlehnte ich von dem surrealistischen Schriftsteller Antonin Artaud und seinem Theater der Grausamkeit – eine Variation des Themas.

Nichts geht über eine gute Hymne. Ich schrieb „Shout At The Devil" mit über 20, doch die Nummer richtete sich an eine Gruppe von Teenagern. Sie vermittelte ihnen ein Gefühl von Macht und weckte das Bedürfnis, sich aufzulehnen. Sie fanden zu sich selbst – emotional, geistig, körperlich, sexuell –, und ich wollte ihnen etwas zum Sagen geben: „Ich mag die Musik von Mom und Dad nicht! Mom zieht sich doof an, Dad ist ein Trottel, und das ist unser Schlachtruf: Ruf den Teufel an!"

Das Gleiche hatten T. Rex, Aerosmith und Diamond Dogs bereits für mich getan. Es ist auch das, was Burroughs und Bukowski in jenen Tagen für mich taten.

Ich musste jedoch arbeiten, um meine Miete zu bezahlen, Bücher, Klamotten und all die Platten zu kaufen, die ich hören wollte, bis die Rillen nichts mehr hergaben. Ich spülte in einem griechischen Restaurant. Ich spülte in der Victoria Station. Dann wurde ich zur Salatbar befördert. Durch diese Stelle erhielt ich einen anderen Blickwinkel. Ich sah, dass die Kunden, die wir bedienten, nie aufaßen. Für gewöhnlich schnitt ich die nicht verzehrten Reste ihrer Steaks ab, drehte sie durch einen Wolf und sammelte das Fleisch in einem Wassereimer. Den nahm ich im Bus mit zum Universitätsviertel, und dann hatten alle im Appartement etwas zu essen. Hamburger gab es bisweilen morgens, mittags und abends, wenn wir *Don Kirschner's Rock Concert* schauten und dabei hofften, die Raspberries oder New York Dolls würden auftreten, umnebelt von den Gerüchen des Bratfetts und Fleischeimers.

Rick verbrachte sehr viel Zeit in diesem Appartement, und ich verbrachte viel Zeit bei ihm zu Hause, um seiner Band beim Spielen zuzusehen.

Genauso oft hing ich bei Rob Hemphill ab. Die Mitglieder seiner Band waren meinen Freunden überlegen. Jedenfalls benahmen sie sich so. Die Zeit an der Roosevelt High war interessant. Man hatte gerade die Desegregation per Schulbus eingeführt, also handelte es sich jetzt um eine Gesamtschule, doch getrennt wurde immer noch in vielerlei Hinsicht. Kinder aus wohlhabenden Gegenden wie Laurelhurst und Sand Point besuchten die Einrichtung, und es gab richtige Klassenunterschiede. Typen wie Rob Hemphill aus reichen Familien liefen in Lederjacken herum. Solche wie Rick und Joel konnten sich keine Lederjacken leisten. Rob respektierte nichtsdestoweniger die Tatsache, dass die zwei Musiker waren, und schaute zum Jammen vorbei. Seine Freunde mochten allerdings auf uns herabsehen. Sie betrachteten uns wohl als die quasi-Hippies und Heavy-Metal-Kids, die wir auch waren. Wohingegen sie Haschisch rauchten, rauchten wir superstarkes Gras, und sie drehten uns eine lange Nase. Cold Daze hatten kleinere Amps als Pizazz. Sie waren nicht so laut, besaßen aber eine Beschallungsanlage, die sie zu einer seriöseren

Band als Pizazz machte. Damit konnten sie Gesang einsetzen und waren dementsprechend bekannter. Bei beiden handelte es sich um High-School-Kapellen an derselben Schule, also ging es auf Rivalitäten bezogen freundschaftlich zu; unter alledem herrschte jedoch wirkliche Spannung.

Ich konnte mich frei zwischen den Parteien bewegen, weil ich sehr schnell von einem Neuling zu jemandem avanciert war, der die Schule gar nicht mehr besuchte. Rob genoss dieselbe Freiheit, weil er selbst unter den reichen Jugendlichen als vermögend galt. Seinen Eltern gehörte Hemphill Oil, sie besaßen ihre eigene Heizöllaster-Flotte. Diese Größenordnung von Geld erhob Rob in unserer Welt sozusagen in den Adelsstand. Er war ein Jahr älter, und sein Haar fast so lang wie unseres. In den höchsten Kreisen an der Schule gehörten lange Haare ebenfalls zu den Dingen, auf die man hinabsah. Ich kann mir nicht vorstellen, was Robs Freunde über uns sagten, wenn wir nicht dabei waren, doch niemand traute sich, ihn zu kritisieren.

Was mich anging, waren meine Haare neuerdings silbern gefärbt. Das hatte ich von einem Poster aufgeschnappt: Mott the Hooples Bassist Pete Watts mit fülligem Silberschopf.

„Wie hat er das hingekriegt?“, fragte ich mich.

Die Antwort, die ich fand, war keine Kolorierung, sondern Sprühfarbe – die perfekte Lösung, weil sie meine Haare praktisch in Stroh verwandelte. Sie machte sie steif, sodass ich sie knicken und so verrückt aussehen lassen konnte, wie es meine Fantasie zuließ. Rob meinte, es sei auf authentische Weise cool, und das entsprach genau seinem Wesen: Auch er war auf authentische Weise cool. Er machte sich nie groß Gedanken und war unbefangen, nicht verklemmt. Spaß haben, darauf legte er Wert, und das schweißte uns zusammen. Er verhielt sich so, als könne er nichts verlieren, während ich wirklich nichts zu verlieren hatte. Und unsere zweite Gemeinsamkeit bestand darin, dass wir uns für Bässe erwärmten.

Rob spielte einen Gibson – den Les Paul Recording Bass, der die gleiche Form hat wie die Les-Paul-Gitarre. Man sieht dieses Modell nicht allzu häufig, doch bei mir hat es Eindruck geschunden (später besorgte ich mir selbst einen, und er sah besser aus, als er klang). Mittlerweile lechzte ich nach einem eigenen Bass. Ich ging regelmäßig zum Musikgeschäft Broberg's in der University Avenue und stellte mich vors Schaufenster.

Ein guter Bass war nicht billig. Selbst ein nicht ganz so guter lag außerhalb des Preisspektrums, das sich jemand mit wenig mehr als dem Mindestlohn leisten konnte. Ich schaffte es nicht einmal, pünktlich Miete zu zahlen, und schlief bei einem Girl, mit dem ich angebandelt hatte. Dennoch fasste ich den Entschluss: Ich brauchte einen Bass und würde ihn auch bekommen. Eines Tages fragte ich Joel nach einer Bandprobe: „Darf ich mir deinen Gitarrenkoffer ausleihen?"

„Wozu?"

Ich erklärte es ihm nicht, sondern sagte nur: „Ich passe gut darauf auf. Morgen Abend hast du ihn wieder."

Ich passte auf, und er bekam den Koffer wieder – nachdem ich damit zu Broberg's gegangen war.

Ich trat ein und brach ein Gespräch mit dem Verkäufer vom Zaun. „Ich bin Gitarrist, neu in der Stadt und auf der Suche nach einem guten Job."

Wir quatschten ein bisschen, unter anderem über Bands, die wir beide mochten. Nach einer Weile meinte er: „Einen Augenblick, ich hol dir ein Formular."

Kaum dass er in den hinteren Geschäftsräumen verschwand, nahm ich eine Gibson von der Wand und legte sie in Joels leeren Koffer. Das ging so schnell, dass ich mich wieder entspannt hatte, als der Verkäufer zurückkam. Ich füllte das Formular mit falschem Namen und falscher Adresse aus. Dann schüttelten wir Hände, und ich verließ den Laden, so ruhig, wie ich konnte.

An jenem Abend trafen wir uns bei Rick. Ich strahlte vor Stolz, verschwieg aber, was ich getan hatte, bis die ganze Clique im Keller versammelt war.

Schließlich öffnete ich den Koffer.

„Seht euch meinen neuen Bass an", sagte ich.

Keiner der anderen Jungs lächelte. Sie schauten mich nur schweigend an.

„Frank", sprach Rick schließlich. „Das ist kein Bass."

Ich schaute auf die Les Paul hinunter, eine hübsche Gold Top.

„Zähl die Saiten", sagte Joel. „Es ist eine Gitarre."

Sie hatten Recht, doch es gab nichts, was ich daran ändern konnte. Eine gestohlene Gitarre umzutauschen stand außer Frage.

Ich hätte sie behalten sollen. Eine Gold Top Les Paul von 1974 oder '75 ist etwas Herrliches, doch ich verkaufte sie prompt zwei Brüdern, die auf der anderen Seite der Stadt in einer Band spielten – Telepaths hießen sie. Die beiden waren Punks oder genauer gesagt: was auch immer man in jener kurzen Zeit zwischen den Dolls und dem ersten Ramones-Album unter „Punk" verstand. Krasse Typen, mit denen ich gelegentlich abhing, aber ich schlug einen einigermaßen ordentlichen Preis heraus – genug für einen tatsächlichen Bass, den ich in einem anderen Geschäft als jenem kaufte, wo ich den Diebstahl begangen hatte. Ich wählte einen schwarzen Rickenbacker, der nicht ganz so cool war wie Rob Hemphills Axt, aber trotzdem ein ausgezeichnetes Instrument, das ich letztlich gegen einen Fender tauschte. Wenige Tage nach dem Kauf unterhielt ich mich mit dem Gitarristen von Robs Band – einem begabten Kerl, der hier namenlos bleibt, weil ich ihn erst kürzlich aufgespürt habe (er ist Immobilienmakler) und er abstreitet, das alles sei passiert. *Ist* es aber, und zwar exakt so:

„Eine Gold Top?", fragte er. „Mensch, klar. Ich kaufe sie dir ab."

An dem Abend kehrte ich zu den Brüdern zurück. Sie wohnten noch bei ihren Eltern, und ich musste warten, bis alle Lichter im Haus aus waren. Dann stieg ich durch ein Fenster, ging in den Keller, wo die Telepaths probten und schlich mit der Les Paul durch die Hintertür davon. Am nächsten Tag verkaufte ich sie dem Makler, der damals noch in der Ausbildung war. Das ist aber nicht das Ende der Geschichte, denn am darauffolgenden Abend suchten die Telepaths nach mir.

Meine Freundin lebte ebenfalls bei ihren Eltern und hatte ihr Zimmer im Obergeschoss des Hauses, ich hingegen einen kleinen Raum im Keller. Die Situation war etwas seltsam, weil sich ihr Vater und ihre Mutter getrennt oder sogar hatten scheiden lassen, doch sowohl ihm als auch ihr fehlte das Geld zum Ausziehen. Auch sie schliefen in separaten Zimmern und waren beide berufstätig, während ihre Tochter zur Schule ging oder auch nicht und ein weiterer irrer Teenager im Keller hauste, wo er versuchte, Aerosmiths ‚S.O.S.' auf dem Bass zu spielen. Das tat ich auch, als es an der Haustür läutete.

Die Brüder waren angefressen. Beide hatten Scheren dabei, die sie wie Messer hochhielten.

„Wir schneiden dir die Haare, Freundchen", meinte der eine.

Der andere sagte nur: „Du hast unsere Gitarre geklaut."

Ich kämpfte wie ein Bär. Obgleich ich ein hübsches Veilchen und eine aufgeplatzte Lippe davontrug, blieben meine Haare unberührt. Danach hielt es mich nicht mehr lange in Seattle, doch zu einem Eklat kam es erst bei einem Rolling-Stones-Konzert.

Die Briten spielten logischerweise in der Arena. Die Karten waren überteuert: zehn Dollar. Die hätte niemand von uns abgedrückt, selbst wenn die Show nicht ausverkauft gewesen wäre (war sie). Andererseits liebten wir die Stones, also fuhren Rick, ich und ein paar andere Kids hin, um soweit möglich von draußen zuzuhören. Es war ein bemerkenswerter Anblick: Die halbe Stadt hatte die gleiche Idee. Meine Freunde und ich setzten uns im Kreis hin. Jemand hatte Gras dabei, und ich bot mich zum Drehen an. Die 30 Sekunden, die ich damals für einen Joint brauchte, reichten allerdings auch einem Cop zu Pferde, um angeritten zu kommen und mich festzunehmen.

Es ging so schnell, dass mir noch Stunden später der Kopf schwirrte.

„Wir konnten alle nicht fassen, was zum Geier passiert war", bemerkte Rick bei unserer nächsten Begegnung.

„Es lag nicht mal an deinem Gras!", sagte Joel.

Doch während der wenigen Tage, seitdem ich sie getroffen hatte, war wieder ein Beschluss in mir gereift.

Ich hielt es für an der Zeit, Seattle Lebewohl zu sagen.

11.

ZURÜCK AUF DER FARM

Ich nahm einen Fernbus nach Jerome. Mein Gepäck bestand aus dem Fender-Bass, einem Seesack voller Kleider und ein paar Tapes: Alben von T. Rex, Aerosmith und Bowie. Meine Großeltern kamen gefahren, um mich abzuholen. Als Nona mich dastehen sah, kam sie nicht um die Frage herum: „Frankie, was ist passiert?“.

Ich trug Stiefel mit Plateausohlen und eine alte Damenjacke, die ich irgendwann umgestülpt und neu vernäht hatte. Meine Haare waren mit Silberfarbe besprüht. Nona und Tom nahmen mich aber wieder auf. Sie akzeptierten mich. Ich fand Arbeit und verlegte buchstäblich Rohre auf John McGonigals Farm. Bubba hatte den gleichen Job, und ich hasste es. Der Schlamm war gut 20 Zentimeter tief. Ich schaffte etwas mehr als einen halben Kilometer Leitung, bevor ich mich hinsetzte, die Beine übereinanderschlug und zu Bubba sagte: „Vergiss es.“

Spülen hatte keinen Spaß gemacht. Die Stunden vergingen wie in Zeitlupe, jede Schicht schien tagelang zu dauern. Bodenbewässerung war genauso und noch schlimmer – viel schlimmer, weil einem die Sonne auf die Rübe brannte. Mir blieb aber nichts anderes übrig, als am folgenden Tag wieder anzutreten. Bubba hatte am Vortag den

Rest der Leitung gelegt und sich dabei fast umgebracht. Er stellte klar, dass er das nicht wieder tun würde.

Ich bekam Stress mit anderen mexikanischen Kids, die auf dem Hof arbeiteten. An der Roosevelt hatte ich auf den Fluren kämpfen müssen – neu integrierte Schüler drückten mich gegen Wände, wollten mich in Spinde schließen und nannten mich „Alice Bowie“ oder „Schwuchtel“ –, war also gezwungen gewesen, mich zu behaupten. In diesem Sinne stellte die jetzige Situation kein Novum dar, bloß dass ich mich mit Rohren verteidigte. Später in den Clubs von Los Angeles wurden Schlägereien ein Zeitvertreib statt einer Belastung: Ich fand Gefallen an der gleichen Sache, die mich auf der High School eingeschüchtert hatte. Noch war ich aber nicht in L.A., und beschimpft, aufgestachelt, provoziert und hinterhältig angegriffen zu werden machte nicht gerade Spaß.

Andererseits stand Bubba hinter mir, und diese Rohrleitung tat uns beiden viel Gutes. Mit Bodenbewässerung verdiente man mehr als mit Tellerwaschen, und ich brauchte das Geld, weil ich mir eine andere Gitarre kaufen wollte.

Wenn Tom und ich nach Twin Falls fuhren, hatten wir Red's Trading Post besucht, einen Waffenladen. Mein Großvater suchte ständig nach Pistolen und Gewehren für die Jagd, doch man konnte auch Sachen verpfänden, und jemand in Twin Falls hatte eine Univox-Gitarre abgegeben. Es war eine Les-Paul-Kopie, die jener von Joel Reeves bei Pizazz ähnelte, mit schöner Sunburst-Lackierung.

In Seattle war ich eine Zeit lang mit dem Gitarristen von Cold Daze unterwegs gewesen. Ich hatte mit ihm auf der Treppe hinter der Schule gesessen und mir Tricks zeigen lassen – er war ein begabter Musiker wie Rick, von dem ich natürlich ebenfalls einiges lernte. Ich bevorzugte den Bass und tue es immer noch, konnte aber auch ein paar grundlegende Akkorde schrubben, und eine Gitarre zur Hand zu haben ist immer von Vorteil. Heute stehen sie bei mir im ganzen Haus verteilt. Ein guter Gitarrist bin ich nie geworden. Wenn ich ein halbes Jahr lang zwei Stunden täglich übe, bin ich gut genug für eine Band; wenn ich Rost angesetzt habe, wollt ihr mich wahrschein-

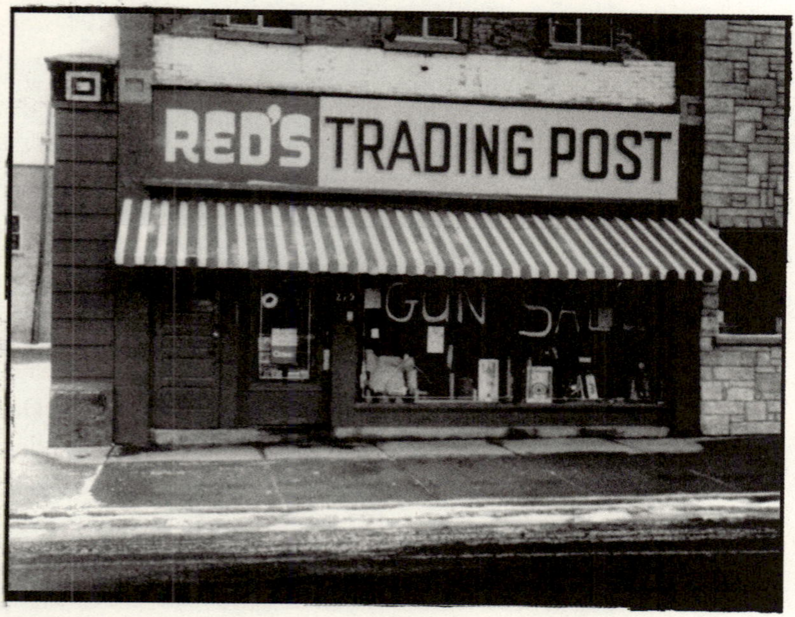

lich nicht hören. Ich habe Songs auf dem Bass komponiert, doch es gibt auch solche, für die sich eher eine Gitarre anbot – „Don't Go Away Mad" war beispielsweise ein Gitarrensong. Ich komponierte „Shout At The Devil" auf einer Akustikgitarre, auf die ich so fest eindrosch, wie ich konnte, um möglichst laut zu spielen. „Knock 'Em Dead Kid", „Red Hot", „Ten Seconds To Love" und „Kickstart My Heart" begannen jeweils als Akustiknummern. Ich hätte eine akustische Klampfe aus Red's mitnehmen sollen und mehr Nutzen daraus gezogen. In Jerome besaß ich nicht einmal einen Verstärker.

Irgendetwas führte mich aber zurück zu Les Pauls, und die Univox machte selbst ohne Amp ziemlichen Krach, wenn man ein dickes Plektrum verwendete und kräftig anschlug.

Ich trug meine Gitarre durch die Stadt. Das war ein weiterer Grund, der für eine akustische sprach: Eine Les Paul ist nicht leicht wie eine Fender, doch ich nahm meine überallhin mit. Als ich einige Monate in Jerome verbracht hatte, kamen Onkel Don und Sharon aus Los Angeles auf Besuch zu Nona und Tom. Ihr Sohn Rick war noch klein, ihre Tochter Michele hingegen nur wenige Jahre jünger als ich. Ich lud sie in den Park ein. Dort schrammelte ich eine Stunde lang vor mich hin, während wir auf einer der Bänke saßen.

„Ich werde Rockstar", ließ ich sie wissen.

Mir dämmerte nicht, dass Michele möglicherweise schon echte Rockstars gesehen hatte. Mir war die Vorstellung, Rockstars seien reale Menschen, immer noch relativ fremd. Ich hielt Rick Van Zandt für einen Rockstar und Rob Hemphill auch, doch Peter Frampton, Marc Bolan und Bowie kamen mir eher wie Götter vor. Wie Sterne am Himmel: „Schau hin! Das ist das Sternbild Deep Purple! Da drüben, wenn man von Ritchie Blackmores Gitarre weiter geradeaus schaut, sieht man Uriah Heep!" So weit entfernt und abstrakt erschien mir das alles. Jedenfalls nahm mich Don nach dem Abendessen zur Seite und sagte: „Frankie, unser Haus ist auch dein Haus, und du bist bei uns immer willkommen."

Das fühlte sich viel weniger abstrakt an.

12.

LOS ANGELES

Bob und Harlene kamen uns mit ihrem Mobilheim besuchen. Sie lebten nun in Palm Springs, kamen aber auf dem Rückweg durch Los Angeles, wo ihre Tochter Raylene vorsprechen sollte. Sie wollte Schauspielerin werden. Damals war sie ein zierliches Ding, hatte aber anscheinend einiges an Talent, denn sie wurde von einem Agenten vertreten und bewarb sich um eine Rolle in einem Western. Ich musste mich nicht zweimal bitten lassen, mit ihnen zu fahren. Gerade hatte ich auf der Arbeit für den Rest des Tages frei bekommen, weshalb ich bis zum Bauch mit Matsch verdreckt war als ich sie sah, doch ich wollte mir nicht mal Zeit zum Duschen nehmen, sondern Jerome umgehend verlassen. Ich sagte sofort: „Ich verschwinde, ich will nach Los Angeles."

Es ist merkwürdig, aber meine Großeltern haben mein Zimmer bis zu Nonas Tod, woraufhin Tom den Doppeltrailer verkaufte, im selben Zustand erhalten wie an dem Tag, als ich fortzog.

Seinerzeit konnte man die Verkäufer in Plattenläden fragen, ob sie Werbeposter hatten, die sie wegwerfen würden. Manchmal bekam man sogar Aufsteller von Bands. So kam ich zu Postern von *Frampton Comes Alive!*, Aerosmith und Uriah Heep. Onkel Don hatte mir eins von Sweet aus L.A. geschickt, und auch in Musikgeschäften gab es Aufsteller: Instrumente aus Pappe in Originalgröße. Ich hatte einen vom Les Paul Bass genommen und mir mit der Kopfplatte nach unten an die Wand gehängt. Kurz vor der Veröffentlichung von Mötley Crües *Theatre of Pain* – dem Album mit „Home Sweet Home" – fuhr ich von Los Angeles zu Nona und Tom. Mir ging es nicht sonderlich gut, und ich war wegen meiner Großeltern nostalgisch geworden. Wie die beiden ständig eine Tasse Kaffee vor sich hatten. Die braunen More-Zigaretten, die Nona rauchte. All die Abende, an denen wir Karten und Kniffel gespielt hatten. Ich kehrte also zurück und schlief umgeben von meinen alten Sachen in meinem alten Zimmer. Zu erfahren, dass meine Großeltern diesen sicheren, einladenden Ort für mich warmgehalten hatten, obwohl ich nach meinem Aufbruch mit Bob und Harlene nie wieder bei ihnen wohnte, war zutiefst berührend.

Mir kam es vor, als sei ich nie weg gewesen.

War ich aber. Als Bob und Harlene nach Kalifornien aufbrachen, fuhr ich mit ihnen.

Wir waren schon in Bishop in Kalifornien – nicht allzu weit hinter der Grenze zu Nevada –, als Harlene den Agenten kontaktierte und erfuhr, dass Raylene ihre Vorsprechprobe versäumt hatte. Ich weiß nicht, ob sich mein Onkel und meine Tante im Termin geirrt oder die Produzenten beschlossen hatten, jemand anders zu nehmen beziehungsweise einfach eine andere Richtung einschlagen wollten. Jedenfalls bestand keine Eile mehr, also nahmen wir uns Zeit, um den nahegelegenen Yosemite-Nationalpark zu besichtigen. Die beiden fragten, ob ich mitwollte, doch ich konnte nicht schnell genug nach Los Angeles kommen. Darum war ich wieder mit meinem Bass allein – Nona und Tom hatten versprochen, meine Gitarre zusammen mit einigen Postern nachzusenden. Ich reiste mit einer Tasche voller Kleider und ein paar Kassetten. Wieder nahm ich den Fernbus, bloß dass der diesmal nach L.A. fuhr.

Sharon holte mich dort an der Haltestelle Kreuzung Hollywood und Vine ab, von der Marilyn Monroe im Film *Bus Stop* träumt. Das Firmengebäude von Capitol Records – ein weißer, runder Turm wie ein Stapel Vinyl-Singles und eines der schönsten Gebäude an der Westküste – stand einen halben Block weit entfernt. Mein Onkel Don leitete das gesamte Unternehmen.

Das war alles, wovon ich träumte, seitdem er angefangen hatte, mir Platten nach Jerome zu schicken.

Ich war 18 Jahre alt. An meinem 19. Geburtstag, so sagte ich mir, würde ich bei Dons Label unter Vertrag stehen.

Don und Sharon wohnten in einem Haus mit drei Garagen und vier Schlafzimmern in Northridge, als ich bei ihnen einzog. Es stand am Ende einer Sackgasse, deren Straßenränder mit Bäumen bepflanzt waren. Ich bewunderte es ehrfürchtig. Was ich zuerst bemerkte, als ich eintrat, war der hübsche Fliesenboden im Eingangsflur. Die Farben waren so kräftig, satt und prachtvoll. Ich hatte noch kein annähernd so schönes Wohnhaus gesehen. *Zu* groß war es nicht, also kein Palast. Man hätte denken können, der Präsident von Capitol Records würde in einer Villa leben, doch verglichen mit dem Doppeltrailer meiner Großeltern wirkte das Haus äußerst vornehm. Es gab einen kleinen Swimmingpool, einen Nebenhof und eine Veranda mit Picknicktisch. Abgesehen von dem gefliesten Eingangsbereich war das gesamte Haus mit flauschigem Teppich ausgelegt – grüner Stoff, den Rick ständig mit Alkohol begoss und anzündete. Michele war sehr lieb, einfach ein mustergültiges Mormonenmädchen. Sie stand auf Squaredance, spielte Klavier und nähte gern. Ich fand sie toll, wohingegen ich mich vor ihrem Bruder in Acht nahm. Er mochte mir im Schlaf die Haare abflammen, also schloss ich meine Zimmertür stets ab für den Fall, dass er auf die Idee kam.

Don und Sharon waren sogenannte Jack-Mormonen, was bedeutete, dass sie rauchten und Wein tranken. Er hatte eine Hausbar – die beiden liebten es, Gäste zu unterhalten –, die mit allen erdenklichen Spirituosen bestückt war. Die Oberfläche der Theke bestand aus Single-Schallplatten, die man mit Lack überzogen und glatt geschliffen hatte. Außerdem standen mehrere Spielautomaten herum, und Dons Musiksammlung nahm eine fünf oder sechs Meter lange Wand ein – abertausend Schallplatten.

Ich befand mich im Himmel, doch ehe ich mich überhaupt an diese Umgebung gewöhnen konnte, zogen wir mit Don und Sharon an einen Ort, der durchaus noch etwas lauschiger war.

Ich meinte La Cañada, den „Canyon“ nördlich von Los Angeles, wo wir ein geräumiges, einstöckiges Ranchhaus bezogen, das eine mormonische Großfamilie gebaut hatte. Es verfügte über zwölf winzige Zimmer von jeweils etwa drei auf drei Metern, doch Don nahm die Wände von drei oder vier dieser Räume heraus, um sie zu einem riesigen Musikzimmer einzurichten. Darin stellte er seine Singles-Theke und Micheles Piano auf. Wir hatten Teppichboden – weiße Zotteln –, den Rick prompt in Brand setzte, und eine große, moderne Küche sowie ein schönes Esszimmer. Dort aßen wir täglich gemeinsam zu Abend.

Nona war immer eine gute Köchin, meine Mutter ebenfalls. Und Sharon stellte sich als fabelhafte Köchin heraus. Sich als Angehöriger dieser großen, angenehmen Familie zum gemeinsamen Dinner einzufinden hatte etwas Traumhaftes an sich.

Die Umgebung war sehr grün, sehr ländlich. Hinterm Haus führte ein Reitpfad entlang; über uns ragten die San Gabriel Mountains auf; Coyoten, Stinktiere, Beutelratten – vereinzelt sogar Rotluchse – machten auf sich aufmerksam. Hinterm Haus hatten wir einen großen Pool, einen Tennisplatz und ein Gästehäuschen. Ich kann mir vorstellen, wie die Kids ins Wasser springen und herausklettern, Hotdogs essen und Limonade trinken, während Onkel Don mit freiem Oberkörper in einem Clubsessel am Pool sitzt. Seine Tätowierung war die erste, die ich je gesehen habe, und stammte aus seiner Zeit beim Militär. Tante Sharon ähnelte ein wenig meiner Mutter, hatte große blaue Augen, die strahlten, als stünden Kerzen dahinter. Sie war immer tadellos gekleidet – und in meiner Anwesenheit nie geschminkt, glaube ich. Obwohl ich Kleinbildfotos kenne, auf denen sie raucht, habe ich sie in natura nie rauchen gesehen. Mag sein, dass sie etwas zurückhaltend war und reserviert mit neuen Bekanntschaften umging, doch uns gegenüber benahm sie sich warmherzig, sehr liebevoll. Ihr fehlte das bissige, sarkastische Wesen meiner Mom.

An Tante Sharon gab es nichts Einschüchterndes, und ich liebte sie. Zu Onkel Don blickte ich indes auf. Er war auf eine Weise gebildet, die man dem Rest meiner Familie nicht attestieren konnte. Nona und Tom hatten keine Reisepässe, sie waren nie in New York gewesen. Don hatte das ganze Land bereist und einen Großteil der Welt gesehen. Mit seinen schwarzen Haaren, einem herzhaften Lachen und breitem Lächeln strahlte er Zuversichtlichkeit aus. Immerhin war er Unternehmensleiter, und ich betrachtete ihn mit leiser Ehrfurcht. Vielleicht machten mich all die neuen Dinge, die er mir nahezulegen suchte, auch verlegen – nicht weil ich sie nicht gemocht hätte, sondern weil ich mich schämte, sie nicht bereits zu kennen.

Die Olympischen Spiele zum Beispiel. Ich saß mit Dons riesigen Kopfhörern auf den Ohren in unserem Sessel und ließ mich von *Alice Cooper Goes to Hell* zudröhnen, als er hereinkam und fragte: „Frankie, willst du Olympia schauen?"

„Was ist das?", erwiderte ich. Ich wusste es wirklich nicht. Football war mir ein Begriff, und in La Cañada hatte ich zum ersten Mal Tennis gespielt. Dies zeigte jedenfalls, wie weit ich zu der Zeit hinterm Mond lebte; ich fühlte mich wie ein Außenseiter. Alice Cooper, über ihn wusste ich Bescheid. Deshalb befürchtete ich bisweilen, nicht in diese perfekte Familie hineinzupassen. Dann gab ich aber etwas von mir, das Onkel Don zum Auflachen brachte. Sharon kam manchmal vorbei und fand beruhigende Worte für mich, oder Michele bat mich bei ihrer Arbeit im Hauswirtschaftsraum um Hilfe, wo sie all ihre Näharbeit machte; dann fiel mir ein, dass ich sehr wohl zur Familie gehörte und es in Ordnung ging, schöne Dinge zu besitzen und ein festes Dach über dem Kopf zu haben. Ich war weit gekommen, wenn ich an die Zeit sechs Monate zuvor zurückdachte, als ich in Bubbas Keller gehockt, die Edgar Winter Group gehört und mir Pornomagazine angeschaut hatte. Es wirkte immer noch ein wenig schrill, aber mir ging es gut.

Don nahm mich auch in anderen Belangen unter seine Fittiche. Er half mir dabei, einen Job zu finden, nämlich in einem Music-Plus-Plattenladen in Glendale, und ließ mich in seinem F-150 Pickup zur

Arbeit fahren. Der hatte dicke Hinterreifen sowie schmissige Felgen und lag vorne leicht tiefer. Ich fühlte mich wie ein König, während ich mit dem Ding herumkurvte und auf dem Weg zum Geschäftszentrum laut Musik hörte. Manchmal nahm ich meinen Chef auf dem Weg zur Arbeit mit, den Betreiber des Plattenladens. Obwohl er wahrscheinlich erst 23 oder 24 war, wirkte er auf mich wie eine voll erwachsene Autoritätsperson. Er hatte lange schwarze Haare und nur noch einen Arm, was mich faszinierte. Bei ihm liefen Miles Davis und irgendeine deutsche Rockband. Ab und an rauchten wir einen Joint, bevor wir losfuhren, und er brachte mich auf Sachen, die ich noch nicht kannte: Devo, das Ramones-Debüt, schnellere und schroffere Sachen als das, was ich gewohnt war. Im Laden liefen ABBA und AC/DC hintereinander. Ich legte die Raspberries und Eric Carmens Solokram auf, wobei ich darüber staunte, wie opulent und ausgereift diese Songs klangen: „No Hard Feelings", „Never Fall In Love Again", „All By Myself" (lange bevor Celine Dion das Stück coverte).

Jahre später fand ich heraus, dass sich Carmen bei Rachmaninoff bedient hatte. Das ergab uneingeschränkt Sinn: der starke klassische Einfluss. Im Musikbereich klaut allerdings jeder von jedem.

Auch ich stahl – tagsüber von Cheap Trick, wenn ich übte und übte, während ich versuchte, eigene Songs zu schreiben, und fast jeden Abend im Plattenladen. Gelegentlich, wenn besonders gute Alben herauskamen, legte ich ein Exemplar zur Seite und nahm es später heimlich mit. Öfter kam es vor, dass ich beim Füllen der Kasse zehn oder 20 Dollar mitgehen ließ.

Ich hatte meinen Bass. Ich hatte meine Gitarre. Was mir fehlte, war ein Verstärker, durch den ich sie spielen konnte, also klaute ich, bis ich genug Geld zusammenhatte, um ein Gerät zu kaufen, das so laut wie die Amps von Rick und Joel in Seattle war. Dann stand etwas in meinem Zimmer, das einem halbhohen Marshall-Turm ebenbürtig war. Meine Poster hatte ich teils aus dem Laden mitgenommen, teils aus Seattle zugesandt bekommen, von Nona und Tom auf meine Bitte hin. Meine Freundin Katie war mir auf der Arbeit begegnet, und ich schleuste sie ins Gästehaus. Don und Sharon waren allerdings nicht dumm. Sie erlebten mich mitunter high, und sobald ich den Amp hatte, hörte mich die ganze Nachbarschaft spielen. Ich erzählte Onkel Don von meinem Plan, Musiker zu werden, und kann mir jetzt, da ich älter bin, als er es damals war, ungefähr denken, was er dachte: „Frankie, Junge. Du bist so laut. Und du hast diesen Traum, doch in dieser Branche bringt es niemand zu etwas. Glaub mir, ich weiß es. Musiker kommen und gehen. Sie haben einen Hit, oder sie haben keinen Hit. Unabhängig davon enden sie schließlich hinter der Theke eines 7-Eleven. *Ich* bin der Einzige, der Geld verdient."

Solche Gespräche habe ich mit meinen eigenen Kindern geführt. Ich versichere ihnen, dass sie tun dürfen, was auch immer sie sich in den Kopf setzen. Egal, worum es sich handelt, ich werde sie unterstützen, doch komme, was wolle: Sie brauchen einen Businessplan. Sie müssen Unterricht nehmen und finanziell auf Zack sein. Bei mir war nichts davon der Fall. Ich habe die High School nicht abgeschlossen. Ich versuchte, Heavy Metal zu spielen, rauchte Gras und jobbte in einem Plattenladen. Don kam aus dem Büro nach Hause und hörte meine Gitarre schon aus mehreren Hundert Metern Enfernung. Ich bin mir sicher, dass er und Sharon spät nachts mehrere Unterredungen abhielten: „Ich mach mir Sorgen um Frankie. Er hat keine Schulausbildung. Es gibt keinen Ausweichplan."

Damit hätten sie richtig gelegen. Ich hatte keinen Plan B. Die Stadium Tour lag für mich in weiter Ferne – und wie Bon Scott einst erkannte: „It's a long way to the top, if you wanna rock'n'roll."

Allerdings war ich näher dran als in Seattle oder Idaho, und als Don und Sharon endlich genug vom Kiffen, vom Lärm und von dem Vorbild hatten, das ich für den kleinen Ricky abgab – der sich in seinem Alter weiter in kriminelle Gefilde bewegte, als ich es je getan hatte –, war das gar nicht mal so schlimm, denn wenngleich sie mich rauswarfen, legten sie Wert darauf, mich wissen zu lassen, dass sie mich liebten und ich nie allein sein würde.

13.

ERUPTION

Don half mir, eine Einzimmerwohnung in Glendale zu finden, und unterzeichnete den Mietvertrag mit mir. Zeitweise lebte ich dort allein, oder ich hatte ein paar Mitbewohner. Es konnten auch mehr als ein paar sein, die dann auf Matratzen am Boden schliefen. Ich hatte einen alten Buick – eine ausgemachte Rostlaube von 1948 – für 100 Dollar bekommen. Um zum Stehen zu kommen, musste ich wiederholt auf die Bremse treten, wobei ich von Luft in den Bremsschläuchen erfuhr und herausfand, wie man Bremsbeläge wechselte. Für einen Automechaniker fehlte mir die Kohle.

Ich fuhr mit dem Buick nach Burbank, wo meine neue Arbeitsstelle war. Im Plattenladen hatten sie mich wegen der Diebstähle gefeuert. Jetzt reinigte ich Teppiche und Möbel. Der Dampfstrahler war lediglich ein großer Kasten mit Schlauch – man füllte ihn mit Wasser, das erhitzt wurde, und bedampfte Einrichtungsgegenstände, bis sie sauber waren. Ich holte ihn jeden Tag in Burbank ab und machte Hausbesuche. Sehr schnell begriff ich, dass ich Türen mit dem dicken Gerät aufhalten konnte, während ich in Arzneimittelschränken kramte. Ich stahl Tabletten, teilte ein paar mit Freunden und verkaufte den Rest, um mir Musikequipment zu besorgen: Pedale, Effektboxen, Kabel. Aber auch diesen Job verlor ich, und zwar wegen Scotchgard – einer Reinigungsmittelmarke, die das Unternehmen zusätzlich anbot. Ich sagte den Kunden: „Ich gehe durchs ganze Haus. Das kostet 120 Dollar, doch ich muss mir das College finanzieren. Falls Sie mir helfen, reinige ich alles für nur 50 Dollar."

Anstelle von Scotchgard verwendete ich herkömmliches Wasser. Wenn ich den Dampfstrahler zurückbrachte, behauptete ich beim Chef: „Tut mir leid, aber heute wollte niemand das Zusatzprodukt."

Dann wurde ich zu einem Haus in Topanga bestellt. Die Besitzer waren Hippies mit zig Katzen, und diese Katzen hatten ein Zimmer vollgepisst.

Ich sah es mir an und sagte: „Also gut, wir haben so ein Spray zum Entfernen von Tiergerüchen. Wenn ich fertig bin, werden Sie nichts mehr riechen."

Sie waren unheimlich dankbar: „Oh, vielen Dank, vielen Dank! Grundgütiger, wir wissen nicht, was wir mit diesen Katzen tun sollen!"

So etwas wie dieses Spray gab es aber nicht. Ich benutzte wieder Wasser, wie immer. Das machte den Uringestank jedoch viel schlimmer. Er wurde dadurch richtig penetrant.

Die Hippies riefen im Büro an. „Was hat es mit diesem Geruchsentferner auf sich?"

Als ich zur nächsten Schicht kam, stand ein Kassettenspieler auf dem Schreibtisch meines Chefs.

„Hör dir das an", meinte er und ließ die Van-Halen-Demos laufen. Es waren Aufnahmen, die Gene Simmons mit der Band in Los Angeles gemacht hatte. „Women In Love", „Runnin' With The Devil". Ein paar ihrer Lieder. Van Halen stammten aus der Partyszene in Pasadena – sie wurden am Sunset Strip zu der Band schlechthin –, und niemand, der sie kennenlernte, hatte je einen Gitarristen spielen gehört wie Eddie Van Halen.

„Meine Fresse", entgegnete ich. „Das ist super!"

„Ganz genau", stimmte mein Chef zu. „Ich dachte mir, es würde dir gefallen, aber weißt du, was noch? Du bist gefeuert."

Als ich Van Halen zum zweiten Mal hörte, hatte ich einen Vertrag als Arbeiter am Band eines Stahlwerks unterschrieben. Das war eine jener Tätigkeiten, wo jemand ein Loch in Metall bohrte, das dann weiterbefördert wurde, damit der nächste Mann einen Bolzen einsetzte.

Ich hasste den Job zutiefst. Ich ließ es langsam angehen, so oft ich konnte, indem ich mich in den Teil des Werks verdrückte, wo überschüssiges Metall gelagert wurde. Dort setzte ich mich auf den Boden und las Alice Coopers Autobiografie. Ich habe noch mein altes, zerschlissenes Exemplar, aber auch ein zweites, das mir Alice viel später persönlich schenkte.

„Nie vergessen: Ich war einmal gefährlicher als du", hieß es auf dem Einband. Dieses Buch gehört nach wie vor zu meinen wertvollsten Besitztümern.

Ich brachte trotz allem jeden Tag eine Schicht in diesem Werk hinter mich. Nach der Arbeit fuhr ich zu einem Haus, in dem eine Band mit dem Namen Soothsayers wohnte. Sie spielten Musik im Stil von Deep Purple: bluesigen Riff-Rock. Ich schrieb Texte für sie. Zwar spielte ich noch nicht in Bands, fand es aber schön, meine Texte zu hören, auch wenn es sich um anderer Leute Songs handelte. Davon abgesehen, lernte ich eine ganze Menge. In diesem Haus hörte ich viele neue Sachen. The Cars waren gerade bekannt geworden. The Clash und die Sex Pistols, die wie Punks aussahen, aber sehr traditionelle Lieder schrieben, solides Rockzeug. Sex-Pistols-Nummern waren genauso wie die der Kinks, weil sie ebenfalls auf kleinen Terzen und kleinen Septimen beruhten.

Ungefähr zur selben Zeit erschien Van Halens Debütalbum. Ich war dabei, als die Soothsayers es zum ersten Mal auflegten.

„Runnin' With The Devil" kam zuerst. „Eruption" als nächstes.

Dieses Stück war eine aberwitzige Offenbarung. Ich hatte immer noch Ritchie Blackmore als Lieblingsgitarristen, doch was Eddie Van Halen spielte, hätte Blackmore nie auf die Reihe bekommen. Es war so schnell und flüssig. Ich freute mich in dem Moment unheimlich darüber, kein Gitarrist und überhaupt kein technischer Spieler zu sein. Der Gitarrist der Scothsayers schlug hingegen die Hände vorm Gesicht zusammen.

„Ich geb's auf", seufzte er. „Ich geb's auf."

Das meinte er ernst. Viele Gitarristen hörten den Track und sagten: „Ich muss herausfinden, wie man das spielt." Dieser Kerl wusste es jedoch besser. „Das ist unerreichbar", meinte er. Und er gab es tatsächlich auf. Einfach so, es bedeutete das Ende der Band.

Aufzugeben lag mir fern. Ich war noch kein berauschender Instrumentalist, bemühte mich aber nach Kräften, einer zu werden. Ich studierte. Ich spielte zu Platten mit, schrieb und probierte eigene Melodien zu Songs aus, kehrte Akkorde um und dachte mir selbst Akkordfolgen aus. Um mich als Songwriter, Texter und Bassist zu verbessern, tat ich mein Möglichstes. Ich war nicht bloß ein Teenager, der sich quergestellt hatte. Es gab Gründe für alles, was ich tat. Wenn ich stahl, geschah dies für etwas, das ich tun *musste*. Musik war für mich ein Mittel zum Überleben. Darin sah ich meinen Lebenszweck. Sie stand über mir.

Meine Frau findet, dass ich ein brennendes Verlangen danach habe, mir neue Dinge zu erschließen und anzueignen. „Ich kann nur erahnen, wie du dich gefühlt hast, als du jünger warst", sagt sie zu mir.

Ich war gar nicht so anders wie der Mann, den sie heute kennt. Zwänge hatte ich bereits. Von meinem Wesen her war ich schon eindringlich, suchtgefährdet vereinnahmt. Ich hegte einen Traum und verfolgte mein Ziel unter Ausschluss von allem anderen.

Ich war also erkennbar derjenige, der ich heute bin.

Wohnte ich noch in Glendale? Irgendwann rief mich Don an. „Frankie, du bist seit Monaten mit der Miete im Verzug."

Ich antwortete: Ich bemühe mich!"

Allzu sehr bemühte ich mich aber nicht. Ich gab mein Geld für Verstärker aus, für Equipment. Nachdem ich einen Räumungsbescheid erhalten hatte, blieb ich noch eine Weile, während er an der Wohnungstür hängenblieb. Darauf folgten andere, sonderbare Wohnunterkünfte. Zimmer in Pensionen. Kuriose kleine Appartements. In Burbank lebte ich in einer umgebauten Garage und arbeitete bei Burbank Liquors am Burbank Boulevard. In diesem Spirituosengeschäft lernte ich Mick Mars kennen, der eines Nachts ganz in Schwarz mit seiner schwarzen, halb bis zum Arsch hängenden Matte hereinkam und ein Fläschchen Tequila kaufte.

Sein bürgerlicher Name lautet Bob Deal, und damals hatte er das Pseudonym Zorky Charlemagne.

Wir schauten einander an wie zwei Straßenkatzen mit gesträubtem Fell.

„Bist du Musiker?“, wollte ich wissen.

„Gitarrist. Spielst du auch?“

„Ein bisschen. Was hörst du so?“

„Jeff Beck.“

Ich mochte Jeff Beck. Mein Lieblingsalbum von ihm war *Blow by Blow* – eine großartige Rock'n'Roll-Scheibe daran gemessen, dass es sich um Instrumentalmusik handelte.

„Paul Butterfield.“

Ich fragte: „Wer?“ Von Butterfield hatte ich nie etwas gehört.

„Was hörst *du* so?“

„Aerosmith. New York Dolls. Ich steh auf Joe Perry und Johnny Thunders.“

„Okay“, erwiderte Mick, „aber falls du einen richtigen Gitarristen hören willst, komm ins Stone Pony. Dort tritt meine Band Spiders and Cowboys auf.“

Das Stone Pony befand sich von meiner Garage aus weiter die Straße runter. Irgendwie kam ich rein, obwohl ich minderjährig war, und das Konzert veränderte mich grundlegend, weil Mick ein Gitarrensolo mit dem Mikrofonständer als Behelfs-Bottleneck spielte. Wenige Jahre später sprach ich ihn darauf an.

„Klar", entgegnete er. „Ich erinnere mich daran."

„Kannst du das auch in diesem Song machen?" Ich hatte gerade das Stück „Piece Of The Action" geschrieben.

„Ich denk mir einen ganzen Part dazu aus", versprach Mick.

Den spielte er dann, und es war Wahnsinn. Mick bildet sich eine Menge darauf ein, wie stark er als Gitarrist ist. Mag sein, dass er sich nicht lang und breit darüber auslässt, doch er stellt sicher, dass man es erkennt.

An dem Abend im Stone Pony betranken wir uns gemeinsam und redeten. Ich taumelte zu meiner Garage zurück und begegnete Mick erst an dem Tag wieder, als er zum Vorspielen bei Mötley Crüe antanzte. Er hatte eine Annonce im *Recycler* aufgegeben: „Lauter, ungehobelter, aggressiver Gitarrist". Wir waren darauf angesprungen, und er entsprach der Beschreibung. Mick war genau das, wonach wir gesucht hatten, doch wir beide brauchten eine Woche, um zu kapieren, dass wir uns bereits vom Stone Pony kannten. Ich hatte lange braune Haare gehabt, jetzt waren sie mega-lang und blauschwarz. Damals hießen wir Frankie und Zorky, nun Nikki und Mick.

Endlich zählten wir eins und eins zusammen.

„Oh mein Gott, du bist der Typ aus dem Schnapsladen!"

„Oh mein Gott, du bist Zorky von Spiders and Cowboys!"

Ich arbeitete noch in einem Nebenjob in einer kleinen Fabrik, wo ich Leiterplatten beschichtete. Als ich ihn verlor, fing ich an, mit dem Bus zur Ecke Hollywood und Vine zu fahren, um vor dem Max Factor zu fegen. Der Gehweg musste morgens zur Geschäftsöffnung sauber sein, also stand ich vorm Morgengrauen auf. Anschließend packte und stapelte ich hinten im Laden Kartons mit Schminke – eine verrückte Zeit, an die ich mich nur verschwommen erinnere. Nach ein paar Wochen oder Monaten in der umgebauten Garage zog ich in ein altes Haus in Hollywood: Sunset Strip 6846, eine zweistöckige, baufällige und versiffte Bandbude genau gegenüber der Hollywood High School.

In der Gegend wohnten etliche Musiker. Die Kids pennten auf jeder Couch, auf Fußböden, in Abstellkammern oder unter freiem Himmel im Gestrüpp. Niemand räumte auf oder machte sauber, zu keiner Zeit. Wurden Flaschen umgeworfen, blieben sie liegen – bis zu dem Tag, als das ganze Ding abbrannte, aber dazu kommen wir noch.

In Hausnummer 6846 wohnten Punks, Hardrocker sowie Typen, die wahrscheinlich Gary Numan hörten und darauf warteten, dass A Flock Of Seagulls auf den Plan traten. Einmal fand ich einen Scheck auf der Küchentheke. Ich nahm ihn; er war für Verlagstantiemen ausgestellt worden und der erste dieser Art, den ich sah. Sein Wert belief sich auf acht Cent, vielleicht auch 25, jedenfalls weniger als einen Dollar.

Ich weiß noch, wie ich dachte: „Wow, einer meiner Mitbewohner muss Profi sein."

Und dann: „Könnte ich mir den Scheck irgendwie auszahlen lassen?"

Ich fuhr nach wie vor oft nach Burbank und Glendale. Meine Freundin Katie wohnte in Glendale auf der Kuppe eines sehr steilen Hügels. Selbst wenn mein Auto mal lief, musste ich rückwärts hochfahren, weil der Buick-Motor nicht stark genug war, um es richtig herum zu schaffen. Ich legte ein Handtuch in den Beifahrerfußraum – der Boden war dort durchgerostet –, und fuhr mit Katie wieder bergab, sehr langsam mit stetem Druck auf der Bremse.

Mein ganzes Geld ging für Klamotten, Gras und Musikequipment drauf. Nach wenigen Monaten hatte ich genug gespart, um eine Ampeg-SVT-Röhrenendstufe und eine SVT-810-Box für meinen Bass zu kaufen.

Endlich war ich bereit, um bei Bands vorzuspielen.

Der *Recycler* quoll in jenen Tagen vor Anzeigen über: „Band mit Einflüssen wie Cheap Trick, Aerosmith und Mott the Hoople sucht Basser."

„Das bin ich!“, sagte ich mir dann.

Ich lud meinen gesamten Kram in den alten Buick, sodass er unten durchhing. Dann fuhr ich zum Proberaum der besagten Band und lud aus.

Gitarristen dürfen froh sein. Ihre Instrumente wiegen nicht viel. Ihre Verstärker sind leichter als ein SVT. Alles, was Bassisten verwenden, hat viel mehr Gewicht. Unsereins und Drummer verbringen die Hälfte ihrer Zeit damit, ihr Handwerkszeug zu schleppen.

Jedenfalls lud ich aus, klopfte an der Tür, und irgendein alter Glatzkopf machte auf. Der Schlagzeuger sah aus, als würde er einer New-Wave-Combo angehören. Der Gitarrist hatte lange Haare und hätte auch Kassenwart im lokalen Jimmy-Page-Fanclub sein können.

Oder es waren olle Hippies. „Crosby, Stills & Nash suchen ihren Neil Young“, ein solcher Anzeigentext wäre ehrlicher gewesen. Und selbst wenn die Kerle einigermaßen cool aussahen, meinten sie zum Beispiel, nachdem ich aufgebaut hatte: „Foreigner. „Cold As Ice“.

„Na gut“, antwortete ich. „Wie spielt man das?“

Ich hatte kein Interesse am Nachspielen anderer Leute Songs. Leider war das aber das Einzige, was alle tun wollten, denn jeder hatte es darauf abgesehen, zum Kreis der Bands zu gehören, die regelmäßig Konzerte mit Top-40-Covers gaben. In diesem Milieu musste man Donna Summer genauso bringen wie Led Zeppelin. Man spielte auf Zuruf des Publikums und brauchte ein Gefühl dafür, was unterschiedliche Zuschauerschichten hören wollten. Mick Mars gehörte der Szene an. Auf diese Weise wurde er als Mitglied der Gruppe Whitehorse zu einem Monstergitarristen. Sie gaben vier Programme pro Abend zum Besten, und dementsprechend viel Musik musste er kennen. Es war wie bei den Beatles in Hamburg: Indem man gezwungenermaßen alles spielte, wurde man gut. „Alles“ juckte mich aber nicht.

„Ich will meine eigenen Sachen spielen“, stellte ich klar. „Ich hab coole Ideen.“

„Wir spielen keine Eigenkompositionen. Damit verdient man keine Kohle.“

Oder ich hielt den Mund und spielte mit.

„Foreigner. „Cold As Ice".

„Sicher, kannst du abhaken."

„Alter, was ist das? So spielt deren Bassist aber nicht."

„Ich tu es auf meine Art", erklärte ich, womit meine Anhörung dann beendet war.

Dies ging so weit, dass ich irgendwann nicht einmal mehr auslud. Ich fuhr zum Treffpunkt, stieg aus und ließ mein Equipment im Wagen, bis ich wusste, dass es den Aufwand wert war.

War es nie, bis ich Blackie, Lizzie und Dane traf.

14. LONDON CALLING

Blackie Lawless fühlte sich berufen. Da er in der Kirche groß geworden war, verstand er etwas von Lobliedern und mehrstimmigem Gesang. Er hatte ein feines Gespür für Melodien. Dass er die Beatles liebte, sah man ihm nicht an. Blackie wirkte mit seinem riesenhaften Körper grobschlächtig und war stämmig genug, um irgendwann Karriere als Baseballspieler machen zu können. Nun zog er sich aber ganz in Schwarz an und ließ sich einen dekadenten, schaurigen Look angedeihen: Alice Cooper trifft auf New York Dolls. Letzteren hatte er tatsächlich auch einmal angehört, und zwar als Ersatz für Johnny Thunders nach dessen Ausstieg während einer Tournee. Blackie war bei den letzten paar Shows Gitarrist neben Sylvain Sylvain gewesen.

Das ging noch alles an der Ostküste ab, doch Blackie und Dolls-Bassist Arthur Kane hatten sich nach Westen aufgemacht und dort Killer Kane gegründet (Arthurs Spitzname). Die Band veröffentlichte eine EP und konnte nichts reißen. Als Arthur nach New York zurückkehrte, gründete Blackie in Los Angeles Sister.

Ich war bereits vom ständigen Vorspielen ausgebrannt. Wenige Wochen zuvor im August war ich zu einem Haus gefahren. Die

Band dort hatte einen lässigen Eindruck gemacht, und ihre *Recycler*-Annonce las sich vielversprechend – doch der Sänger heulte.

„Was ist passiert?", fragte ich.

„Hast du noch nicht gehört?"

„Vermutlich nicht…"

„Elvis ist gestorben."

Ich sagte. „Ja, okay. Und? Proben wir jetzt, oder was?"

„Was geht denn mit dir ab, Mann? Elvis Presley ist gerade gestorben!"

„Was meinst du damit?", entgegnete ich. „Rocken wir? Oder rocken wir nicht?"

„Mensch, du schnallst es nicht."

„Doch, aber es ist mir scheißegal."

Blackie war wie ich. Später wurde er religiös oder fand wieder zur Religion zurück. Zu dem Zeitpunkt hatte er allerdings längst W.A.S.P. gegründet und sich mit Tipper Gore beziehungsweise dem Parents Music Resource Center angelegt, das Anstoß an seinem Song „Animal (Fuck Like A Beast)" nahm. Dem Blackie, den ich kannte, war auch alles egal – zu Recht, finde ich. Tipper ging auch auf Mötley Crüe los. Ihr gefiel unser Stück „Bastard" nicht. Wir dachten damals sinngemäß: „Arschlecken, aber danke trotzdem", denn die Warnaufkleber für Eltern, die man uns aufzwang, kurbelten die Plattenverkäufe an.

Blackie war zwei Jahre älter als ich, was in unserem Alter damals noch einiges ausmachte. Er hatte wirklich *den Dolls angehört*. Als Songwriter war er solide. In einer perfekten Welt wäre „Mr. Cool", das er mit Killer Kane gemacht hatte, ein Hit geworden. Allerdings gab es noch keinen Markt für Musik, in der sich Punk, Glam und Hardrock mit dem Pop der Raspberries und von Cheap Trick vermischten. Solche Musik hörte ich in meinem Kopf. Sie war der Grund dafür, dass ich nach meinem Vorspielen genommen wurde. Sister fühlten sich aber sowieso gleich richtig an – nicht nur wegen Blackie, sondern auch aufgrund der Tatsache, dass Lizzie, Dane und ich sofort eine Verbindung zwischen uns spürten.

Lizzie war so dünn, dass seine Beckenknochen hervorstachen. Er hatte dunkle Haare und trug hochtaillierte Hosen, die er in hohe Stiefel steckte. Darum sah er elastisch aus wie die Knetfigur Gumby. Weil er auch Bustiers trug, wirkten seine knochigen Schultern und dürren Arme noch knochiger und dürrer. Je nachdem, aus welchem Winkel man ihn anschaute, konnte man ihn mit seiner dicken Nase und seinem breiten, trotteligen Grinsen für eine Hexe halten – ganz entzückend. Lizzie war wortgewandt – er hatte all diese Standardsprüche von Shakespeare oder aus Gedichten parat und benutzte sie auch –, verschmitzt und aufgeweckt. Auf Prosa stand er nicht im gleichen Maß wie ich. Obwohl er nicht viel Fiktion las, musste er die Sprüche irgendwoher haben. Er dachte viel über Songtexte nach. Ian Hunter und Lou Reed waren seine Vorbilder. Lizzie war der Erste, mit dem ich Lieder schrieb, und wir tauschten nachts Ideen aus, bis die Sonne aufging oder einer von uns einpennte.

Dane war verglichen mit Lizzie ein blonder Gott mit perfekten Proportionen; aus der Ferne hätte man seine Größe nicht genau abschätzen können. Je näher man kam und wenn man schließlich neben ihm stand, erkannte man, dass er fast zwei Meter groß war und auf geradezu komische Art gut aussah. Er hatte eine nahezu genau quadratische Kieferpartie – beinahe zu kantig für Rock'n'Roll. Als Modemodel hätte er getaugt aber nicht als Mitglied einer geschminkten Rockband. Jedenfalls war das sein Look. Deswegen mochte man glauben, Dane sei bloß ein weiteres dummes Blondchen.

War er aber nicht. Dane hatte wahrscheinlich mehr Grips als Lizzie und ich. Er war definitiv die Stimme der Vernunft und der Freund, der dir sagte: „Vielleicht wirfst du diese Flasche besser doch nicht."

Oder „Wirst du dem Typen echt aufs Maul hauen? Ich meine, komm schon!"

Dane weckte nie den Eindruck, etwas beweisen zu müssen. Er war gefestigt, obwohl er den Witz verstand: Hier ging es um Rock'n'Roll. Um Rebellion. Jugendlichkeit.

Es *sollte* dämlich sein und Spaß machen. Bis heute lacht er vor sich hin, wenn ich die alten Geschichten hervorkrame – weil er schon damals wusste, dass wir lächerlich waren. Er wusste das lange vorm Rest der Band. Mir wurde erst im vergangenen Jahrzehnt schlagartig klar, wie albern ich war. Dane hingegen schien es von vornherein gewusst zu haben.

Nicht zum ersten Mal, aber zum ersten Mal in L.A. hatte ich das Gefühl, meine Leute gefunden zu haben.

Ich wohnte noch gegenüber der Hollywood High School, doch das Haus brannte wie gesagt ab. Zum Glück war ich nicht dort, und sowohl mein Amp als auch mein Bass standen in einer Pfandleihe, als das Feuer ausbrach. Ich hatte die Stahlfabrik verlassen und einen Verkäuferjob bei Wherehouse Records angenommen, wo ich aber nur das Mindestgehalt bekam. Es reichte nicht annähernd für Sprit für mein Auto, also fing ich an, Equipment zu verpfänden. Nach einer Woche Arbeit ging ich zum Blutspenden, und was ich dort bekam reichte zusammen mit meinem Gehalt gerade so, um meine Sachen wieder aus der Pfandleihe zu holen. Dann fuhr ich zum nächsten Vorspielen.

Alle paar Wochen wiederholte sich das Ganze erneut.

Langsam, aber sicher verdiente ich genug, um mir ein neues Auto zu kaufen – einen 1959er VW, der sich allerdings in einem kaum besseren Zustand befand als der Buick. Er kostete nur ein paar Hundert Dollar. Ich ersparte mir sogar den Aufwand, ihn zu registrieren.

Die Cops kümmerten sich in den Siebzigern nicht darum. In den Achtzigern auch nicht. An dem Tag, als ich meinen ersten Verlagsscheck für Mötley Crüe einlöste, nahm ich die 6.000 Dollar und ging mir prompt einen neuen Wagen kaufen, einen schwarzen Porsche 914. Da ich nichts mehr für die Steuern und die Registrierung übrighatte, musste ich Nona und Tom anrufen – die selbst arm waren – und mir etwas leihen (das muss ziemlich unverschämt gewesen sein, doch ich sah zu, das Geld rasch zurückzuzahlen). Der Porsche war in jedem Fall das erste Auto, dass nicht ständig kaputt ging und sogar jeden Hügel im County Los Angeles bewältigen konnte. Man konnte sein Verdeck abnehmen. Nachdem das Rainbow, Roxy und Whisky geschlossen hatten, brauste ich damit den Sunset Boulevard runter.

Natürlich hatte der Porsche eine manuelle Schaltung. Eines Nachts hatte ich Tommy und Blackie dabei. Ich und Tommy waren beide über 1,80 Meter groß, Blackie größer als Dane – und ein Porsche 914 ist ein Zweisitzer mit den ungefähren Maßen eines Mazda Miata. Ich weiß nicht, wie wir zu dritt hineinpassten, doch es klappte. Wir hatten je eine Flasche Jack Daniels und Wodka, während wir deutlich schneller als 100 Meilen die Stunde fuhren, doch dann tauchte eine Streife hinter uns auf.

Die Bullen ließen uns aussteigen. Wir trugen schwarze Lederkleider und wankten ein bisschen.

Sie sagten: „Hört mal Jungs, ihr müsst langsamer machen. Außerdem müsst ihr den Alkohol sein lassen und vorsichtig sein. Bitte fahrt jetzt nach Hause. Und passt auf euch auf."

Wäre es Mom mit einem ihrer schwarzen oder Latino-Freunde gewesen, hätte die Sache vermutlich ein Nachspiel gehabt, doch seinerzeit genoss man in L.A. mehr oder weniger Narrenfreiheit. Ich kam mit einer Menge davon. Rückblickend erkenne ich, dass ich ununterbrochen arbeitete, hetzte, machte. Ich glaube allerdings nicht, dass ich damals verstand, wie arm, überarbeitet und einsam ich war. Umso lebendiger im Gedächtnis geblieben ist mir ein Spaziergang mit Lizzie und Dane auf dem Hollywood Boulevard. *Krieg der Sterne* war gerade herausgekommen, weshalb man überall Plakate und Werbetafeln sah. Capezio-Schuhe lagen zu der Zeit im Trend, und ich hatte ein Paar weiße. Dazu trug ich eine weiße Schlaghose, die man vorne und hinten zuschnüren konnte, sowie ein weißes T-Shirt, dass ich gekürzt hatte, damit man meinen Bauch sah. Zudem hatte ich lange braune Haare. Ich fühlte mich schon wie ein Rockstar, während ich mit meinen zwei Kumpels herumstolzierte, die sich ihrerseits ebenfalls wie Rockstars fühlten.

Ich schaute auf die Sterne am Boden: Ingrid Bergman, Rita Hayworth, Jayne Mansfield, Yul Brynner. Persönlichkeiten, die ich aus dem Fernsehen kannte und die alle mit dem gleichen Traum nach Hollywood gekommen waren.

Wir hatten einen günstigen Proberaum unten in Long Beach. Als ich zum ersten Mal hinfuhr, hörten wir vier „Mr. Cool“ – und das war's dann. Wir waren eine Band. Genau das hatte ich mir immer gewünscht. Dane besaß ein irres Schlagzeug von North Drums. Die Toms waren alle röhrenförmig, gewaltig, futuristisch und unheimlich laut. Im Rhythmus mitzugehen fiel nicht schwer. Es nicht zu tun, wäre schwergefallen, und obwohl ich noch nicht ganz sattelfest war, versuchte ich, tight zu spielen, als würde mein Leben davon abhängen.

Auf jeden Fall hingen all meine Fantasien davon ab.

Hinterher fuhren wir zu Blackies Appartement, wo ich Thunderbird und Mad Dog 20/20 kennenlernte – hochprozentige Weine. Falls ihr wissen möchtet, wie übel Alkohol wirklich sein kann, bekommt ihr eine Ahnung davon, wenn ihr an diesem Zeug nippt. Tut ihr das mehrmals, wird es gefährlich. Es wurde aber zur Routine: Proben, dann auf ein paar Drinks zu Blackie. Eines Nachts wäre Dane beinahe wie John Bonham gestorben, als er sich im Schlaf übergab.

Wir waren alle vier eingeschlafen. Dane lag auf Blackies kleinem Sofa, umringt von den 200-Liter-Chemikalientonnen, die Blackie ausbohrte, um Heizelemente einzubauen. Auf diese Weise zahlte er Miete: indem er Nebelmaschinen für andere Bands bastelte. Er hatte auch einen grünen Flauschteppisch und lag ohnmächtig am Boden, als Dane auf ihn kotzte.

Blackies Haare lagen ausgebreitet auf dem Teppich, fast wie in einem Shampoo-Werbespot – doch jetzt waren sie, der Teppich und mehrere andere Sachen mit Erbrochenem bedeckt. Als Dane schließlich aufwachte und sah, was er getan hatte, lief er sofort aus dem Appartement. Ich hätte das auch gemacht; Blackie konnte einem

Angst einjagen. Wir waren alle groß – ob wir hochhackige Schuhe trugen oder nicht – und wirkten imposant, wenn wir im Rainbow aufkreuzten. Blackie, der von Staten Island stammte, war größer, älter und tougher als wir. Er mochte sein Gewicht auch einsetzen, falls und wenn er es für angebracht hielt.

Einmal beim Proben verlangte er von Dane: „Spiel das so."

Dane bejahte und versuchte, seinen Part so zu spielen wie von Blackie gewünscht. Das funktionierte allerdings nicht.

„Ich werde es auf meine Weise spielen", sagte Dane.

„Nein, spiel es auf meine Weise."

„Nein, ich spiele es so…"

Nach etwas Hin und Her fragte Blackie ihn: „Würdest du bitte mit mir rausgehen?"

Dane tat es. Lizzie zuckte mit den Schultern. Wir beide schauten einander an. Nach fünf Minuten kehrten Dane und Blackie zurück.

Sie lachten. Später in derselben Woche erzählte uns Dane, was Blackie gesagt hatte: „Ich dachte, wir würden uns prügeln, klar? Okay dann, ich machte mich bereit, doch er meinte: ‚Pass auf, wir haben uns mit der gleichen Motivation hierauf eingelassen, oder? Wir wollen einfach nur ficken. Ziehst du also mit mir an einem Strang?' Er wollte sich nicht prügeln, sondern mich nur überreden, es auf seine Art zu machen."

Das brachte Blackies Wesen auf den Punkt. Wenn man ihn anschaute, sah man einen bedrohlichen Kerl. Wenn man seine Musik hörte, waren das bedrohliche Songs. Saß Blackie allerdings irgendwo am Strand, während er Beatles-Lieder auf einer Akustikgitarre spielte und die mehrstimmigen Parts mitsang, war das der wahre, authentische Blackie, den die Welt nie kennengelernt hat. Später ärgerte er sich wegen „Shout at the Devil", glaube ich. Wie hätte er auch anders reagieren können? Ich hatte die Idee von ihm übernommen. Mötley Crües Pentagramm stammte von Blackie. Er verwendete es nicht mehr, und ich hatte ihn um Erlaubnis gebeten. Es war auf jeden Fall übernommen. Die Masche, mich selbst anzuzünden, kam ebenfalls von ihm. Ich habe es zwar nie bei ihm gesehen, doch er erzählte davon, Würmer ins Publikum zu werfen und sich mit Feuerzeugbenzin zu übergießen. Blackie dachte sich ständig etwas Neues aus, um die Leute zu schockieren. Als ich ihn kennenlernte, hatte er schon beschlossen: „Ich mach nichts mehr von alledem." Dennoch sprach er mit mir darüber, und ich sagte mir: „Echt? Wenn das so ist mach ich es!" Und das tat ich dann auch. Wir übten in Mötleys Appartement: Vince und Tommy schütteten das Benzin über mich – und auch wir hatten offensichtlich einen Flauschteppich. Dass wir nicht alle verbrannt sind, ist ein Wunder.

Blackie hat meine Beweggründe verstanden. Ich schätze aber, er kam nicht umhin, angefressen zu sein. Ich verstand seine Beweggründe auch.

Wir probten höchstens drei, vier Wochen, vielleicht auch nur zwei, drei. Dann war es an der Zeit, ein Demo aufzunehmen. Mit so etwas kannte sich Blackie aus, wohingegen wir anderen unsägliche Grünschnäbel waren. Wir hatten keinerlei Erfahrung, wir waren nie in einem Studio gewesen.

Scheiße waren wir – und etwas Besseres hätte uns gewissermaßen nicht passieren können. Dass Blackie bei Sister den Ton angab, stand nie in Zweifel. Er hatte die Band zusammengestellt, schrieb und sang alle Songs. Mochte Blackie nicht, was wir hinter ihm spielten, scheute er sich nicht davor, es uns mitzuteilen. Es war nicht so, dass wir gelinkt worden wären: Bei unserem Einstieg wussten wir, dass Blackie der Chef sein würde, wenn wir mitmachten. Irgendwann jedoch – da bin ich mir sicher – hätte ich mich gesträubt. Ich hatte schon zehn oder zwölf Lieder gesammelt. Lizzie schrieb ebenfalls und scharrte mit den Hufen. Dane hatte seine eigenen Vorstellungen davon, was er spielen wollte. Über kurz oder lang wären wir aneinandergeraten, doch der Moment kam früher als erwartet, weil Blackie uns drei feuerte, kaum dass er hörte, was wir aufgenommen hatten.

Einfach so, von jetzt auf gleich: „Ihr seid alle raus. Die Band ist Geschichte, wir machen das nicht.“

Es tat weh, hatte aber auch eine positive Folge: Lizzie, Dane und ich bekamen dadurch viel mehr Raum, um unsere eigenen Dinge durchzuziehen.

Wir brauchten nicht zu besprechen oder überhaupt zu überlegen, ob wir zusammenblieben. Wir gaben einfach eine Anzeige im *Recycler* auf und fingen an, Sänger auszuprobieren.

Den Namen London wählten wir, weil die besten Bands aus London kamen.

15.

VOM SPOTLIGHT INS RAMPENLICHT

Wir mieteten einen Proberaum über einer Schwulenbar namens Spotlight an der Ecke Sema und Cahuenga wenige Blocks vom Hollywood Walk of Fame entfernt an. Er war winzig – man kam sich vor wie im Laderaum eines Sattelzugs –, doch wir sind während meiner gesamten Zeit bei London dort geblieben. Nebenan probte eine Combo, die sich The Mau Maus nannte. Wir probten sechsmal wöchentlich sechs Stunden lang am Stück, beginnend um 18 Uhr. Dann traten wir auf den Flur, sagten den Mau Maus Hallo, tranken was und quatschten. Die Mau Maus trugen ausnahmslos immer schwarzes Leder. Sie waren alle extrem dünn, hatten Mützen auf, die an SS-Offiziere erinnerten und beiläufig, aber offensichtlich was mit Drogen am Laufen, was sie nur halbherzig vor uns verbargen.

Ich fand, dass diese Kerle auf einem völlig anderen Niveau Musik machten. Sie hörten uns, und wir hörten sie. Ein paarmal haben wir sie live in irgendeinem Underground-Club gesehen. Sie suchten nach einer eigenen Nische für sich, doch falls ich auf jemanden stieß, von dem ich stehlen oder Inspiration schöpfen konnte, gab ich acht.

Das Homo-Ding war auch neu für mich. Sollte in Idaho eine Schwulenszene existiert haben, dann im tiefsten Untergrund versteckt. Das Spotlight befand sich allerdings an einer Ecke, wo viel los war, und die Besucher verteilten sich auch immer vor der Bar. Wir fanden das cool. Es erinnerte uns an Bowie und die New York Dolls. Uns gefiel alles, was Grenzen überschritt. Selbst besuchten wir das Lokal aber nicht, was weniger an unserer Minderjährigkeit (kratzte niemanden) und Heterosexualität (kratzte auch niemanden) lag, sondern daran, dass wir so arm waren. Stattdessen tranken wir zusammen Bacardi aus Flaschen und kauften Coladosen dazu. Wir ließen den Bacardi rundgehen und spülten ihn mit Cola runter, bis die Flasche leer war. So sah unser Ritual aus: sechs Stunden proben, dann raus ins Nachtleben. Das prägte sich mir dermaßen stark ein, dass ich mir die Bacardi-Fledermaus als Motiv für meine erste Tätowierung aussuchte. Robert Benedetti hat es mir gestochen. Er war der erste Mensch mit Brustwarzenpiercings, den ich je sah. Heute habe ich so viele Tattoos, dass ich lange suchen muss, um Roberts Fledermaus zu finden (aus Gründen, an die ich mich nicht mehr erinnere, fügte er einen Mond hinzu). Damals war ich schwer beeindruckt.

Im *Recycler* wurde ein günstiger Raum in einem alten Art-déco-Gebäude angeboten. 70 Mäuse. Das konnte ich mir gerade so leisten, bis ich Dane, der in seinem Auto geschlafen hatte, zum Einziehen und Teilen der Miete überredete. Die Wohnung gehörte einem Fotografen, der nur mit Schwarz-Weiß-Film arbeitete. Er übernachtete im Schlafzimmer, während ich mich mit Dane auf der Wohnzimmercouch abwechselte.

In dem Gebäude lebten zig alte Leute, die aussahen, als würden sie seit dem Ersten Weltkrieg dort wohnen. Ständig stürzte irgendwer oder starb vielleicht – Krankenwagen fuhren zu allen Zeiten vor, mit Sirene. Oder jemand blieb in einem der Fahrstühle stecken, die immer etwas ober- oder unterhalb der eigentlichen Schwellen der Etagen hielten. Andererseits ging die Miete in Ordnung, und Craig, der Fotograf, war nicht nur begabt, sondern auch lässig. Seine Bilder sahen extrem körnig und schick aus.

Zufälligerweise las ich gerade Ian Hunters *Diary of a Rock'n'Roll Star*, wovon ich mich für *Tagebuch eines Heroinsüchtigen* inspirieren ließ. Eine Passage in dem Buch fand ich bestechend; Ian schreibt darin, dass Mott the Hoople, da sie Briten waren, wenig Sonne abbekamen, dann aber an irgendeinem sonnigen Ort am Pool eines Tropicana-Hotels saßen. Zudem erzählt er von den Blockabsatzstiefeln des Gitarristen und ihrem Drummer, der sich Sterne auf die Jeans nähen ließ.

Unser Appartement befand sich hoch oberhalb der Straße, und wir konnten über die Nachbargebäude schauen. Am Ende des Blocks stand eins mit Swimmingpool. Ich meinte zu Dane, falls wir Craig dazu bringen könnten, uns dort abzulichten, würde es genauso aussehen wie in Hunters Buch.

Wir mussten mehrere Hürden nehmen, um die Idee umzusetzen. Eines Tages war es dann aber soweit. Die Band bestand damals aus fünf Mann, und wir machten uns auf den Weg hinüber. Just als wir uns rings ums Becken aufstellten, kam ein Typ mit einem Baseballschläger gerannt.

Wir stürzten durchs Foyer des Gebäudes zum Ausgang, dicht gefolgt von dem Irren mit dem Langholz. Als wir die Tür auf der anderen Seite erreichten, holte er weit über seinem Kopf aus. Statt uns zu treffen, zerschlug er einen Glasleuchter. Die Kristallsplitter spritzten um uns herum, und er versuchte es wieder – er muss echt bekloppt gewesen sein, man erkannte an seinem Blick, dass er eine Schraube locker hatte. Vermutlich hätte er uns umgebracht oder fast zu Tode geknüppelt, doch wir waren so erschrocken und verängstigt, dass uns überhaupt nicht einfiel, auf ihn loszugehen.

Warum überwältigten wir ihn nicht zu fünft? Er war allein, dafür aber fest entschlossen. Wir zwar auch, doch er hatte einen Baseballschläger, und wir nur uns selbst.

Dane besorgte sich einen Job, in dem er Pools reinigen musste: Beverly Hills. Bel Air. Alle Häuser waren Villen. Wenn ich frei bekam, begleitete ich ihn.

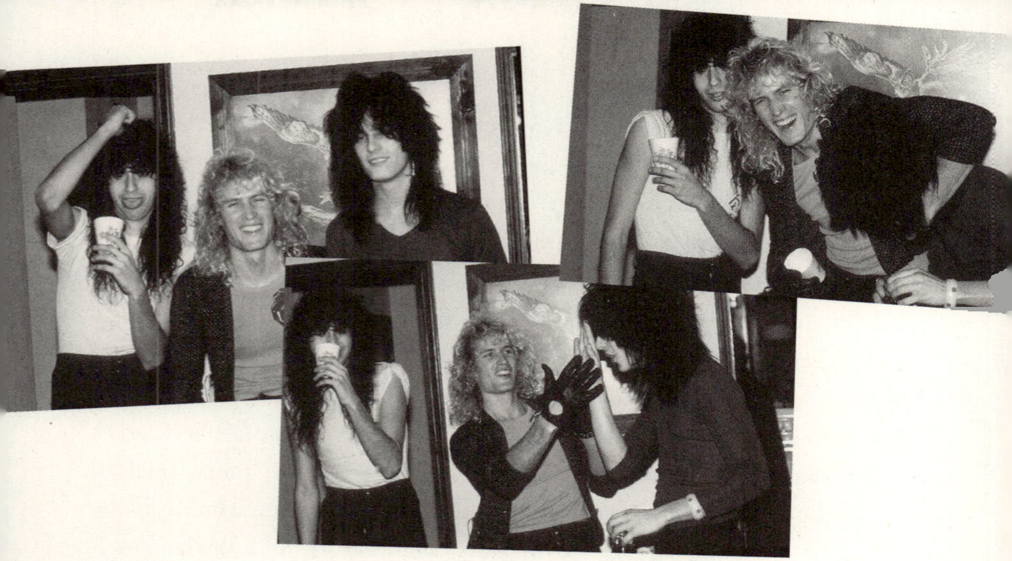

Zu Danes Kunden gehörte James Caan.

Der hatte eine Riesenbude – falls ich mich recht entsinne, gekauft von Carl Wilson von den Beach Boys. Jedenfalls war Caan Danes Kunde und wusste nicht, wie wir aussahen. Während wir arbeiteten, kam er schreiend aus dem Haus gelaufen, indem er ein Seil schwang wie ein Lasso, das er zufällig hatte, weil er ein Filmstar war und Filmstars irgendwann alle Lassos besaßen.

Es war sehr merkwürdig, als würde sich jene Episode mit dem Baseballschläger wiederholen. In Caans Augen haben wir bestimmt seltsam ausgesehen. Zwei Typen, die keine Surfer-Shorts und Hawaii-Hemden trugen, wie man es von Beckenputzern erwartete. Zu jener Zeit waren meine Rockklamotten schlicht diejenigen, die ich immer anzog – ich hatte sonst nichts –, und Dane trug sein eigenes Rocker-Outfit.

Caan schrie noch eine Weile und schwang sein Lasso, ehe er sich schließlich beruhigte. Das Lustige daran war, dass Caan für längere Zeit Danes Kunde war und ihn immer wieder vertröstete. Als Dane ihn deshalb zur Rede stellte und zwang, ihm zu versprechen, dass er zahlt, ließ ihm Caan einen nicht unterschriebenen Scheck von seinem Buchhalter zukommen. Dane schickte ihn zurück, woraufhin der Buchhalter einen anderen sandte, auf dem dann aber die Kontonummer unleserlich verschmiert war.

So ging es in einem fort weiter. Es wurde ein großes Ärgernis. James Caan war ein Filmstar. Er hatte ein Lasso und eine Villa in Beverly Hills. Das Einzige, was er nicht hatte, waren die 45 Dollar, die er Dane für die Reinigung seines Pools schuldete.

Wir glaubten, eine wertvolle Lehre aus alledem ziehen zu können. Welche genau, wussten wir aber wohl nicht, schätze ich.

Irgendwo am Sunset Boulevard heuerten wir drei als Verkäufer für Glühbirnen an. Das Büro, in dem wir arbeiteten, ist jetzt ein Tonstudio; angeblich gehört es einem der Musiker von Devo. Damals bestand es aus einer Reihe von Bürowaben mit je einem Sessel, altem Telefon, Telefonbuch und nichts sonst. Jeden Morgen begannen wir aufs Neue mit der Kaltakquise, wobei wir versuchten, die Birnen für das Zwei- oder Dreifache ihres Wertes zu verticken. Es war reine Zahlenspielerei: Wenn wir genug Anrufe tätigten, ließ sich unweigerlich jemand breitschlagen. Diese eine Person deckte die Kosten für die restlichen Anrufe.

Ich pickte mir einen Namen aus dem Telefonbuch. „Bob Archibald?" Ich nannte Bob den Namen der Firma, für die wir arbeiteten. Er klang offiziell, und manchmal klappte es.

„Sagen Sie mir, Bob, wie viele Lampen haben Sie? 16? Verstehe. Sind welche davon schwarz an den Rändern? Falls ja, werden sie sich nämlich entzünden. Sie haben auch Birnen herausgedreht? Das kann ebenfalls gefährlich sein."

Wir nahmen täglich Bestellungen auf. Dann hatte Lizzie eine Idee: „Warum arbeiten wir für jemand anderen? Warum gründen wir kein eigenes Gewerbe?"

Wir dachten uns den Namen GEL aus – General Electric Light. Das Unternehmen war komplett unangemeldet und illegal, doch wir entwarfen ein Logo, kauften uns Overalls und ließen T-Shirts drucken. Nach mehreren unangemeldeten Anrufen standen wir innerhalb einer Stunde mit ein paar Glühbirnen auf der Matte. Wir nahmen alle alten Birnen der Kunden mit und verkauften sie an einen der nächsten weiter.

Die Betrugsmasche funktionierte sogar. Wir eröffneten ein Betriebskonto auf der Bank. Niemand verlangte Personalausweise.

Lizzie gab einen Magnet in Auftrag, auf dem unser Firmenname stand. Er hängte ihn an seine alte Schrottkarre und fuhr mit seinem abgeranzten, grauen Overall herum. Wir benutzten alle drei andere Namen. Ich war Nick Johnson, Dane verwendete den eines Kerls, der Veranstaltungen in dem Club Starwood buchte: „Ich bin David Forrest", so stellte er sich vor. Lizzie gab sich als Steve Perry aus, was sein bürgerlicher Name war. Den mochte er nicht, weil Journeys Sänger genauso hieß, doch für unser Geschäft ging er okay.

Dann hatte Lizzie noch eine Idee: Er rief jemanden an, der schon bei uns gekauft hatte, und verstellte seine Stimme so, dass er bekifft wirkte, oder sprach einfach nur langsam – *sehr* langsam, weshalb der Kunde auflegte. Dann rief er mit seiner normalen Stimme zurück.

„Hi, Steve Perry von General Electric hier, ich wollte bloß bestätigen, dass Sie zwölf Zweieinhalbmeter-Energiesparröhren bestellt haben."

Der Kunde fiel aus allen Wolken. „Was? Ich habe gar nichts bestellt."

Er wurde wütend und geriet ins Straucheln. So gut wie immer sagte er letztlich: „Irgendein Idiot hat mich angerufen, doch ich habe keine verdammten Energiesparröhren bestellt."

Lizzie hielt inne. Er machte ein sehr ernstes Gesicht, obwohl Dane und ich vor ihm Grimassen schnitten. Dann sagte er: „Wissen Sie was? Es tut mir wirklich leid, doch der Kerl hat zum letzten Mal einen Fehler gemacht, ich feure ihn. Er fliegt raus. Ob er ein Dach über dem Kopf und was zu essen hat, ist nicht mein Problem."

Nun ruderte der Kunde für gewöhnlich unvermittelt zurück. „Wissen Sie was?", erwiderte er. „Nur zu, führen Sie die Bestellung aus. Der Kerl hatte Recht; ich will ihn nicht in Schwierigkeiten bringen."

In solchen Bahnen dachte Lizzie. Seine verschmitzte Seite schimmerte bei allem durch, was er tat – seinem Songwriting, seinem Gitarrenspiel und der Art, wie er mit einem Bustier auf dem Hollywood Boulevard herumstakste. Sich einfach nur mit ihm abzugeben war ein Vergnügen.

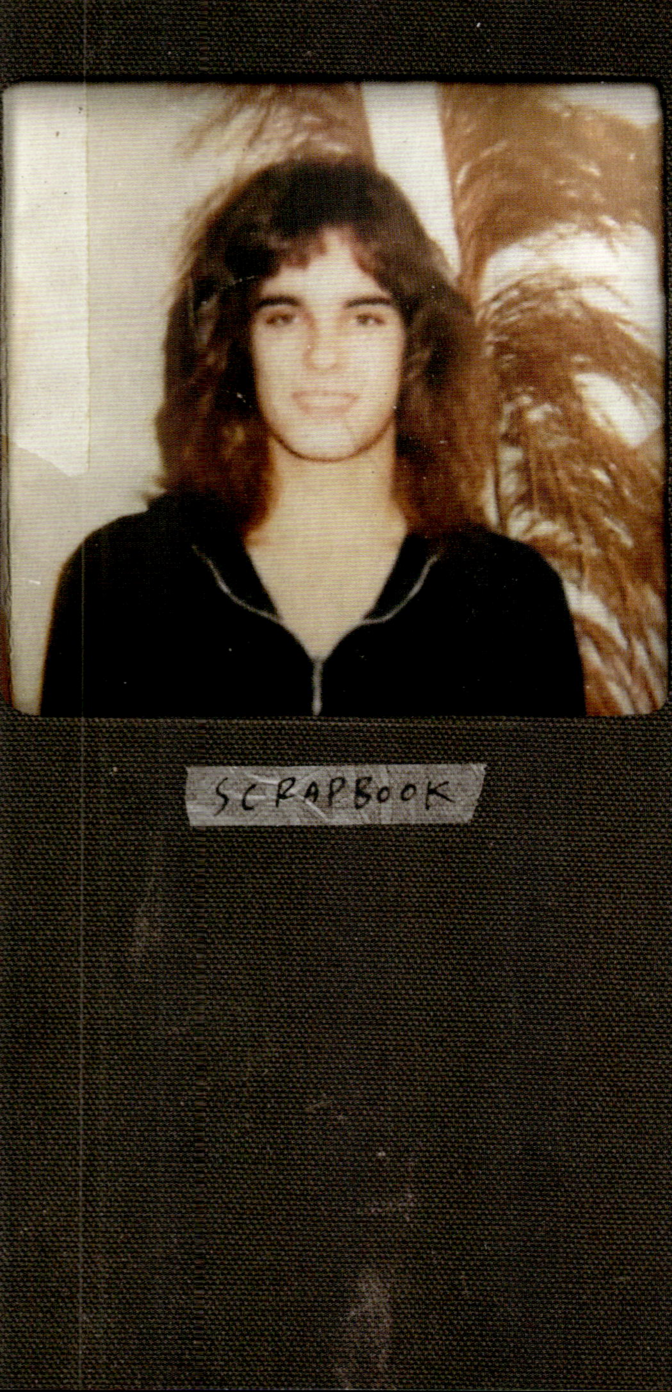
SCRAPBOOK

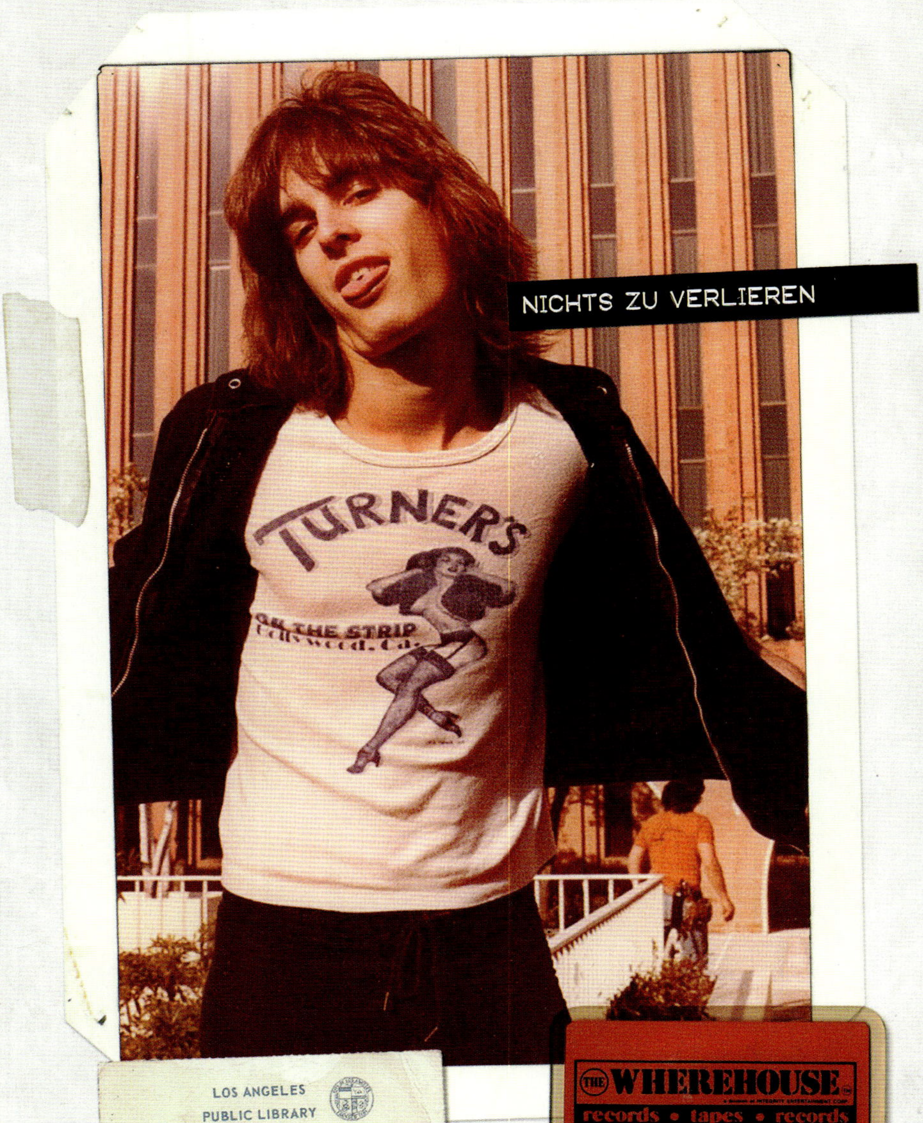

LOS ANGELES
PUBLIC LIBRARY
79129391 00 EXP. 02-10-82
FRANK C FERANNA
6846 SUNSET BL
LOS ANGELES CALIF 90028

Immer am Lesen

Immer am Arbeiten

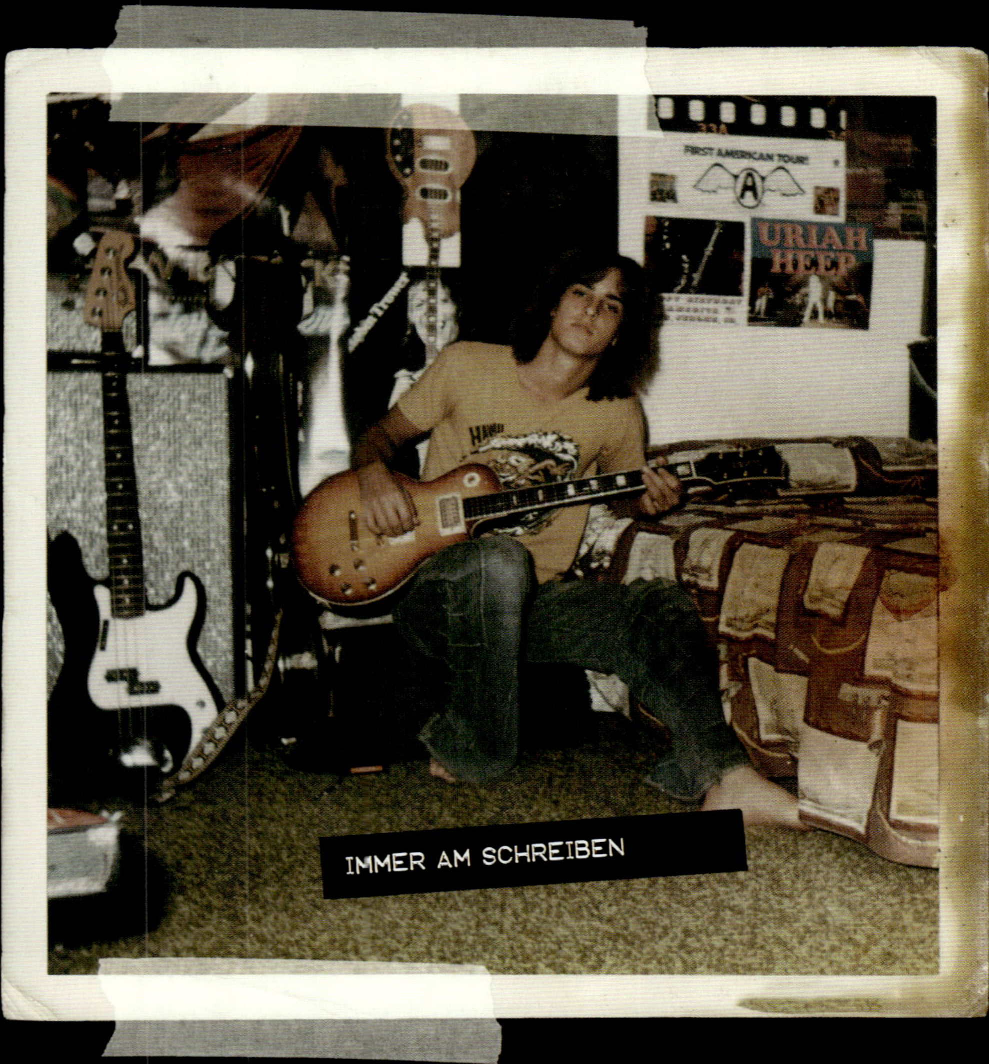
FIRST AMERICAN TOUR!
URIAH HEEP
IMMER AM SCHREIBEN

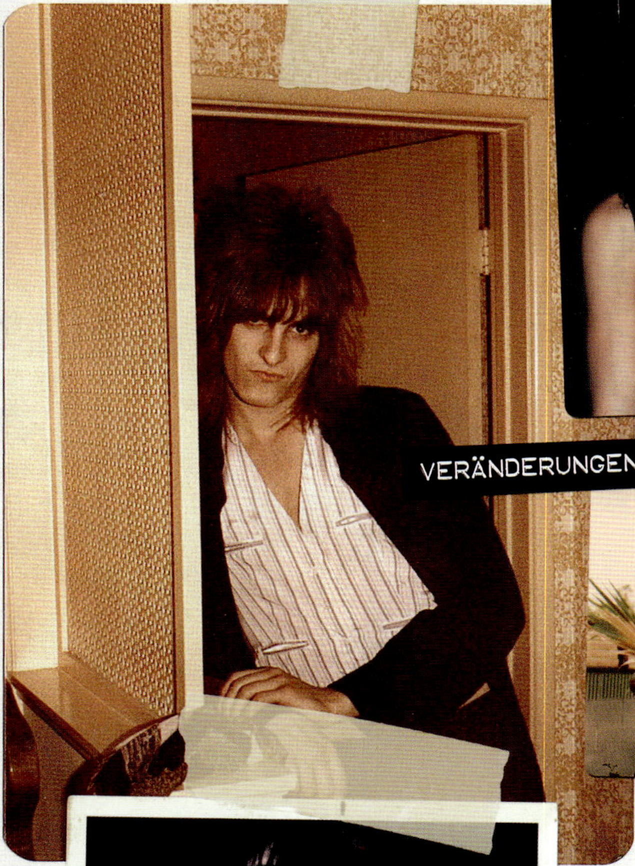

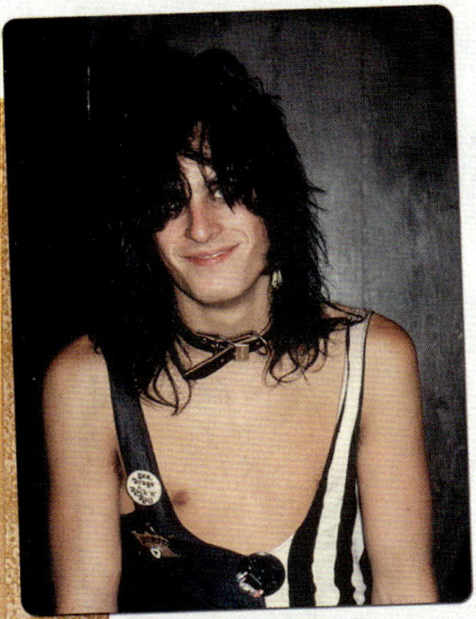

VERÄNDERUNGEN

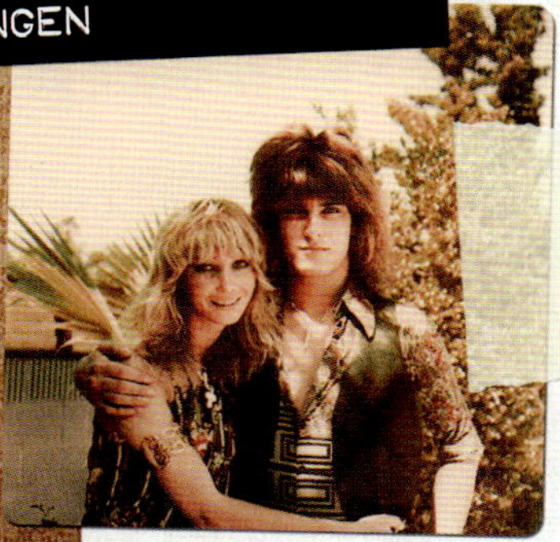

Mit Angie 1998

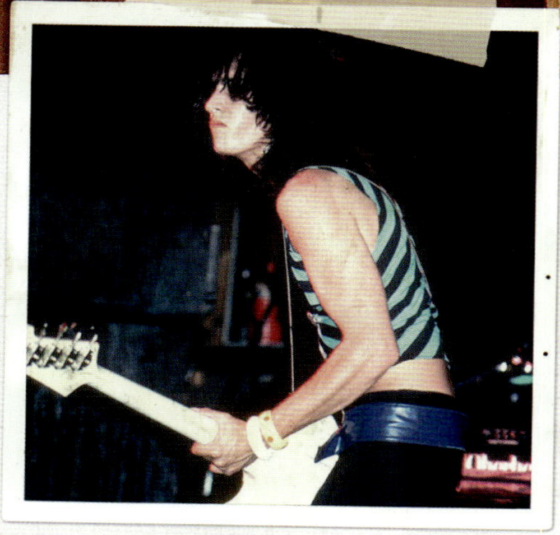

Schwarzes Haar, wunderbar

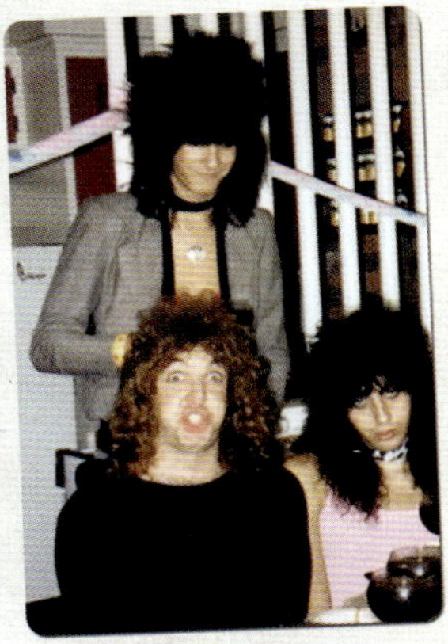

John St. John, ich und Lizzie

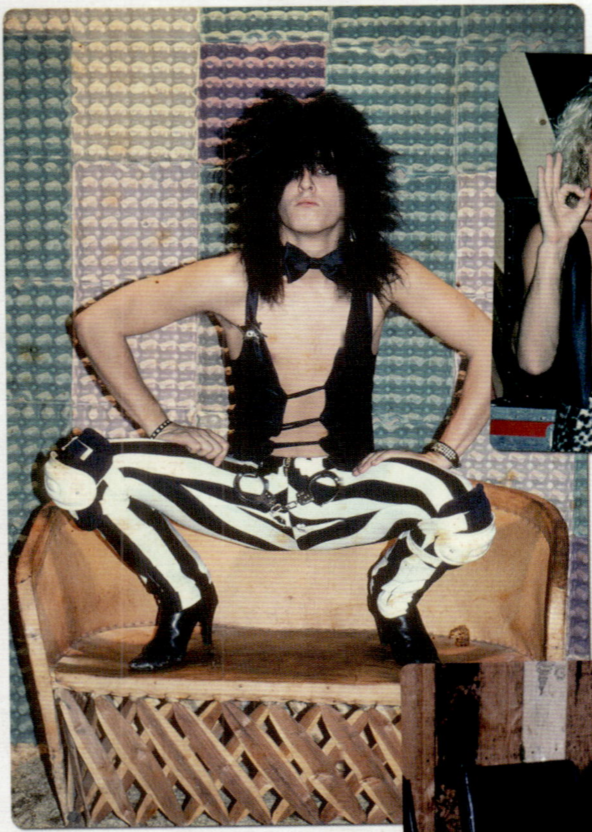

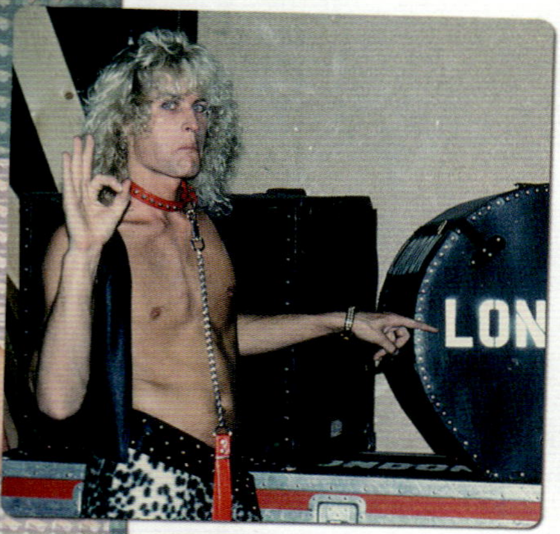

Dane

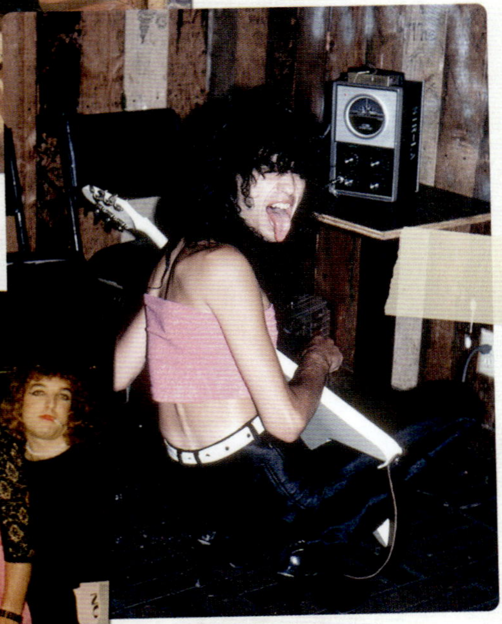

Lizzie

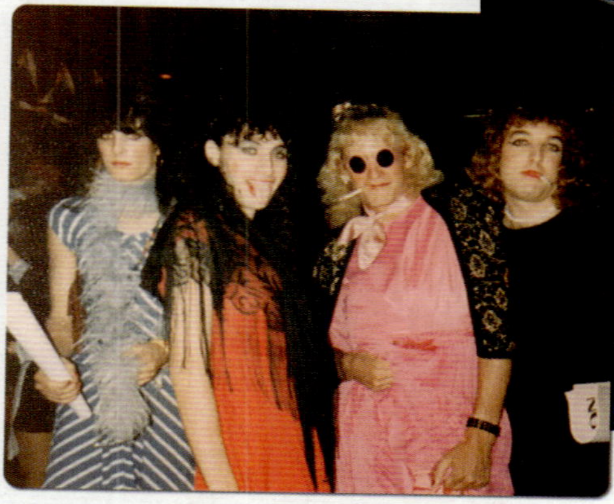

Auffallen um jeden Preis

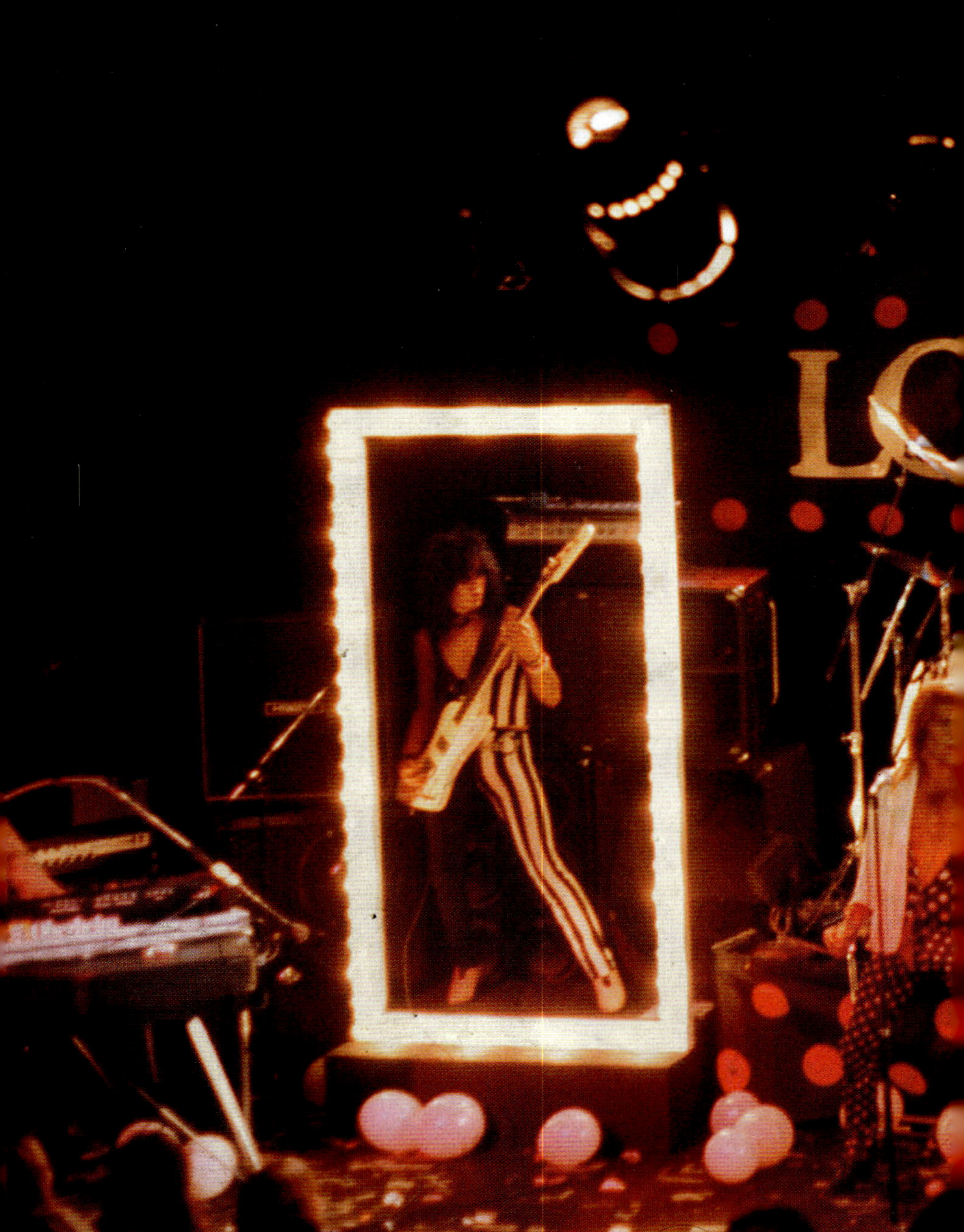

ERKLÄRTES ZIEL:

IM STARWOOD

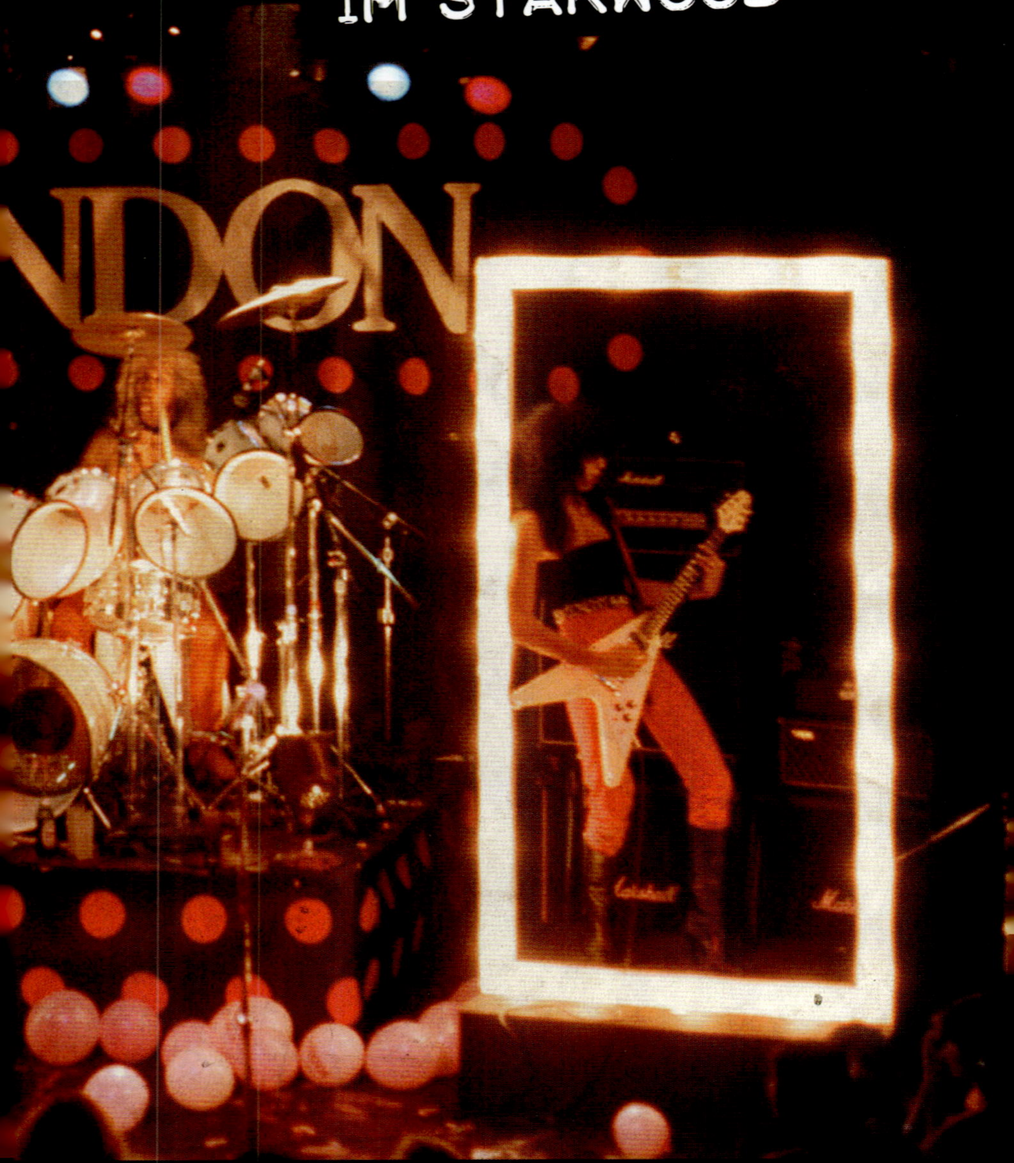

WELTHERRSCHAFT

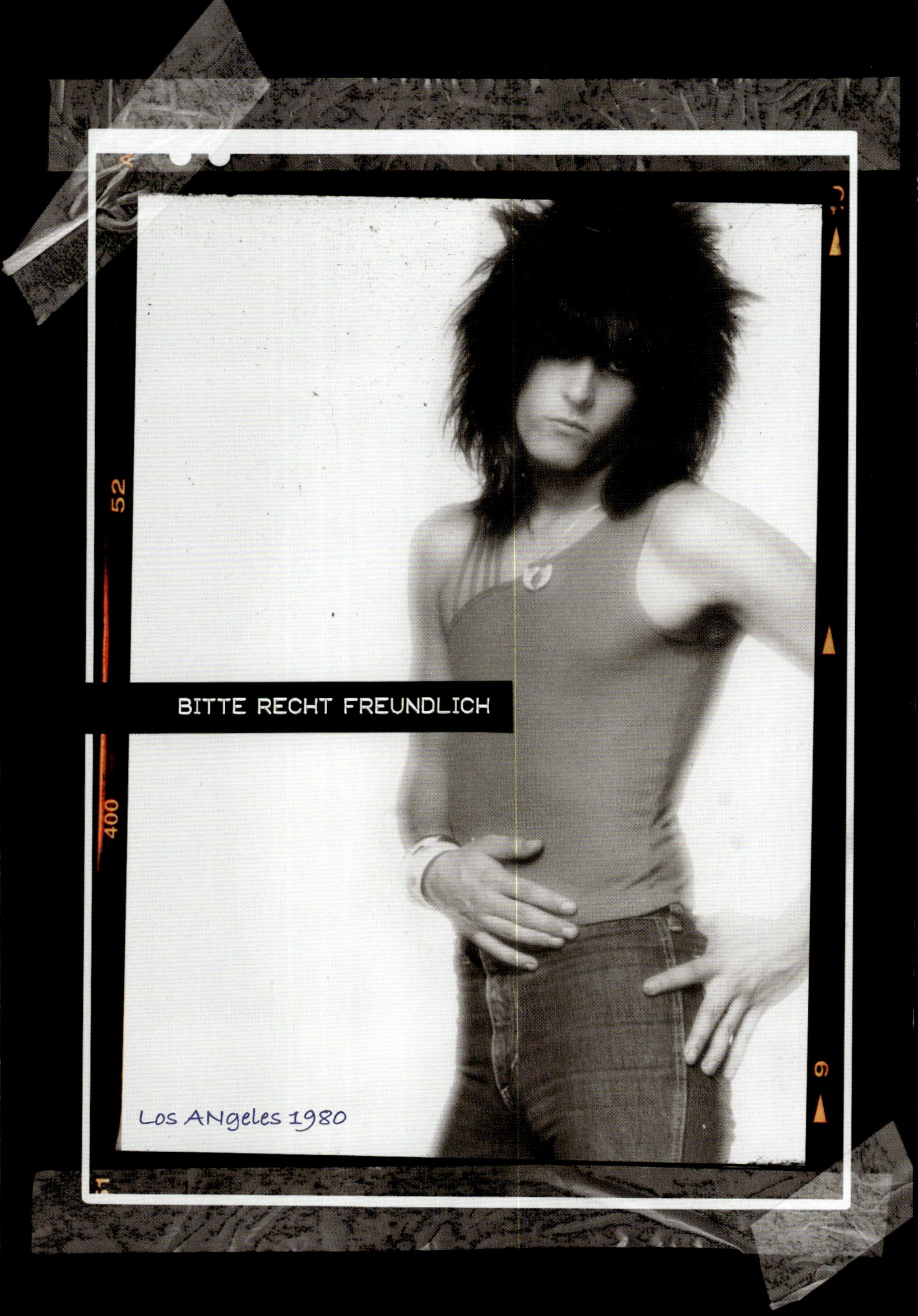
BITTE RECHT FREUNDLICH
Los ANgeles 1980

16.

NIKKI NINE

Die Doors waren die Hausband des Whisky a Go Go – zumindest bis zu dem Zeitpunkt, als Jim Morrison sang, dass er seine Mutter vögeln wollte. Buffalo Springfield legten ihren ersten Auftritt im Troubadour hin. The Byrds spielten als Hausband des Ciro's weiter unten an der Straße. Das Gazzarri's auf der La Cienega hatte eine Hausband, der Schauspieler Edward James Olmos vorstand. Der Besitzer – Gazzarri eben – trug gerne Nadelstreifenanzüge mit breitem Revers wie ein Chicagoer Gangster der alten Schule. Der Sunset Strip war der Ort gewesen, an dem sich in Los Angeles die Sechziger abgespielt hatten. Dort gab es die besten Plattenläden und Kleiderboutiquen für Mods wie Hippies, außerdem Musikgeschäfte, Labels und Studios: Sunset Sound, Western Recorders, A&M, RCA (wo die Stones „Satisfaction" aufnahmen). Der Strip hatte sogar seine eigenen Ausschreitungen, und zwar 1966 als Tausende zum Protest dagegen rebellierten, dass die Stadt 22 Uhr als Sperrstunde festlegen wollte. Darum dreht sich Buffalo Springfields bekanntester Song – nicht um Vietnam oder Bürgerrechte. „For What It's Worth" war ein Protestlied über die Krawalle am Sunset Strip.

Selbst die Hotels dort waren berühmt: Chateau Marmont und Hyatt House, das alle „Riot House" nannten. Keith Moon und Keith Richards warfen dort Fernseher von den Balkonen. John Bonham fuhr mit einer Harley auf den Fluren herum. Alle Rockstar-Eskapaden, die man sich vorstellen konnte – und einige unvorstellbare –, trugen sich regelmäßig zu.

Als das Label Motown aus Detroit wegzog, machte es ein Büro am Sunset Strip auf. Das Rainbow eröffnete 1972. Rodney Bingenheimers English Disco wurde eine zweite Heimat für Briten in den USA: David Bowie, Elton John, John Lennon, Mick Jagger. Die Groupies dort waren ebenfalls berühmt. Das Roxy öffnete seine Pforten 1973, und im darauffolgenden Jahr begannen Van Halen ihre Konzertreihe im Gazzarri's.

Sie waren die größte Hinterhofparty-Band in Pasadena, als Eddie und Alex noch zur High School gingen. Wann immer sie spielten, tauchte die ganze Schule auf, doch das Gazzarri's war Van Halens Hamburg: der Ort, an dem sie allabendlich vier Sets brachten und sich beispiellos gut aufeinander einspielten.

Als ich in Hollywood aufschlug, war die Band zu groß für die Clubs. Van Halen hatten das Gazzarri's zugunsten größerer Venues hinter sich gelassen und traten etwa im Starwood auf, wurden Vorgruppe von Black Sabbath und Co-Headliner neben Aerosmith. Allerdings waren sie so lange derart bedeutend für die Szene gewesen, dass man ihr Fehlen immer noch spürte; es war mehr als bloß eine Lücke. Danach spaltete sich die Szene auf. Man hatte sowohl alteingesessene Punks als auch neue, die aus Orange County kamen, und die ersten New-Wave-Vertreter. Die mit Abstand bekannteste Gruppe, die nun Hardrock in Clubs spielte, war Quiet Riot.

Das war Randy Rhoads' Band. Nach Eddie Van Halen wurde er zum spannendsten, innovativsten Gitarristen in Los Angeles. Seine Eltern arbeiteten beide als Musiklehrer. Als Randys Vater der Familie den Rücken kehrte, gründete seine Mutter eine Musikschule, um ihre Miete zahlen zu können. Randy war ihr bester Schüler. Er spielte klassische Gitarre, was man erkennt, wenn man seine Soli genau hört. Er studierte Musiktheorie und nahm nur ein Jahr lang Unterricht, ehe sein Lehrer zugab, dass er ihm nichts mehr beibringen konnte.

Randy war zierlich und blond, wie eine Elfe. Er trug punktierte Westen und Fliegen. Ich drängelte mich in die erste Reihe, wenn

Quiet Riot irgendwo auftraten, und beobachtete fassungslos, was er spielte.

Die Band hatte auch einen ausgezeichneten Sänger. Kevin DuBrow liebte Steve Marriott und die Small Faces. Der besaß eine der großen Rock'n'Roll-Stimmen – Jimmy Page hatte ihn vor Robert Plant für Led Zeppelin gewollt – doch DuBrow blamierte sich nicht, wenn er sich bemühte, Marriott nachzueifern. Er verfügte selbst über eine Bombenstimme.

Wir hatten Quiet Riot aufmerksam im Auge behalten, und ich verbrachte einige Zeit mit den Mitgliedern.

Obwohl Randy und ich nie enge Freunde wurden, hingen wir gemeinsam im Starwood ab, wo Quiet Riot der Topact waren. Wir traten zusammen im Asteroids auf und tranken Randys Lieblingsdrink – Gin Tonics, viele davon. Die Kater fielen heftig aus, lohnten sich aber aufgrund der Möglichkeit, Zeit mit Randy zu verbringen. Wir machten zudem Musik zusammen; nicht oft, aber hin und wieder. Ich fuhr mit dem VW nach Burbank, wo er noch bei seiner Mutter wohnte. Da ich meine SVT-Endstufe und -Box mitbrachte, half sie uns, die Sachen die Einfahrt hochzurollen und in Randys Zimmer zu tragen. Er hatte ein Jimi-Hendrix-Poster, eine Doppelbettmatratze am Boden und einen Amp – es könnte ein kleiner Fender Reverb gewesen sein, der mit dem Lautsprecher an der Wand stand.

„Warum hast du ihn so ausgerichtet?“, wollte ich wissen.

„Mir gefällt der Klang, der hinten rauskommt.“

Quiet Riot hatten zwei Alben veröffentlicht, allerdings nur in Japan. Ihr Status innerhalb der Szene schien keine Rolle zu spielen: alle amerikanischen Labels hatten sich vom Hardrock abgewandt. Gitarren befanden sich auf dem absteigenden Ast. Synthesizer waren in. Randy zeigte mir die Alben, und ich war beeindruckt. Die Band hatte einen klasse Song mit dem Titel „Slick Black Cadillac“. Er brachte ihn mir bei, und ich zeigte ihm die Stücke, an denen ich gerade schrieb. Dann setzten wir uns mit seiner Mutter zum Essen, doch ich wünschte mir Randy als Gitarristen, Kevin als Sänger und Quiet Riots Platz an der Spitze.

Das muss 1978 gewesen sein, denn in dem Jahr lernte ich Rudy Sarzo kennen, den Bassisten der Gruppe. Eigentlich bin ich mir da sogar sicher, weil wir zwei bis heute denselben Spitznamen füreinander haben: „Achtundsiebzig."

Wie dem auch sei, 1978 hätte ich um ein Haar Rudys Posten bekommen.

Kevin DuBrow lief mir im Starwood über den Weg und lud mich für den nächsten Tag zu sich ein. Ich fuhr hin und staunte darüber, wie piekfein seine Bude war. Zu der Zeit kannte ich niemanden mit einer Wohnung, die nur halb so nett war wie seine. Ich wusste es noch nicht, doch Kevins Familie war wohlhabend. Er besaß hochwertige Möbel und eine schicke Stereoanlage mit den fettesten Boxen, die ich je gesehen hatte.

In den Siebzigern setzte man sich zum Musikhören auf den Boden, also hockten wir da, während Slade, Sweet, Bad Company und ein paar Sachen von Steve Marriott liefen. Kevin spielte mir ein paar Songs seiner Japan-Alben vor. Dann sagte er: „Pass auf, wir spielen mit dem Gedanken, unseren Bassisten zu schassen."

Ich lehnte glattweg ab. Schlussendlich heuerte er Rudy an.

Heute denke ich: „Er hatte einen Plattenvertrag. Warum habe ich das ausgeschlagen?"

Kevin war ein verboten guter Sänger. Er kniete sich voll in seine Performance hinein, und seine Band verfügte über den besten Gitarristen diesseits von Eddie Van Halen. Ich war ein Hinterwäldler, erst kürzlich mit dem Bus aus Idaho gelandet.

Doch schon damals wusste ich: „Ich habe eigene Ideen."

Ich glaube, daraufhin wandte sich Kevin gegen mich. Die Tatsache, dass seine nächste Band DuBrow für Mötley Crüe eröffnete, kam erschwerend hinzu. Später nach Randys Tod reformierte Kevin Quiet Riot und wurde nicht müde, ein paar üble Dinge über mich und Mötley zu äußern, vor allem in der Presse.

So etwas lasse ich nicht ungerächt geschehen. Ich gab Kevin dort Kontra, wo ich wusste, dass es wehtat.

Seitdem ich ihn kannte (und vermutlich schon früher), verlor er Haare. Er benutzte eigenartiges Zeug in Dosen, das den Eindruck erweckte, sein Haar sei gleichmäßig verteilt und nicht schütter – aber diese Bemühungen gingen immer nach hinten los, weil ihm dieses schwarze Mittel auf der Bühne immer ins Gesicht lief.

Als er anfing, mich in der Presse zu beschimpfen und ich zur Reaktion aufgefordert wurde, ließ ich mich nur über Kevins Frisur aus. Er sei verbittert, weil er eine Glatze bekam, behauptete ich.

Wir benahmen uns beide wie Arschlöcher, schätze ich. Andererseits waren wir, wie mir Onkel Tom hätte sagen können, nicht im Showgeschäft, um uns Freunde zu machen. Heute bin ich Kevin dankbar. Als London loslegten, sahen wir Quiet Riot im Starwood, das sie an Wochenenden ausverkauften, und sagten uns: „Mann, vielleicht schaffen wir das eines Tages auch mal. Wir könnten das genauso mit unserer Band haben, irgendwann." Randy und Kevin hatten die Messlatte hoch angelegt.

Etwa zur selben Zeit zog ich mit Angie zusammen, die in der Band Tripper sang und Songs schrieb sowie Journalismus an der USC studierte. Ich war mit meinem Fender-Bass und meinem ganzen Equipment nach Hawthorne gefahren, um bei Tripper vorzuspielen, stellte dann aber fest, dass ich ihren Gitarristen nicht mochte. Er hatte Locken, und ich war felsenfest davon überzeugt, Locken hätten im Rock'n'Roll nichts zu suchen. Schlimmer noch als seine Frisur war seine Vorliebe für Rush – er wollte einen dünnen Rickenbacker-artigen Sound und hibbeligen Spielstil wie bei ihnen. Ich hasste Rush. Mein Bass sollte satt und breit klingen, mit massig tiefen Frequenzen.

Genaugenommen hasse ich Rush immer noch. Mir ist klar, dass das talentierte Typen sind, doch dass ich euch frage, ob ihr Rush mögt, könnte passieren.

Falls ich das tue, solltet ihr verneinen. Ansonsten werden wir wohl nicht sonderlich warm miteinander.

Zwischen Angie und mir funkte es indes. Wir hassten dieselben Bands. Wir mochten dieselben Bands. Wir standen auf die gleichen

Klamotten und frisierten uns auf die gleiche Art. Als das Haus am Hollywood Boulevard niederbrannte, zog ich in Angies Appartement am Beachwood Drive. Zunächst waren wir zu dritt: Angie, ihre Mitbewohnerin Lisa und ich. Lisa und ich kamen aber nicht miteinander zurande – es war wieder wie mit dem Gitarristen von Tripper, bloß dass es jetzt nicht um eine Bandmitgliedschaft ging. Ich musste mit Lisa leben; sie war da – tagein, tagaus.

Das Appartement gefiel mir, Beachwood Canyon auch. Dort wimmelte es vor aufstrebenden Musikern, Schriftstellern, Künstlern und Schauspielern. Die Situation war relativ eindeutig: Lisa musste weg, andernfalls würden Angie und ich ausziehen. Das Ganze erledigte sich aber von selbst, als ich mir die Haare in der Badewanne schwarz färbte.

Weil sie lang waren, brauchte ich viel Farbe und saute alles damit ein.

„Das ist so eklig", echauffierte sich Lisa, als sie heimkam. „Das ist einfach so… eklig."

Ich sagte ihr: „Wenn's dir nicht passt, brauchst du nicht zu bleiben."

Es wurde laut, und Lisa zerdepperte womöglich ein paar unserer Dinner-Teller, bevor sie abdampfte. Danach sah ich sie aber nie wieder.

Angie und ich gingen gemeinsam mit Lizzie und seiner Freundin aus – die ebenfalls Lisa hieß; Lisas verfolgten mich. Wir besuchten das Rainbow, wo Joe DiMaggio und Marilyn Monroe ihr erstes Date hatten, oder betranken uns und gingen am Strip entlang. Schauten wir uns Konzerte an, blieben wir hinterher die halbe Nacht lang wach und besprachen das Gesehene. Als Aerosmith eine Geheimshow unter dem Namen Dr. J Jones and the Interns spielten, waren wir zur Stelle. Anschließend zeichnete ich den Abend auf mehreren Servietten nach: wo Steven Tyler und Joe Perry gestanden und wie sie sich bewegt hatten sowie alle Dinge, die sie hätten tun können, um die Bühne noch besser zu nutzen. Ich dachte ununterbrochen nach, und entwickelte Strategien, war ständig in den Clubs.

Genauso ging es Angie, weil sie für *Anaheim Bulletin* über Bands schrieb.

Eine davon waren Squeeze – die kalifornischen, die Coverversionen spielten, nicht die englische Popgruppe. Angie hatte mal etwas mit ihrem Frontmann Jeff Nicholson gehabt und das Bandlogo entworfen, das mir beim Blättern auf einem ihrer Blöcke aufgefallen war. Ich fand es toll: ein ähnlich wie Kiss geschminkter Typ mit einer Frau in einer Faust wie King Kong und Fay Wray.

Squeeze stammten aus Riverside. Ich war weder je in Riverside gewesen, noch kannte ich die Band. Dennoch interessierte ich mich für sie und stellte ein paar Fragen.

Jeff sang und spielte Bass. Er hatte sich erste Sporen in Cover-Kapellen an Sammy Hagars Seite verdient.

Dann seien Sammy und er Angie zufolge getrennter Wege gegangen. Jeff hatte Squeeze gegründet und das Pseudonym Niki Syxx angenommen.

Es gefiel mir sofort – obwohl das schöne weite K fehlte. Ich beschloss vom Fleck weg, den Namen zu klauen.

Eine Zeitlang gab ich mich als Nikki London aus. Dies führte aber letztlich wegen des Van-Halen-Syndroms, wie wir es nannten, zu Problemen. London waren nicht im gleichen Sinne meine Band, wie Sister Blackies Band waren. Es handelte sich eher um ein demokratisches Gefüge, doch solange Lizzie, Dane und ich nicht den Ramones nachschlugen – will heißen: Lizzie und Dane verwendeten ebenfalls den Nachnamen London –, ließ sich kaum vermeiden, dass man das Ganze für mein Ding hielt und nicht für eine gemeinschaftliche Band.

Ich musste schnell etwas unternehmen. Allmählich erhielten wir bessere Konzertangebote an günstigeren Abenden in größeren Sälen. Wir spürten, dass wir zu Randy, Kevin und allen anderen am Strip aufschlossen.

Ich hatte keinerlei Zweifel daran, dass wir durch die Decke gehen würden.

Es beschäftigte mich eine Weile: „Nikki Nine“ stand kurz zur Debatte. Mir gefiel der Klang dieser Worte, tough und punkig.

Dann dachte ich: „Vergiss es.“

„Also gut“, sagte ich zu Angie. „Ich bin einfach Nikki Sixx.“

„Frank!“, rief sie. „Du kannst nicht einfach *Nikki Sixx sein*! Das ist *Jeffs* Künstlername!“

„Egal“, erwiderte ich. „Er wird eh nie groß rauskommen.“

17.

NIKI SYXX

Ich hatte Recht, Squeeze kamen nicht groß raus. Das hätte nicht geschehen können, weil Jeff 1979 ein wiedergeborener Christ wurde.

Ich habe gehört, er lebt jetzt in Oregon und macht christliche Musik, um das Wort Gottes zu verbreiten, während er seinen bösen, früheren Rock'n'Roll-Lebenswandel beklagte. Jeff hält Rock für Teufelsmusik. Er glaubt, dass ich seinen Namen gestohlen habe, sei die kleinste meiner Sünden und Laster, zumal ich fraglos sowieso zur Hölle fahren würde.

Jeff hat sogar ein Pamphlet mit dem Titel „Bekenntnisse eines Rockers, von Niki Syxx“ veröffentlicht.

„Mein Name ist Niki Syxx…. Was???“, heißt es im ersten Satz.

Ist Nikki Sixx nicht der Bassist von Mötley Crüe? Ja, ist er. Doch sein bürgerlicher Name lautet Frank, und mein bürgerlicher Name lautet Jeff. Wie also kam es dazu, dass wir dasselbe Pseudonym haben? Tja, vor Jahren, noch ehe sich Mötley Crüe gründeten, gehörte ich der beliebten südkalifornischen Band Squeeze an und meinte, mein richtiger Name sei einfach zu schlicht, weshalb ich einen Künstlernamen bräuchte. Weil Nicholson mein Nachname ist, kam ich auf „Niki“, doch ein dazu passender Nachname fiel mir nicht ein. Eines Tages dann,

> als ich durch Newport Beach fuhr, sah ich „Niki 6“ auf dem Nummernschild eines Mercedes stehen… also wurde ich für die nächsten fünf Jahre meines Lebens zu „Niki Syxx“.

Dann erzählt Niki, wie ich Angie begegnete:

> Ein paar Jahre später kam Frank mit einem Mädchen zusammen, das zuvor Fotos von Squeeze gemacht hatte. Irgendwann öffnete er ihr Fotoalbum, sah die Bilder und wurde auf mein Pseudonym aufmerksam. Nachdem er herausgefunden hatte, dass ich zu jener Zeit keine Musik machte, beanspruchte er den Namen für sich. Das gab er später in einer Ausgabe des Magazins *BAM* zu. So oder so darf er den Namen gern verwenden, und ich möchte erklären warum.

Na ja, stimmt irgendwie. Kommt ungefähr hin…

Jeff und Angie waren über ein Jahr lang miteinander verbandelt, also führt die Bemerkung, sie sei „ein Mädchen“ gewesen, das ihn fotografiert hatte, ein bisschen in die Irre. Was allerdings stimmt: Ich habe *nie* etwas davon abgestritten. Darauf angesprochen sagte ich Reportern: „Ich, Nikki London, beschloss nicht nur, dem Typen die Freundin zu nehmen, sondern auch das Pseudonym.“

Was ist auch schlimm daran? Ich hatte nie von ihm gehört, bis mir Angie den Block zeigte. Warum sollte ich mich darum scheren, und welche Rolle spielte es? Es ist nicht so gewesen, als hätte ich Johnny Thunders' Namen gestohlen.

Ich bin der Erste, der einräumt, dass es unverschämt war. Aber steht *unverschämt* nicht synonym für Rock'n'Roll?

18.

NIGEL

London hatten eine Geheimwaffe. Ihr Name lautete John St. John. John war ein klassisch ausgebildeter Pianist und Linkshänder. Er spielte eine Hammondorgel durch eine Leslie-Box. Die Kombination verlieh uns einen Bass, der lauter und finsterer klang als alles andere auf dem Strip. Dadurch gewann ich die Freiheit, die Viertelnoten viel kräftiger anzuschlagen und noch synchroner mit Dane zu spielen.

John hatte außerdem ein Orchestron, das zu den ersten Keyboard-Samplern gehörte. Die Handhabung war ein Alptraum. Es verstimmte sich schon, wenn man es bloß anschaute, klang aber original wie eine Pfeifenorgel. Ferner konnte es Cello, Flöte, Waldhorn oder einen vielköpfigen Chor emulieren. Es war sehr neu und sehr teuer: in jenen Tagen wurde es vorwiegend für Filmsoundtracks verwendet. Es war ein weiterer Aspekt, der uns besonders machte.

Wir probten weiterhin sechs Stunden je Abend, konnten aber einfach keinen passenden Sänger finden. Nachdem wir ein paar Weltklasse-Versager ausprobiert hatten, sprach Lizzie: „Ich werd's selbst versuchen."

„Ich auch", sagte ich.

Das war das erste Mal, dass ich Leadgesang statt der Backing-Vocals übernahm, und es war grässlich – schlimmer sogar als bei den Punks. Dann bemühte ich mich, härter zu klingen, verlor aber meine Stimme.

Lizzie war besser und trotzdem nicht gut genug, also mussten wir weitere Kandidaten testen. Ganz kurz hatten wir Steven Toth in der Band; er sang bei Faze, einer Art Prog-Rock-Party-Combo aus dem Valley, hatte eine markante, hohe Stimme und war ein guter, solider Kerl. In puncto Körpergröße ließ er aber zu wünschen übrig, und zu der Zeit unterlag Rock'n'Roll allen möglichen Regeln. Wer klein war, tat gut daran, so gut wie Randy Rhoads zu sein. Um einer Rockband anzugehören, musste man lange Haare haben, doch Locken waren ausgeschlossen. Bands brauchten einen bestimmten Look, und Lizzie, Dane und ich waren mit hochhackigen Tretern über zwei Meter groß. Steve hätte auf Stelzen gehen müssen. Wir probten zusammen und einigten uns freundschaftlich darauf, es bleiben zulassen, ehe wir gemeinsam öffentlich aufgetreten wären.

Schließlich stießen wir über eine Anzeige im *Recycler* auf Henry Valentine.

Er war älter als wir – 29 oder 30 – und hatte wesentlich mehr Musikerfahrung. Henry kannte sich in Theorie aus und brachte uns viel über Arrangements, Songstrukturen oder Dynamik bei. Er war aber auch alt genug, um ein echter Hippie zu sein, und ist auch nach wie vor einer – er ließ es deutlich gelassener angehen als wir. Hungrig ist er nicht gewesen; ihm ging lediglich meine Existenzangst ab.

Damals kamen wir drei noch 24 Stunden lang ohne Nahrung aus. Vielleicht besuchten wir nach dem Proben das Rainbow und brachten Girls dazu, uns irgendwo Getränke und Pizzen auszugeben – das reichte dann für den Tag. Wir begleiteten das eine oder andere Girl nach Hause, fielen um drei oder vier Uhr nachmittags aus dem Bett, schafften es pünktlich zur Probe um sechs und wiederholten die Chose um Mitternacht von Neuem.

Angie und ich waren noch blutjung. Ich sorgte mich um sie. Ich tat mein Bestes, um gut zu ihr zu sein, und sie passte gut auf mich auf. Das waren jedoch andere Zeiten, und ich konzentrierte mich auf so viele Dinge gleichzeitig. Monogamie stand nicht weit oben auf der Liste.

Ich arbeitete Tag und Nacht an unserem Bühnenprogramm, unseren Live-Klamotten und unseren Songs. Die schrieb ich auf meinem Bass oder einer Gitarre. Ich mietete ein Piano und komponierte darauf Stücke im Fahrwasser von Mott the Hoople. Um Gigs an Land zu ziehen, klotzte ich richtig ran. Wir schafften es ins Troubadour, wir konnten häufiger im Orange County auftreten. Wir spielten in Löchern in den Außenbezirken von L.A. und schwangen uns zu mehreren Konzerten im Starwood auf. Dabei blieben wir, bis wir uns um Wochenendspots verdient gemacht hatten. Ich rührte unermüdlich die Werbetrommel für uns. Wenn ich in einen Kopierladen kam, fragte ich: „Was ist das größte Posterformat, das ihr habt?"

Die Angestellten zeigten auf etwas, das zu klein war.

„Das ist alles? Größer geht's nicht?"

„Nun ja, wahrscheinlich schon, aber für alles, was darüber hinausreicht, verdoppelt sich der Preis."

„Was kostet es?"

Ich kann den exakten Preis nicht mehr abrufen, also sagen wir einfach, 1.000 große Poster kosteten rund 100 Dollar.

Ich sagte dann: „Okay, ich denk darüber nach."

Daraufhin suchte ich den nächsten Laden auf.

„Hey, eure Konkurrenz drüben im Block kann Poster von 60 auf 100 Zentimetern drucken, ihr auch?"

„Ich schätze ja."

„Weiter unten an der Straße wollten sie 50 Mäuse für 1.000 Stück."

„Oh. Also, meine Güte. Sagen wir 75?

Das war viel Geld – die Monatsmiete für meine Bude mit Dane und Craig, dem Fotografen. Deshalb annoncierte ich im *Recycler*: „Klavier zu verkaufen, 250$."

Das reichte für eine Menge Poster, und den Rest steckte ich in die Band.

Damals floss alles in die Band. Lange Zeit investierte ich auch alles in Mötley Crüe, nachdem wir uns formiert hatten. Unsere gesamten Verdienste gingen für besseres Equipment, größere Anlagen, Bühnenkulissen, Kleider und die Beleuchtung drauf. Wir gaben unser Möglichstes, um die beste, aufwändigste, denkwürdigste Show zu bieten, die jemals durch eure Stadt gekommen ist.

In der Woche aber, nachdem ich das Piano verkauft hatte (das gar nicht mein eigenes gewesen war), klopfte es an der Tür.

„Wer ist da?“, rief Dane.

„Polizei Los Angeles.“

Ich legte ihm eine Hand auf die Schulter. „Ich bin nicht zu Hause“, flüsterte ich.

Als Dane die Tür jedoch einen Spaltbreit öffnete, stießen die Detectives sie einfach auf.

„Wir suchen Frank Feranna.“

„Hier heißt niemand so“, behauptete ich.

„Wie lautet Ihr Name?“

„Er heißt Dane, ich bin Nikki Sixx.“

„Wo ist Feranna?“

„Ausgezogen. Hat keine neue Adresse hinterlassen.“

Die Polizei stellte Frank nie – zumindest nicht wegen des Pianos. Craig war nicht sonderlich erbaut, als er davon erfuhr. Rausgeschmissen wurden wir aber erst wegen des nächsten Stapels Poster. Dafür hatte ich einfach unser Mietgeld verwendet. Das war der Tropfen, der Craigs Fass zum Überlaufen brachte.

Danach zog ich mit Angie zusammen, und Dane pennte wieder in seiner Karre – einem VW wie meinem. Dort lag er zwar nicht gerade bequem, doch das war es wert.

In Tommy Lees Zimmer hing eines jener 60 auf 100 Zentimeter großen London-Poster. Er war noch ein Kid und zu jung, um in Clubs gelassen zu werden, aber ein Bewunderer der Band. Viele waren es. Man redete über uns, und nach sechs- oder achtmonatiger

Anstrengung gelang es uns, an Wochenenden zu einer guten Zeit im Starwood aufzutreten.

Bis zu dem Zeitpunkt waren wir übereingekommen, uns von Henry Valentine zu trennen.

Es geschah nicht nur deshalb, weil Henry zu gelassen war, sondern lag auch daran, dass er Robert Plant stark ähnelte – auch gesanglich – und weiter in Richtung Mainstream gehen wollte. Während unserer letzten Probe vor einer großen Show waren wir gemeinsam zu der Entscheidung gelangt, dass er danach seinen Hut nehmen musste.

Dane hatte schon eine Anzeige im *Recycler* geschaltet: „Sänger gesucht, Einflüsse David Bowie, Freddy Mercury oder Nigel Benjamin."

Letzterer war Ian Hunters Nachfolger bei Mott the Hoople und derjenige, der „No Such Thing As Rock And Roll" sang – ein Lied, das Dane, Lizzie und mich schwer beeindruckt hatte. Darin wurden keine Gesangseffekte eingesetzt. Man hört keinen Harmonizer oder Tonhöhenmanipulationen – dergleichen war noch nicht entwickelt worden. Es ist ein langsamer Rocker, doch wenn die Band Fahrt aufnimmt, macht Nigel einige verblüffende Sachen.

Ian Hunter war Bob Dylan ein bisschen ähnlich: ein atemberaubender Text- und Songschreiber. Wenn ich ihn hörte, fielen mir Burroughs und Bukowski ein, doch Nigel Benjamin war ein atemberaubender *Sänger* – wie David Bowie, bloß mit weiterem Stimmumfang. Davon abgesehen kam es uns klug vor, seinen statt Hunters Namen in der Annonce zu erwähnen, um die Spreu vom Weizen zu trennen: wer Nigel Benjamin kannte, musste es zwangsläufig ernst meinen.

Dann kam Henrys letztes Konzert mit uns. Im Anschluss hinter der Bühne kam ein Kerl auf mich zu.

Er war etwas älter, unrasiert und trug eine zu große Sportjacke.

„Hi", grüßte er. „Ich bin Nigel."

„Nigel?“

„Nigel Benjamin.“

Ich musterte ihn. Er war Engländer, das bewies seine Aussprache. Übel sah er nicht aus: muskulös, schlank, aber arg nach Miami Vice, und die Serie war noch nicht angesagt. Auf mich wirkte er schlicht wie ein Penner.

„Aha“, sagte ich und lachte. Dann drehte ich mich um und fing an, mit jemand anderem zu reden.

Dane hingegen schaute ihn weiter an. Etwas an diesem Penner schien unserem Drummer bekannt vorzukommen.

„Ich habe eure Anzeige gelesen“, erzählte der Kerl ihm. „Weißt du, ich dachte, ich hätte eine gute Chance.“

Daraufhin lachte auch Dane.

„Wie viele Oktaven kannst du singen?“, fragte er.

Der Kerl blinzelte und sah Dane mit gelangweilt ausdrucksloser Miene an.

„Alle, oder etwa nicht?“

„Ich meine, wie hoch kannst du singen?“

„Ich kann so hoch singen, wie du willst.“

„Aber *wie hoch*? Ich meine… auf einer Gitarre. Wie viele Noten auf dem Gitarrengriffbrett kannst du singen?“

„Ich kann verdammt nochmal alle Noten singen.“

Dieser Penner konnte unmöglich Nigel sein, doch Dane und Lizzie waren halb überzeugt – vielleicht sogar mehr als halb. Sie fuhren raus nach Venice Beach, wo der Kerl wohnte, um sich zu vergewissern, und kamen erstaunt zurück.

Es war wie in einem Traum, den echten Nigel Benjamin in unserer Gruppe zu haben. Ich dankte Gott dafür, dass ich mich nicht Quiet Riot angeschlossen hatte.

Wir gaben ein Aufwärmkonzert in der Arena, einem kleinen Saal. Geladene Gäste gab es nicht, weil wir uns allein vergewissern wollten.

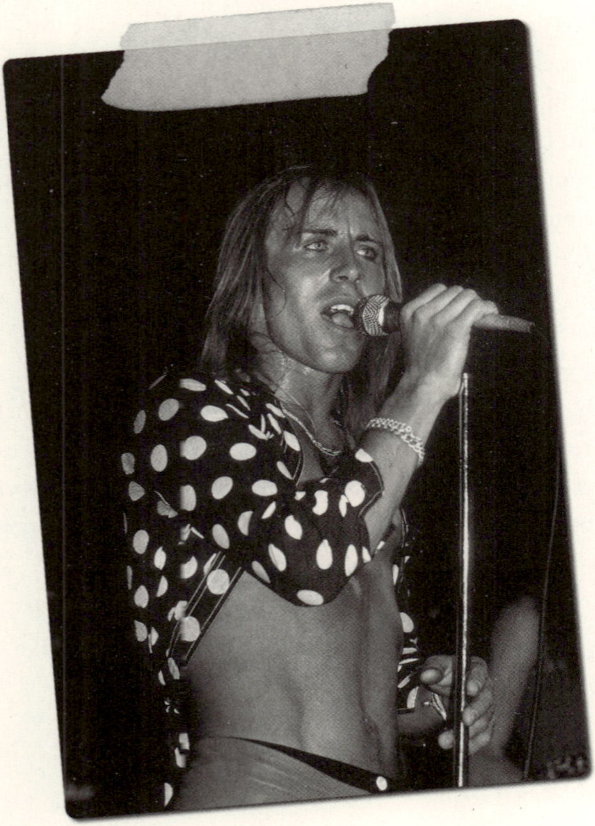

Wir alle dachten, wir würden scheiße klingen. Wenn man als Band anfängt, kann man schwerlich einschätzen, was man beim Proben hört, wo man unter wesentlich besser kontrollierbaren Bedingungen spielt, da man sich nicht auf einen fremden Raum, eine fremde Bühne, fremde Monitore und fremde Anlage einstellen muss. Jeder ging davon aus, Nigel sei enttäuscht, doch er war wie ein kleiner Junge in einem Süßwarenladen. Er liebte es und sagte: „Das war unglaublich. Genau das ist es, was wir tun müssen."

Nigel war ein lustiger Typ und 26 oder 27 Jahre alt. Er wohnte mit seiner deutschen Freundin in Venice, und ich glaube, sie hatten ein kleines Kind. Er war in einer sehr großen Band gewesen und um die Welt gereist. Heute verstehe ich, dass er eine andere Phase in seinem Leben durchmachte als wir. Manchmal kam er übermütig zum Proben, ein andermal in gegensätzlicher Stimmung – platt wie ein Ballon, bei dem die Luft raus ist. Ich vermute, dass er wie viele Kreative ein wenig manisch-depressiv war. Wir freuten uns aber darüber, uns einfach nur mit ihm abgeben zu können.

Mit Henry Valentine hatten wir es auf Quiet Riot abgesehen. Mit Nigel an Bord setzten wir uns viel höhere Ziele. Wir mieteten uns in ein Studio ein und nahmen ein Demo auf. Als Angie und ich zu einem gemeinsamen Dinner mit ihren Eltern fuhren, konnte ich über nichts anderes als das Demo reden. Beim Abendessen mit Don und Sharon plapperte ich nur über den neuen Namen meiner Band. Während einer Probe erzählte ich den anderen von Don: „Mein Onkel nimmt uns unter Vertrag, wir werden so groß wie Sweet."

Das schien selbst Nigel zu beeindrucken.

Auf dem Weg zur Tür gab ich Don ein Exemplar unseres Demos.

„Don", sagte ich. „Du musst zu einem unserer Auftritte kommen."

19.

DAS STARWOOD

Bill Gazzarri, der Besitzer des Gazzarri's, mochte sich zwar wie ein Mafioso vom alten Schlag anziehen, doch Eddie Nash war der wahre Kriminelle: ein echter Gangster. Er war andauernd auf Koks, paranoid und ein gemeiner, gewalttätiger Mann.

Nash gehörten das Kit Kat, ein Stripclub in Santa Monica; das Soul'd Out, ein Schwarzenclub am Sunset Strip und das Odyssey, ein Club in Beverly Hills ohne Altersbeschränkung beim Einlass. Zudem besaß er den Paradise Ballroom, einen Schwulenclub an der North Highland, und das Seven Seas, eine Tiki-Bar und Disko am Hollywood Boulevard. Ali Baba's, Nashs Club an der Ecke Sherman und Lankershim, bot ein mittelöstliches Interieur und Bauchtänzerinnen, die für Trinkgeld arbeiteten und vermutlich noch etwas mehr nebenher verdienten – insbesondere für Gruppen von Saudis auf der Durchreise.

Eddie Nash betrieb zudem das Starwood, das nun unser zweites Zuhause war. Mit ihm direkt hatten wir aber nie zu tun. Wir standen bei Manager David Forrest unter Vertrag, der Livebands in dem Club buchte und selbst auf eine bewegte Karriere zurückblickte. Er hatte mit Bill Graham und David Geffen gearbeitet sowie Lindsay

Buckingham und Stevie Nicks gemanagt, bevor sie durch Mick Fleetwood zu Fleetwood Mac gelangt waren. Forrest hatte auch Quiet Riot als Manager betreut und Shows von Kiss, Aerosmith sowie anderen großen Acts promotet. Wir wussten nicht, dass es für ihn in der Branche abwärts ging – für uns war er immer noch ein dicker Fisch. Nachdem wir ein paar Headliner-Konzerte gegeben und die Säle jedes Mal bis zum Bersten gefüllt hatten, zückte er einen Vertrag und reichte ihn uns.

Es war der alte von Quiet Riot. Genaugenommen strich David lediglich die Worte *Quiet Riot* und schrieb von Hand *London* darüber. Das war ein ziemlich arschlochmäßiger Machtbeweis, doch wir unterschrieben das Dokument, woraufhin er uns einspannte – buchstäblich. Ende der Woche machten wir den Club sauber, machten Botengänge und erledigten Bauarbeiten.

Wir wussten nicht, was wir taten, besonders bei der Bauarbeit. Lizzie hatte nie zuvor einen Hammer in die Hand genommen. Das Starwood hatte mit Holz vertäfelte Innenmauern, und Gary Fontenot, der den Club leitete, hielt uns an, Löcher auf den Toiletten, wo die Wand durchgefault war, mit Zeder abzudecken. Wir schlugen Nägel genau in die Leitungsrohre. Wasser spritzte in alle Richtungen. Nachdem wir nach draußen geschlendert waren, als sei nichts geschehen, beschränkten wir uns lieber auf Hausmeisteraufgaben.

Die Bandbreite der Konzerte im Starwood wirkte schizophren. Fear mochten an einem Abend auftreten, am nächsten die Plimsouls gefolgt von den Germs, anschließend Gang of Four, tags darauf Black Flag und dann die Go-Go's. Was das Saubermachen anging, war es nach Punk-Gigs am schlimmsten. Da kamen 400 Kids, alle betrunken und Pogo tanzend. Blut und Schweiß flossen, alles war vollgekotzt, und der Boden klebte vor verschüttetem Alkohol. Außerdem waren die Holzwände porös, weshalb sie alle Gerüche in sich aufnahmen. Es war so widerlich, und die Hälfte der Zeit kommandierte David Lizzie und mich herum (an Dane wagte er sich nicht ran). Wir sagten ihm rundheraus, er solle uns nicht auf den Sack gehen, doch er lachte und nervte wieder, ehe wir uns versahen. Dane stichelte oft an Lizzie und mir: „Wie wär's? Trinken wir einen aufs Team."

Die ungewollte Aufmerksamkeit lohnte sich, weil David mehr Auftritte für uns an Land zog, und je häufiger wir spielten, desto kräftigere Zugpferde wurden wir. Eine Band, die im Starwood auftrat, wurde normalerweise mehrere Wochen lang nicht fürs Whisky oder Troubador gebucht; die Clubs beneideten einander um ihre Bands, doch falls man einflussreich genug war, konnte man hin und her springen und höhere Gagen verlangen. Ich wurde gut darin und lernte, die Veranstalter gegeneinander auszuspielen. Dazu ging ich etwa zum Agenten des Whisky und sagte: „Also, im Troubadour bieten sie uns 500 Dollar für zwei Abende, aber im Saal ist nicht mal genug Platz für uns. Was halten Sie davon, uns 700 Dollar für drei Abende zu geben?"

Ich wusste nicht, ob wir drei ausverkaufte Konzerte hintereinander schaffen würden, stellte dann aber fest, dass wir es konnten. Mit Leichtigkeit. Wir waren jetzt eine große Attraktion – und gleichzeitig Gebäudemanager. Nachts füllten wir die Bude, morgens machten wir den Dreck unseres eigenen Publikums weg.

Obwohl Lizzie keinen Stuhl oder Tisch zimmern konnte, verstand er etwas vom Verkabeln. Sein Dad war Elektriker, und als ich mit Dane einige Käfige für Go-Go-Tänzerinnen zusammenbaute, wobei sie mit Aluminium verkleidet wurden, tüftelte Lizzie aus, wie wir die ganzen 100-Watt-Birnen blinken oder nacheinander aufleuchten lassen konnten.

Die Käfige waren riesig. Solche hatte sonst niemand in der Stadt. Ich sehe immer noch, wie Lizzie sie verdrahtete, während die Bohrmaschine seine Haare zum Flattern brachte.

Ein uralter Kerl namens Louie arbeitete ebenfalls im Starwood. Er sah aus wie ein kleiner Kobold, der seit einem Jahrhundert dort war, und regte sich über jedermann auf – ständig. An uns fand er jedoch

Gefallen. Auf seine eigene aggressive Art wollte er nur das Beste für uns. Louie schaute vorbei, als Lizzie am Fummeln war, und rief: „He, Blödmann, du tust dir noch weh mit dem Bohrer!“

Lizzie schaute auf und antwortete: „He, Louie, fick dich!“

Kaum dass er die Worte ausgesprochen hatte, verfingen sich seine Haare im Bohrkopf, und die Maschine knallte gegen seinen Schädel. Louie musste die nächsten 20 Minuten dafür aufwenden, Lizzie davon zu befreien.

Diese Lichtkäfige waren eine weitere Last, die wir durch die Gegend karren mussten. Lizzie hatte zwei Marshall-Türme, Dane sein gewaltiges Schlagzeug, und ich meinen eigenen Verstärker-Boliden. John St. Johns Hammond B3 wog über 200 Kilo, seine Leslie Box war gewaltig, und obendrein hatten wir sowohl eine Beschallungsanlage als auch ein Keyboard-Podest. Was wir nicht hatten, waren Roadies und ein Van. Wir improvisierten alles, wurden aber stetig besser. Man arbeitete daran, wie man sich auf der Bühne bewegte, schminkte, kleidete. Ich begann, ein Outfit zu tragen, das jeweils halb schwarz und schwarz-weiß gestreift war (später mit Mötley Crüe trat ich komplett in schwarz-weißen Streifen auf). In jenen Tagen konnte eine gute Cover-Band gut und gerne 2.000 Dollar pro Abend verdienen. In L.A. waren zwischen vier und acht Riesen die Woche drin, nur indem man fremde Songs spielte. Auch wir brachten ein paar Covers. Wir eröffneten unsere Shows mit der Slade-Nummer „Mama Weer All Crazee Now“, die auf Quiet Riots Album *Metal Health* landete, ließen aber die Finger von den Top 40 und bauten immer mehr eigene Stücke ein: eines mit dem Titel „1980s Girl“ – und das 1979, für so clever hielten wir uns –, dazu „Radio Stars“ und „Public Enemy #1“ von Lizzie und mir, das sich dann auch auf Mötleys Debüt fand. Zu jener Zeit war das weniger lukrativ als ein Programm voller Coverversionen, aber auf lange Sicht ein kluger Zug. Als wir Wochenend-Headliner im Starwood wurden, verdienten wir bereits 1.000 bis 2.000 Dollar für einen Abend. Auch wenn wir durch fünf teilen mussten, kam was dabei herum.

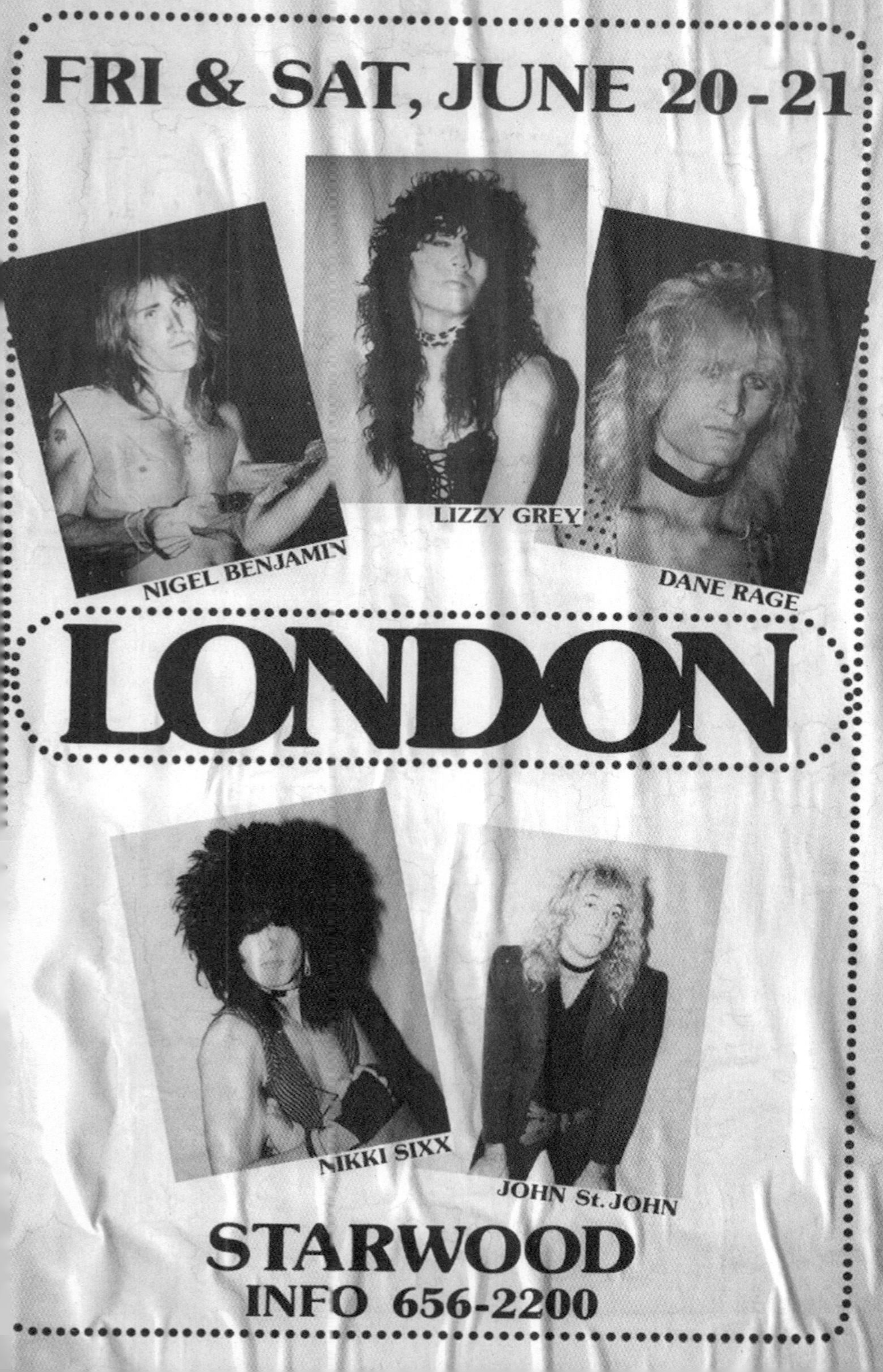
FRI & SAT, JUNE 20-21
NIGEL BENJAMIN
LIZZY GREY
DANE RAGE
LONDON
NIKKI SIXX
JOHN St. JOHN
STARWOOD
INFO 656-2200

Das Starwood hatte einen Rocksaal, wo alle Rock- und Punkbands auftraten. Von dort führte eine Treppe hinauf in einen VIP-Bereich einschließlich Bar mit Blick auf die Bühne. Über eine weitere Treppe nach unten gelangte man in einen Raum voller altmodischer Videospielautomaten: Defender, Space Invaders, Asteroids. Dort hingen Randy Rhoads und ich herum, bevor er sich nach England aufmachte. Von hier aus kam man zu einer breiten Tanzfläche, der Disco des Clubs. Die Frauen dort waren tendenziell hübscher als jene im Rocksaal. Deshalb zog es Lizzie, Dane und mich stärker dorthin. Ich brauchte mich nur an die Wand zu lehnen; die Girls kamen nun zu *uns*, da London bekannt geworden waren.

Der Parkplatz des Rainbow war nach zwei Uhr morgens ebenfalls ein Anziehungspunkt. Das Roxy befand sich nebenan; da die Clubs zur selben Uhrzeit dichtmachten, strömten scharenweise Kids heraus. Der Platz war die Feierzentrale, er war die Beischlafzentrale. Dort erfuhr man von Underground-Konzerten oder fand Mädchen, mit denen man nach Hause gehen konnte. Eines Nachts kam ein Girl gezielt auf uns zu und fragte: „Wollt ihr mit auf 'ne Party? London werden da sein!"

„Ach was."

„Das ist jedenfalls das Gerücht."

„Bist du sicher?"

Wir begleiteten sie. Sie hatte uns benutzt, um uns zu überreden, und deswegen hatte sie recht: Wir *waren* da.

The Orchids waren die Frauenband, die Kim Fowley nach der Auflösung seiner alten Frauenband The Runaways zusammengestellt hatte. Die letzte Runaways-Bassistin Laurie McAllister spielte nun bei den Orchids, doch ich warf ein Auge auf Laurie Bell, die Schlagzeug spielte und sang.

Ich lernte sie backstage nach einer ihrer Shows kennen. Lizzie und ich gingen zu ihr. „Was machst du?", fragte sie.

Ich trug meine üblichen Klamotten: enge Hose, schwarze Lederjacke, abgeschnittenes und aufgerissenes Shirt, hochhackige Schuhe.

„Ich bin Zahnarzt", antwortete ich, und damit war ein Anfang gemacht.

Laurie kam nach Los Angeles, weil Fowley Tom Johnson „entdeckt" hatte, der ihrer Schwester den Hof machte. Das war Fowleys Ding: Er war ein Gönner, brachte Musiker zusammen und lenkte ihre Karrieren. Je jünger, desto besser, denn dann konnte er sie kontrollieren. Fowley verwandelte Tom Johnson in Tommy Rock, und Tommy Rock veröffentlichte ein paar Singles. Er rief Laurie an und sagte: „Komm nach L.A., ich habe Fowley erzählt, dass du singen und trommeln kannst."

Laurie sang mehrere Demos für Fowley ein – Stücke, die er verschickte, damit andere Künstler sie nachspielten.

Er bat auch mich, einen Song zu komponieren, und zwar für Blondie. Damals, als ich noch mit Angie zusammenlebte, schrieb ich ein Riff und zwei Textzeilen: „Stick to your guns / What's right for you ain't right for everyone". Viel weiter kam ich zunächst nicht. Als ich den Rest schließlich fertig hatte, fuhr ich zu Kims eigenartigem Appartement in Hollywood. Es war heruntergekommen – echt ein Dreckloch, wo Müll und Arzneimitteldosen sämtliche Oberflächen bedeckten. Ich dachte „Kann das sein? Der König des Strip wohnt in dieser Höhle?"

Es kam mir vor wie eine Begegnung mit dem Zauberer von Oz. Die Dinge waren nicht so, wie wir Unschuldigen sie sahen. Andererseits sprechen wir hier von Hollywood.

Der Song gefiel Fowley. Er gab mir 100 Mäuse und einen Vertrag, der ihm 50 Prozent der Verlagstantiemen zusicherte. Als ich ihn das nächste Mal traf, behauptete er, Blondie hätte abgelehnt. Ich weiß bis heute nicht, ob Debbie Harry das Stück, das ich geschrieben hatte, überhaupt zu hören bekam. Ich behielt es und brachte es bei Mötley Crüe ein – Es war das erste, das wir für die Single „Stick To Your Guns" / „Toast Of The Town" aufnahmen – und Fowley erhielt eine saftige Anlagenrendite dafür.

Er besaß auch Rechte an „Cherry Bomb", und bekam die Hälfte von Joan Jetts Kohle für einen weiteren Song, den er nie hören sollte. Trotzdem hauste er nach wie vor in jener Dreckswohnung. Ich dachte Jahre später an ihn, während Mötleys *Girls, Girls, Girls*-Tour. Wir hatten Guns N'Roses als Opener ausgesucht, und Axl Rose erzählte mir: „Stell dir vor, wir haben „Stick To Your Guns" für *Appetite for Destruction* einstudiert."

Hätten sie das Lied verwendet, wäre Fowley um weitere 50 Prozent reicher geworden.

Ich misstraute ihm sowieso. Er ging am Sunset Strip auf und ab, während er mit irrem Blick einen Apfel und eine Orange jonglierte. Seine Vollmeise änderte aber nichts daran, dass er ein Wichser war. Ich mochte den Typen nicht, dafür aber Laurie. Im Haus der Orchids in Encino verbrachte ich viel Zeit. Laurie kümmerte sich in der Band um geschäftliche Angelegenheiten, die gleiche Rolle wie ich bei London. Wir planten, wir entwickelten Strategien. Manchmal gaben wir gemeinsam Konzerte. Wir zogen mit einem Tacker über den Hollywood Boulevard – Laurie hockte auf meinen Schultern und hängten Plakate an jeden Telefonmast.

Allerdings wollte ich nicht für irgendein Girl stillsitzen: Ich war 20 und hatte meiner Ansicht nach kürzlich die nächsten Rolling Stones gegründet.

Nach meinem 21. Geburtstag konnte ich Onkel Don überreden, in den Club zu kommen. Wir waren jetzt Headliner mit zwei Sets pro Abend, freitags und samstags oder samstags und sonntags. Nigel gehörte noch zur Band, John St. John ebenfalls. Eine bessere Besetzung sollten London nie haben. Slash und Steve Adler rollten zu der Zeit auf ihren Skateboards am Starwood vorbei. Sie schlichen durch die Hintertür rein, um uns zu sehen. Auf der *Girls, Girls, Girls* Tour gestanden sie mir: „Wenn wir euch mit Nigel auf der Bühne sahen, dachten wir: „Das ist eine Rockband, das ist ein Rockstar. So werden wir auch sein.'"

Intern kamen Spannungen auf. Ich wollte, dass wir schneller und härter wurden. Die meisten Songs des ersten Mötley-Crüe-Albums hatte ich schon geschrieben. Nigel versuchte jedoch, mehr softe Stücke einzubringen.

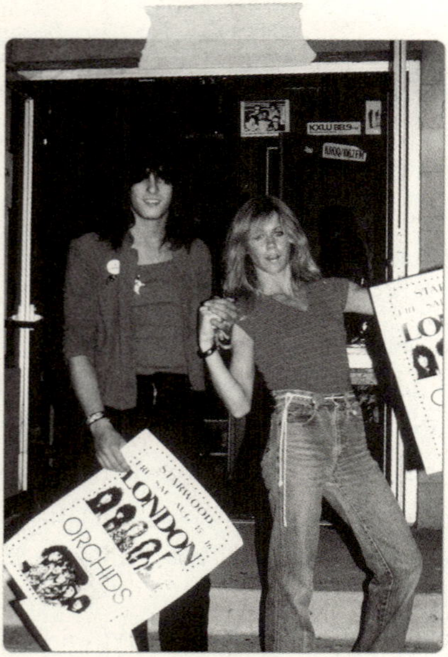

Ich glaubte fest daran, eine Rockplatte dürfe nicht mehr als eine Ballade enthalten. Demzufolge wollte ich auch nicht mehr als eine Ballade live bringen. Balladen waren aber Nigels Lebensunterhalt. Irgendwann boten uns David Forrest und Gary Fontenot einen Deal an: Wir sollten in Japan aufnehmen und anschließend in Europa touren. Wenn wir dann in die Staaten zurückkehrten, würde das Album im Vertrieb stehen. Spruchreif wurde das Angebot nie – es war bloß eine Idee –, doch wir dachten, unsere Träume hätten sich erfüllt.

Nigel wollte nichts davon wissen und weigerte sich, den Vertrag zu unterzeichnen. Er würde ihn gar nicht erst lesen, sagte er, weil wir uns sicherlich als Hardrock bewerben lassen sollten.

Ich hielt dagegen.

„Aber Nigel, das sind wir doch! Wir verschmelzen Power Pop mit Glam und Hardrock!"

Ich erinnere mich Wort für Wort an seine Antwort: „Wenn man ein Apfel ist, will man nicht als Pflaume verkauft werden."

Wir hätten in der Lage sein sollen, uns einig zu werden. Nigel war stur, doch das traf auf uns alle zu. Das eigentliche Problem bestand darin, dass er auch zur Faulheit neigte. Er schrieb keine Texte. Oft gab er sich keine Mühe, auf sinnvolle Weise mit dem Publikum zu interagieren.

Ich predigte: „Nigel, du musst die Leute begeistern. Sie aus der Reserve locken."

„Schwachsinn, was ich von mir gebe, ist völlig egal. Ich könnte „Darmkrebs" sagen, und sie würden jubeln, Mann."

Genau genommen hatte Nigel Recht, wenn man an seine Aussprache dachte, und wusste, dass er Recht hatte. An jenem Wochenende bewies er es uns. „Das Wort des Abends lautet ‚Darmkrebs'", knatterte er von der Bühne, und die Menge tobte. Das Gleiche habe ich auch bei anderen englischen Musikern erlebt; sie betreten die Bühne, nuscheln „Erbsen mit Möhren!", und die Leute rasten aus. Vieles hängt davon ab, wie man was ausspricht.

Während des Konzerts aber, das Onkel Don besuchte, zeigte unser Gefüge noch keine Risse. An dem Abend spielten wir wie die Brüder, die wir geworden waren.

Ich hatte bis zum letzten Moment gewartet, um es den anderen Jungs zu sagen. Weihnachten stand vor der Tür, und wir fuhren auf dem Hollywood Freeway. Zu dieser Jahreszeit stand auf dem Firmengebäude von Capitol Records immer ein riesiger Christbaum, und ich zeigte darauf. „Frohe Weihnachten!", wünschte ich. „Das ist unser neues Label."

„Wovon sprichst du?"

„Mein Onkel kommt endlich, um uns zu sehen."

Als ich Don zum ersten Mal erwähnt hatte, war da die vage Ahnung gewesen, wir könnten meinetwegen irgendwann vorspielen. Seitdem war so viel Zeit vergangen, dass meine Mitmusiker gedacht hatten, falls das möglich gewesen wäre, hätten wir es mittlerweile getan.

Nichtsdestoweniger kam Onkel Don. Er trug einen schick geschneiderten Anzug, der A&R-Agent an seiner Seite ebenfalls. Sonst war niemand im Starwood so angezogen. Alle anderen Anwesenden brüllten, weil London nie stärker gewesen waren. Nach dem Gig trieften wir vor Schweiß und gingen auf Wolken. Der Adrenalinschub war fantastisch, und als Don hinter die Bühne kam, grinsten wir vor Freude bis über beide Ohren – jeder einzelne von uns, auch Nigel.

Mein Onkel machte Komplimente. Er zog mich beiseite. „Wie weit du in zwei Jahren gekommen bist", sagte er, „ist unfassbar."

„Hast du das Publikum gehört? Wie es nach uns geschrien hat?“

Don nickte. Er lächelte und fuhr fort: „Lass uns morgen reden.“

Ich war überglücklich. Weit nach Mitternacht rief ich Nona und Tom an, weckte sie auf. Ich erzählte ihnen von Onkel Don.

„Ich werde es schaffen!“, versicherte ich.

Ich konnte den Morgen kaum erwarten. Solange ich nicht schlafen konnte, überlegte ich. Schmiedete Pläne. Kaum dass ich wach war, griff ich zum Telefon.

„Frankie“, begann Don. „Ich glaube, auf dich wartet eine große Zukunft. Du hast Ausstrahlung auf der Bühne, finde ich, aber weißt du was? Das ist nichts für uns. Ich kann es nicht tun.“

Das war sein gutes Recht. Er hätte mir genauso gut sagen können: „Frankie, es ist kein *Familien*geschäft, sondern das *Show*geschäft.“

Verärgert war ich nicht. Ich liebte und respektierte meinen Onkel. Nur verwirrt und niedergeschlagen war ich. Das hätte ich nun überhaupt nicht erwartet, einen Schlag in die Magengrube. Ich wusste nicht, wie ich es den anderen beibringen sollte. Darüber nachzudenken bereitete mir Bauchschmerzen.

Ich ging auf dem Strip hin und her, während ich überlegte, wie ich es am besten formulierte.

Im Grunde genommen blieb alles unverändert. Wir hatten lange und erbittert gekämpft, um uns zur Spitze durchzuschlagen. Wir hatten den richtigen Sänger, wir hatten die richtigen Songs. Wir mussten etwas länger warten, doch für mich stand außer Zweifel, dass sich der Erfolg einstellte.

Gegen 18 Uhr hatte ich mich selbst davon überzeugt, dass alles in Ordnung war. Ich fuhr zum Proberaum und ließ die Jungs Platz nehmen.

„Also gut“, hob ich an. „Ich habe eine gute und eine schlechte Nachricht.“

„Erzähl die gute zuerst!“, verlangte Lizzie.

„Fang mit der schlechten an“, bat Nigel.

„Die schlechte Nachricht lautet: Capitol haben abgesagt.“

„Okay“ sagte Nigel. „Wenn das so ist, steige ich aus.“

20.

EIN NEUES UNGETÜM

Wir liefen eine Weile herum und leckten unsere Wunden. In dem Alter fühlte sich alles so intensiv an. Nigels Ausstieg kam uns vor wie das Ende der Welt, doch eine innere Stimme sagte mir, dass ich keine Zeit hatte, um Trübsal zu blasen. Damals fühlte ich mich mit 21 nicht mehr jung, sondern alt. Ich hörte die Uhr ticken.

Nigels Verlust war ein herber Rückschlag, aber wir fingen nicht wieder bei Null an. London hatten ein Publikum und entsprechende Songs. Bei unserem jüngsten Konzert handelte es sich um die beste Show, die wir je abgeliefert hatten. Danach waren wir Stadtgespräch. Wie schwierig konnte es für die Topband des Strip sein, einen neuen Sänger zu finden?

„Vergesst Nigel Benjamin!“, sagte ich meinen Gefährten. „Wir holen uns Brian Connolly!“

Ihm gehörte die Stimme hinter „Ballroom Blitz“ und „Solid Gold Brass“. Brian hatte Sweet zu dem Zeitpunkt verlassen und eine Single aufgenommen, aber noch kein Soloalbum herausgebracht.

Ich rief Onkel Don an und fragte: „Kannst du mir helfen, Brian Connolly von Sweet ausfindig zu machen?“

„Sicher“, erwiderte er. „Ich gebe dir eine Adresse.“

Ich schnürte ein Päckchen: ein Demo mit vier Songs, die wir mit Nigel aufgenommen hatten, Fotos von uns auf der Bühne und abgetippte Liedtexte. Professioneller konnte ich es nicht; fürs Anschreiben brauchte ich lange.

„Danke für dein Interesse an unserer Musik", stand darin. „Wir kommen aus Los Angeles. Nigel Benjamin hat bei uns gesungen. Er wollte nicht weitermachen, doch du bist unser Traumsänger. Wir heißen London, und du hast unseren Sound stark beeinflusst. Was müssen wir tun, damit du bei uns einsteigst?"

Ich kann nur darüber mutmaßen, was Brian dachte, als er einen solchen Brief bekam. „Ah, das ist sehr nett, aber ihr funkt auf einer ganz anderen Wellenlänge als ich."

Allerdings hatte mich Onkel Don enttäuscht. Nigels Ausstieg hatte mich enttäuscht. Ich wartete nach dem Versand des Päckchens händeringend auf grünes Licht für einen Anruf.

So blauäugig zu glauben, Brian Connolly würde alles stehen- und liegenlassen, nach L.A. ziehen und meiner Band beitreten, war ich nicht. Zumindest ging ich aber davon aus, er habe einen guten Rat; die Ermutigung hätte ich gebrauchen können. Und ich war anmaßend genug, um zu denken: „Wer weiß? Alles ist möglich."

Endlich kam der Anruf von Don. An einem Freitag. Ich konnte von Glück reden, dass er mich daheim erreichte. Aufgrund des Zeitunterschieds sollte ich Connolly samstagmorgens um acht Uhr anrufen, meinte er.

Das tat ich pünktlich und hörte es zweimal kurz hintereinander tuten. So klang das im britischen Festnetz, ich kannte es soweit nur aus Filmen. Auch mein Herz hörte ich klopfen, doch dann ging Connolly ran.

„Hallo?"

„Hallo, Nikki Sixx hier. Ich bin Don Zimmermanns Neffe."

„Oh. Großartig, hör zu. Danke sehr. Sieht reizend aus, aber ich muss passen."

„Hast du unser Demo gehört?", stammelte ich. „Unsere Songs, das sind alles Hits. Hast du die Fotos gesehen? Die Band? Genau das ist

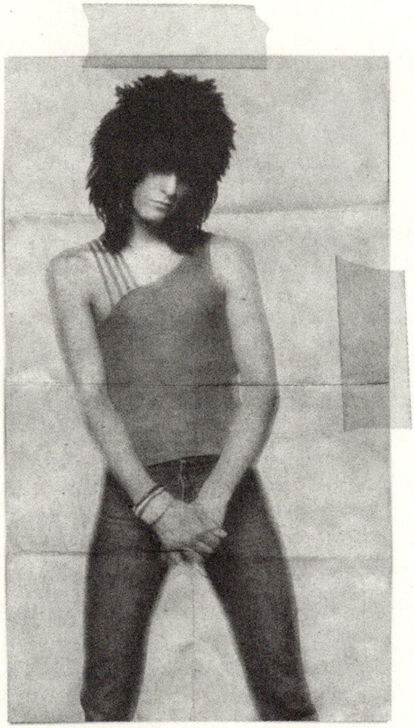

gerade gefragt. Der richtige Look. Der richtige Sound."

„Bedaure", erwiderte Connolly. „Ich mag deinen Onkel. Du bist bestimmt ein sehr netter Junge –"

Ich biss mir auf die Unterlippe.

„– aber Rock'n'Roll ist vorbei. Er ist jetzt mausetot und kommt nicht wieder. Ich mache mein Country-Album."

Carole McSweeney war ein Fan von uns und arbeitete als Rechtsreferendarin bei Mitchell Silberberg & Knupp, einer der großen Unterhaltungsfirmen in Los Angeles. Sie hatte uns mehrere Male im Starwood gesehen, und zwischen uns beiden war eine platonische Freundschaft entstanden. Wir gingen regelmäßig zu Hamburger Hamlet am Sunset Boulevard und entwarfen Strategien. Dabei sprach Carole auch über ihre Träume; sie studierte noch Jura und wollte schreiben.

Ich weihte sie in meine Träume ein.

Es war nicht nur Onkel Don, Rock'n'Roll strauchelte insgesamt. Um 1980 einen Plattenvertrag zu erhalten, musste man kurze Haare und eine schmale Krawatte tragen; man musste The Knack sein, nicht Deep Purple. Mod statt Rocker. Ich war allerdings Rocker höchsten Grades. Das Einzige, woran ich zu der Zeit dachte, war: „Was kann ich tun, um meine Band *noch* schriller zu machen?" Wir flochten uns Knochen in die Haare. Wir schminkten uns grell. Wir waren nicht die Plimsouls. Wir spielten keinen Punk. Obwohl wir Ramones und Sex Pistols liebten, standen wir auch auf Cheap Trick und Aerosmith. Im Punk drehte sich alles um Subtraktion: Wie viel konnte man wegnehmen, um zum Kern vorzudringen? Die Ramones hatten das getan. Sie verkniffen sich die Soli und erhöhten das Tempo. Ich bewunderte ihre Eindringlichkeit und Attitüde, doch wenn es um meine eigenen Lieder ging, war mir nicht nach weniger zumute, sondern nach mehr. Ich wollte *mehr* Soli. Ich wollte Gesang, der über Gebell hinausging. Ich wollte einer Band angehören, die sich emporschwingen, im Sturzflug Bomben abwerfen und wieder aufsteigen konnte – alles im selben Song.

Ich war kein Minimalist. Ich neigte zum Ausschweifen. Drogen waren kein Problem. Aids kannten wir nicht. Das Leben kreiste um Musik, Kämpfen, Trinken und Ficken. Als ich bei London spielte, waren das meine Himmelsrichtungen. Wir hatten keine Erwachsenen um uns herum, keine Regeln. Ich war verzweifelt, aber nicht zugeknöpft. Kein Ostküstenneurotiker. Wieso um alles in der Welt sollte ich klingen wollen wie The Knack?

Darüber unterhielt ich mich mit Carole, die mir glaubte. Sie liebte die Band. Ich musste ihr nicht imponieren. Für mich war sie wie eine Schwester, und ich wollte sie nicht ins Bett kriegen. Mit ihr war es leichter, aufgeschlossen zu sein.

Ich erzählte Carole Dinge, die ich nie mit Lizzie oder Dane geteilt hätte. Ich hatte kein Sicherheitsnetz. Ich besaß kein Geld. Ich hatte die Schule in der zehnten Klasse geschmissen, weder Vater noch Mutter und kein richtiges Zuhause außer in Idaho. Auch darüber redete ich. Die unglaubliche Frustration darüber, einem Saal voller Kids den Verstand rauben zu können – Set für Set, Abend um Abend – und trotzdem keinen Vertrag einzuheimsen.

Es war, als hätten wir in einer Blase gelebt. Aus dem Grund prügelte ich mich so oft. An Punk-Abenden im Starwood provozierte ich die Punks. Ob ich abgewatscht wurde, war mir egal, solange ich meine Schläge verteilen konnte. Ich kehrte zwar blutend und zerschrammt in die Wohnung zurück, brauchte dieses Feuer aber. Die Hitze. Irgendetwas verband sich nicht miteinander, und ich hatte ein Bedürfnis nach Verbundenheit.

Ich musste die Blase aufbrechen.

Wir besorgten uns einen neuen Sänger namens Michael White, wussten aber, dass er keine gute Wahl war. Das Gleiche hatten wir mit Henry Valentine erlebt. Michael White ähnelte Robert Plant äußerlich und gesanglich zu stark – in dem Maße, dass er Frontmann einer Led-Zeppelin-Cover-Combo war. Die Chemie stimmte nicht. Michael hatte allerdings die beste Stimme aller Kandidaten, und London mussten live spielen. Wir waren endlich an die Spitze des Sunset-Strip-Bergs gelangt – genau dort, wo Quiet Riot zur Gründungszeit von London gestanden hatte – und mussten unsere Position, unser Gefolge, unseren Namen behalten.

Wir dachten, wir hätten dieses Ungetüm geschaffen, das nun verlangte: „Füttert mich."

Nachdem wir geprobt und wieder geprobt hatten, fühlte ich mich besser. Zugegeben, wir klangen nicht übel. Anders als mit Nigel, doch ohne ihn blieb mehr Spielraum, um das zu werden, was mir seit je vorschwebte: härter, schneller, heavier, *mehr*.

Es ging nie so weit, dass ich wegen dieser neuen Inkarnation von London im Dreieck gesprungen wäre. Mir kam es immer noch so vor, als würden wir auf der Stelle treten. Das war aber offen gestanden besser als Untergehen.

Wir hatten David Forrest seit einigen Wochen nicht gesehen. Auch Gary verschwand die halbe Zeit über. Die Führungsebene stand nun ziemlich stark unter Drogeneinfluss. Das war nie anders gewesen, doch jetzt lief das Ganze langsam aus dem Ruder. Am Rande bekamen wir zwielichtige Dinge mit: Schusswaffen, Samurai-Schwerter, Kokain und Heroin in Ziegeln, Riesengläser voller Methaqualon und Glaspfeifen. Wir wollten zwar nichts wissen, hörten aber Geschichten. Mich reizten Gewalt, Dunkelheit und Tod als Aufhänger für meine Songs, doch das war anders: Wir arbeiteten, spielten und lebten an diesem Ort. Nash hatte all diese Schlägertypen, die für ihn arbeiteten, Leibwächter mit der Statur von Profiringern. Man sah sie immer häufiger, und obwohl wir Angestellte des Clubs waren, machten sie keine Anstalten, freundlich zu sein. Falls wir ihnen irgendwo in die Quere kamen, baten sie nicht um Verzeihung, sondern schoben uns mit den Schultern aus dem Weg wie einen Vorhang aus Glasperlen.

Zu Beginn unseres Jobs brachten wir Rum-Colas in Davids Büro. Todd Rundgren war dort, der Pornodarsteller John Holmes auch. Wir blieben von den Stars dort fasziniert und bekamen ein paar Storys aus der goldenen Ära mit. Jetzt hatten wir Rundgren seit einem Jahr nicht gesehen, und jedes Mal, wenn Holmes auftauchte, wirkte er abgeschlagener – ausgemergelter, mit glasigem Blick, fast wie verwildert. Unser Soundtechniker Dom Fragomel gab zusehends ein ähnliches Bild ab, genauso wie Gary, als Lizzie und ich zu ihm gingen, um uns nach David und ein paar Konzertbuchungen zu erkundigen. Manches, was er äußerte, ergab keinen Sinn. Er was so high, dass er sich ständig wiederholte. Irgendjemand musste sich aber ums Booking des Clubs kümmern.

Wir brachten ihn dazu, eine Telefonnummer aufzuschreiben. Ich wählte sie. David meldete sich.

„Nikki!“, plapperte er im Eilzugtempo los. „Das ist großartig! Absolut geil! Natürlich dürft ihr spielen! Wollt ihr einen Freitag oder Samstag?“

Ich sagte es ihm. Wir spielten. Wir klangen wie London mit einem Robert Plant für Arme am Mikro. Gruselig hörten wir uns aber nicht an. Wir erhielten Feedback, das Publikum rief uns für eine Zugabe zurück. Das eigentliche Problem tat sich am Ende des Abends auf, als wir uns im Büro bezahlen lassen wollten.

Die Tür war verschlossen. Niemand da.

Am Montag war auch niemand da. Uns standen 2.000 Dollar zu. Michael schoss gegen uns und drohte mit seinem Ausstieg, was auch innerhalb des rechtlichen Rahmens lag. Wir wussten nicht, wie wir uns rechtfertigen sollten. Wir versuchten und versuchten es, bekamen das Geld aber nicht. Am nächsten Wochenende standen weitere Shows an. Wie sollten wir die Termine wahrnehmen – und

Michael zum Singen überreden –, solange man uns nicht für die jüngste Show entlohnt hatte?

Wir kannten Eddie Nash nicht. Wenngleich wir ihn in den Clubs gesehen hatten – olivbrauner Teint, mittelöstlicher Typ, zugekokst –, waren wir nie richtig mit ihm ins Gespräch gekommen. Nun beschlossen wir, es müsse sein.

David Forrest hatte mir einen silbernen Vega überlassen – ein grässlicher Wagen mit einem Rasenmähermotor, den ich nie vergesse, weil er überhitzte, riss oder Feuer fing. Wir fuhren damit zum Ali Baba's, doch der Betreiber gab an, Eddie seit Wochen nicht gesehen zu haben. Als wir zum Kit Kat Club kamen, wollte uns dessen Betreiber das Gleiche weismachen. Wir versuchten es auch im Soul'd Out und im Paradise. Ganz Hollywood klapperten wir ab, bevor wir in Nashs Tiki-Bar landeten, dem Seaven Seas.

Wir erklärten der Wirtin, wer wir waren und für wen wir arbeiteten. Sie meinte, wir hätten Glück; auch sie habe Nash zwar wochenlang nicht gesehen, doch nun sei er da, hinten im Lokal.

Wir gingen durch in die Küche. Die Köche zerlegten gerade dicke Brocken Fleisch mit Beilen. Am Fuß einer Treppe sahen wir einen von Nashs fetten Schlägern. Er trug einen Anzug, und die Beule der Waffe darunter war sichtbar – beabsichtigterweise.

Wir trugen Lederhosen – Lizzie hatte seinen Bustier an – und Hochhackige, doch der Leibwächter war so groß wie wir.

Dane sprach zuerst: „Wir sind hier, um mit Eddie Nash zu reden."

„Worüber?"

„Er schuldet uns Geld."

Der Schläger runzelte die Stirn. Dann fing er an, leise zu lachen. „Okay", sagte er schließlich. „Kommt mit."

Wir gingen zu viert nach oben zu einem Büro, das klein, schlecht beleuchtet und dreckig war. Es hätte abgesehen von einem weiteren Leibwächter darin ohne weiteres auch einem zweifelhaften Buchhalter gehören können.

Eddie war auch dort. Er saß mit glasigem Blick in einem Ledersessel hinter einem Schreibtisch. Mit sechs Personen in dem winzigen Raum wurde es eng.

„Was ist los, Männer?“, fragte Nash.

Diesmal sprach Lizzie: „Wir sind im Starwood aufgetreten, aber nie bezahlt worden.“

„Und?“

„Deshalb sind wir gekommen, um uns bezahlen zu lassen“, sagte ich.

Eddie taxierte uns. Er schaute auf seine Schläger. Dann brach er in Gelächter aus, und beide Leibwächter taten es ihm gleich.

„Ich glaube nicht, dass ich euch was schulde“, behauptete er. „Was haltet ihr davon?“

Wir drei schauten einander an. Uns gingen die Geschichten durch den Kopf, die wir gehört hatten. Geschichten über Knochenbrüche. Die Sorte Prügel, von der man sich nicht erholte.

Die ganze Woche stellte sich als Tritt in die Eier heraus.

„Ja“, antworteten wir. „Ja, wir sind quitt. Alles gut.“

Nichts war gut. Das Erste, was Michael an jenem Abend bei der Probe fragte, war: „Wo ist mein Geld?“

Ich hatte keine Ahnung, was ich sagen sollte. „Gib mir zwei Stunden“, bat ich schließlich.

Ich stieg in meinen Vega und fuhr los.

Onkel Don konnte ich nicht anrufen. Er hatte meine Band abgelehnt, und ich hatte meinen Stolz.

Nona und Tom konnte ich auch nicht anrufen. Ich erzählte ihnen seit Monaten – berechtigterweise – wie erfolgreich meine Band war.

Und Mom konnte ich nicht anrufen, weil ich nicht wusste, wo sie steckte.

Dann hatte ich eine Idee: „Was soll's? Mein alter Herr hat nie einen Finger gerührt, um mir zu helfen. Es sind 400 Mäuse. Kohle zu beschaffen ist das Mindeste, was ich tun kann.

Ich verstehe noch halbwegs, was ich mir dabei dachte. Ich war jahrelang wütend auf meinen Dad gewesen, wollte mich aber zu einem letztendlich sehr niedrigen Preis von alledem lösen. Ich würde die Vergangenheit ruhenlassen, und zwar einfach so, an Ort und Stelle.

In meinen Augen kam mein Vater billig weg.

Ich dachte nicht: „Ich bin ein bisschen desorientiert und fühle mich einsam." Auf einer tieferen Ebene muss ich allerdings sehr wohl so empfunden haben. Näher konnte ich dem Geständnis nicht kommen, meinen Vater, seine Liebe und die Verbindung zu ihm zu brauchen.

Ich hielt an der nächsten Telefonzelle an. Nachdem ich die Auskunftsnummer gewählt hatte, nannte ich dem Vermittler den Namen, den mir mein Vater gegeben hatte: „Frank Feranna."

Ich rief bei ihm an. Eine Frau ging ran.

„Hallo?"

„Hi", grüßte ich. „Frank hier."

„Was? Wer ist da?"

„Frank Feranna."

Während der langen Pause, die folgte, hielt ich die Luft an.

„Frank Feranna ist tot. Er starb vor zwei Jahren."

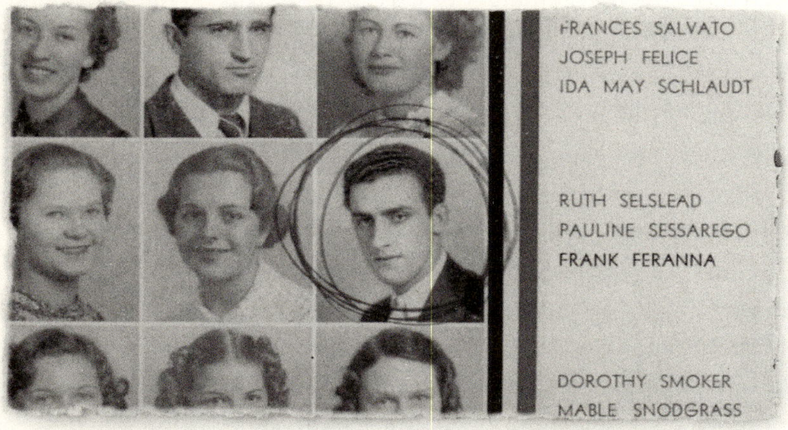

Ich konnte es nicht fassen. Am liebsten hätte ich mich auf den Gehsteig gesetzt. Ich wollte irgendetwas werfen. Mich übergeben. Ich fing zu weinen an.

„Ich bin sein Sohn, Frankie", erklärte ich.

„Ich verstehe nicht, warum Sie anrufen", sagte die Frau. „Tun Sie das nicht wieder."

Ich stieg wieder in den Vega und fuhr weiter. Ob es regnete, ist mir entfallen. Ich kann mich nicht daran erinnern, wie ich vor dem Spotlight parkte. Ich weiß nur, dass ich nach oben ging, wo die anderen mit Michael im Flur standen und auf mich warteten.

„Du musst mir noch ein paar Tage geben."

„Nein", stellte Michael klar. „Das tue ich nicht. Ich muss gar nichts tun. Fick dich, ich steig aus."

Mir war, als würde ich einen Berg hinunterrutschen, während ich die Finger tief im Erdboden festkrallte. Ich wollte nicht die Talsohle erreichen. Das durfte nicht passieren, weil mich dort nichts weiter erwartete als ein Fernbus und eine Fahrkarte zurück nach Idaho.

„Nikki", sagte Lizzie. „Das wird wieder. Wir finden einen neuen Sänger."

Wir saßen in meinem Vega, der im Leerlauf vor dem Starwood brummte.

„Lizzie", entgegnete ich. „Das funktioniert nicht. Ich kann mich nicht darauf verlassen, dass es wieder wird. Das Einzige, worauf ich mich verlassen kann, bin ich selbst."

Lizzie fing zu weinen an. „Aber du kannst nicht allein in einer Band sein."

Ich hätte auch geweint, hatte mich aber ausgeheult. Lizzie war immer wie ein Bruder für mich gewesen, doch jetzt fühlte ich nichts und beharrte: „Ich weiß das zwar, muss die Dinge aber auf meine Weise regeln."

Am nächsten Tag rief ich Carole an. Als wir uns im Hamburger Hamlet trafen, erzählte ich ihr von meinem Dad und der Band. Ich erklärte ihr: „Frank Feranna ist tot. Ich möchte das offiziell bekanntgeben." Carole verstand, was ich meinte.

„Das wird wieder", sagte sie. „Ich helfe dir."

Ich wusste nicht, ob ich lachen oder weinen sollte.

„Ich wünschte, die Leute würden nicht mehr behaupten, dass es wieder wird."

Carole hielt ihr Versprechen und half mir. Später in derselben Woche fuhren wir zum Gericht.

Sie hatte mir nahegelegt: „Zieh dich so konservativ wie möglich an."

Das bedeutete für mich übersetzt: „Zieh Motorradstiefel statt Stöckelschuhen an." Selbst wenn ich mich aber konservativ hätte anziehen wollen, wäre es unmöglich gewesen, weil ich keine konservative Kleidung besaß. Außerdem war ich eine Zeitlang auf Sauftour gewesen: eine Flasche Wodka jede Nacht. Carole holte mich ab, wo auch immer ich schlief. Um 7:15 Uhr musste sie an meine Zimmertür hämmern, damit ich aufwachte. Ich hatte Schminke im Gesicht, die ganz verschmiert war, und trug ein abgeschnittenes, ärmelloses T-Shirt über einer engen, schwarzen Hose. Mein Kopf dröhnte. Wir kamen aber rechtzeitig zum Gericht. Nachdem wir uns auf eine Bank gesetzt hatten, warteten wir gefühlt sehr lange, bis mein Name aufgerufen wurde.

„Franklin Feranna!" Carole weckte mich mit einem Ellbogen.

Ich sprang auf, und der Richter warf mir einen verächtlichen Blick zu. Er war alt, untersetzt und grantig. „Nehmen Sie wieder Platz", fuhr er fort. „Sie möchten Ihren Namen ändern?

„Ich bin Künstler", erklärte ich. „Ich will meinen Künstlernamen benutzen."

„Dann tun Sie es doch. Wer hindert Sie daran? Was für ein Name ist Nikki Sixx überhaupt?"

FRANKLIN CARLTON FERANNA
2012 Lemoyne Street
Los Angeles, California 90026
(213) 662-9047
IN PROPRIA PERSONA

ORIGINAL FILED

OCT - 3 1980

CE: ICT
COUNTY CLERK

SUPERIOR COURT OF THE STATE OF CALIFORNIA

FOR THE COUNTY OF LOS ANGELES

IN RE THE MATTER OF THE APPLICATION OF FRANK CARLTON FERANNA, FOR CHANGE OF NAME.	CASE NO. C340460 PETITION FOR CHANGE OF NAME

IN CONNECTION with his application for change of name, Petitioner, FRANKLIN CARLTON FERANNA, sets forth the following information concerning himself, as required by Section 1276 of the <u>Code of Civil Procedure</u>:

1. Born on December 11, 1958, in San Jose, California.

2. Residence: 11298 Maranda Street, North Hollywood, California.

3. Present name: FRANKLIN CARLTON FERANNA.

4. Proposed name: NIKKI SIXX.

5. Reason for change: Petitioner is a performing Artist and will utilize the new name in the course and scope of his profession in the entertainment business.

/ / / / /

/ / / / /

„Es ist mein Name. Derjenige, den ich für den Rest meines Lebens benutzen will.“

„Und Ihre Eltern erlauben das?“

Ich bin 21. Brauch keine Eltern.“

„Haben Sie überlegt, was die beiden davon halten werden? Haben Sie an Ihre Großeltern gedacht?“

Der Richter ließ nicht locker. „Findet Ihre Mutter es gut? Findet Ihr Vater es gut?“

„Mein Vater ist tot“, ließ ich wissen.

Bei jeder Frage sackte ich weiter auf der Bank hinunter. Mittlerweile hockte ich quasi auf dem Boden und schaute auf die Kratzer an meinen Stiefeln.

Der Richter blickte seinerseits nach unten. Er schob irgendwelche Dokumente herum. „Also gut“, sagte er schließlich. „Wie Sie möchten.“

Carole ging zum Gerichtsschreiber. Da gerade Zeit für die Mittagspause war, fragte sie: „Können Sie die Namensänderung per Post zustellen?“

Der Schreiber bejahte. „Bis sie ankommt, wird aber einige Zeit vergehen. Möchten Sie es ausfüllen?

„Sicher“, sagte Carole und tat es. Nikki Sixx war der Kerl, der das Gerichtsgebäude verließ und im erbarmungslos heißen Tageslicht blinzelte.

Die Sonne knallte, in meinem Kopf pochte es, und mein Mund war trocken.

„Also Nikki“, sprach Carole. „Was wirst du jetzt tun?“

„Ich werde ein neues Ungetüm erschaffen“, antwortete ich.

21.

BLEIB BEI DEINEN LEISTEN

Als ich klein war, wusste ich nicht, wie man das Gefühl nannte. Eine Mischung aus Ehrfurcht, Neugier und Abenteuerlust. In Lake Tahoe war ich ständig draußen und erkundete die Gegend. Ich buddelte ein Loch unter einen umgefallenen Baum; deckte es mit einer alten Plane zu. Legte Äste, Zweige und alles darüber, was ich sonst finden konnte (auch Erde), um das Geheimversteck abzusichern. Dann begann der eigentliche Spaß: Ich hockte mich in meinen neuen Fuchsbau – und falls ein Freund bei mir war, umso besser. Wir tagträumten. Wir vergaßen uns selbst. Und wenn die Sonne unterging, rasten wir auf Bonanzarädern los, die wir uns als Harley-Davidson-Motorräder vorstellten.

Ich schätze, dass ich tagträume, seit ich denken kann. Genauso lange notiere ich mir diese Tagträume auf Zetteln. Dutzende, Hunderte, schließlich Tausende.

Songs zu schreiben ist das Gleiche. Eine Form der Erkundung. Der Selbstvergessenheit. Kreativität, neue Ideen finden und Zusammenarbeiten: für mich gibt es nichts Aufregenderes.

Als Kind summte ich meine eigenen Melodien zu Songs, die ich im Radio hörte (später auf Schallplatten). Als ich älter wurde, spielte ich auf meinem Bass oder einer Gitarre mit. Allerdings war ich nie berauschend darin, die Lieder anderer zu lernen. Nach der Hälfte der Arbeit schrieb ich selbst eins.

Damals hatte ich kein Wort dafür. Ich fasste es nicht als Songwriting auf. Es war eher wie Wanderlust. Und zweifellos stieß ich unterwegs auf Hindernisse. Was Kreativität betrifft, mag es zwar keine Wegweiser geben, sehr wohl aber *versperrte* Wege. Jeder Mensch hat einen Kritiker im Kopf. Meine Mission besteht nicht darin, langsamer zu machen oder – schlimmer noch – mich durch diesen Kritiker vom Schaffen abhalten zu lassen.

Darauf läuft die Bewusstseinsstrom-Technik hinaus: Denke alles, was du willst, aber denke nicht, während du machst.

Denken und Machen schließen einander aus.

Jeder ist anders. Und wir sind alle Gefangene unserer Köpfe. Was mich indes fasziniert, ist der Umstand, dass jeder Einzelne eine andere Art hat, Ideen aus dem Kopf *rauszubekommen.* Hier kann Zusammenarbeit – der Freund im Fuchsbau – hilfreich sein. Wann die Inspiration kommt, ist schwer zu sagen. Was sie auslöst, ist schwer zu sagen. Aber Zusammenarbeit kann eure Chancen verdoppeln.

Im Folgenden ein paar weitere Tricks, die ich angewandt habe, wenn zu viel Matsch an meinen Reifen klebte:

* Was andere Leute davon halten könnten, was du machst, geht dich nichts an. Auf Trends spekulieren oder ihnen sogar hinterherzulaufen ist ein tödliches Gift – nicht nur der Vorgang, sondern auch das Ergebnis.
* Keith Richards läuft mit einer Gitarre herum. Er spielt ständig. Ich finde das bewundernswert, doch es ist nicht das, was ich tue. Ich verbringe viel Zeit mit Warten, bleibe aber in Form, übe, lese und schreibe. Ich bemühe mich, flexibel zu sein. Im Lauf der Jahre habe ich gelernt, dass Ideen, wenn sie auftauchen, alle auf einmal kommen wie eine Lawine. Dann tut man gut daran, bereit zu sein.
* Sobald der Text, ein Gedicht oder Einfall für einen Song vorhanden ist, brauche ich einen ruhigen Ort, den ich gern aufsuche an dem ich gerne bin. Ich setze mich immer auf den Boden. Im

Schneidersitz auf dem Boden, während ich mich tief über meinen Notizblock beuge, hilft mir dabei, Zugang zu finden. Das kann man wohl als Erdung bezeichnen.

Meistens liegen ringsum im Kreis Bücher, beliebige Titel. Mir wurde schon gesagt, es sehe aus, als würde ich zaubern. Vielleicht tue ich das. Was auch immer es ist: Es scheint zu funktionieren.

* Viele meiner Texte reimen sich nicht. Nicht wirklich. Ich lasse sie einfach herausfließen Ich bin berüchtigt dafür, dass ich vier Seiten mit Texten vollschreibe, ohne zum Luftholen innezuhalten.

* Bekomme ich tatsächlich eine Blockade, greife ich nach dem nächstbesten Buch aus dem Kreis, schlage eine zufällige Seite auf und zeige auf irgendeinen Satz. Meine Regel lautet: Ich muss ein Wort aus diesem Satz verwenden.

Das ist nicht in Stein gemeißelt. Später kann ich das Wort immer noch streichen. Oder gleich zwei Zeilen. Kürzen ist genauso wichtig wie der Aufbau. Nachdem ein Wort seinen Zweck erfüllt hat, darf man es verwerfen. In Bewegung bleiben, darauf kommt es an.

Probiert die Methode selbst aus. Ich habe festgestellt, dass sie mich davon abhält, über das Hindernis vor mir nachzudenken. Sie bringt mich wieder in die Spur. Mein Herz fängt zu klopfen an. Es fühlt sich an, als würde ich irgendein Geheimnis, einen Schatz entdecken, und das ist es manchmal auch wirklich. Wir können uns den ganzen Tag über Dur- und Moll-Dreiklänge, Tonarten und Akkordwechsel unterhalten, aber das wäre Denken, nicht Machen.

* Bleibt locker, bleibt offen. Haltet ein Notizbuch bereit. Solltet ihr eine Eingebung erhalten, seid darauf gefasst, am Straßenrand stehenzubleiben. Gleichzeitig solltet ihr euren Kreativ-Ort schützen. Vor Lärm. Vor den Gralshütern, Schwarzmalern, Neinsagern und Bremsern. Zerlegt und beseitigt sie. Sofort. Umgebt euch mit schöpferischen Dingen: Büchern, Gemälden, Fotos, Schallplatten. Umgebt euch mit schöpferischen Menschen.

* Habt große Träume. Seid unerschrocken. Eignet euch eine langfristige Denkweise an, keine kurzfristige, sowohl fürs Leben als auch eure Arbeit. Das Schlimmste, was passieren kann ist, dass

ihr versagt. Und das Beste, was passieren *wird* ist, dass ihr *wirklich* versagt, denn Versagen – manchmal sogar vor Publikum – macht euch richtig Feuer unterm Hintern. Wüssten wir im Voraus, dass *dies* und nicht *jenes* klappt, wären wir alle Milliardäre. Weil aber jeder im Dunkeln tappt, können wir wenigstens eines tun, uns an das Prinzip von Versuch und Irrtum gewöhnen.

* Man braucht keine 10.000 Stunden, um in dem, was man tut, ein Meister zu werden. Es dauert ein Leben lang, und das ist das Beste. Leben ist zufälligerweise das, was man hat.
  Glaubt an euch selbst, auch wenn es sonst niemand tut. Glaubt *gerade dann* an euch selbst, wenn es sonst niemand tut. Habt keine Angst, euch von Fehlern abzuwenden. Spürt ihr hingegen aus tiefstem Herzen, dass ihr richtig liegt, haltet durch. Jede wagemutige neue Idee wurde irgendwann einmal als Bedrohung angesehen. Habt ihr aber Recht und bleibt bei euren Leisten, wird die Welt ihre Meinung ändern. Darum geht es in „Stick To Your Guns", das ich für Blondie geschrieben habe: „You got to stick to your guns / What's right for you ain't right for everyone".
* Unterschätzt nicht die Rolle, die Glück spielt. Erfolgreiche Menschen tendieren dazu: Sie führen ihre Leistungen auf Intelligenz, Sorgfalt, gutes Aussehen oder Charme zurück. Die Wahrheit ist: Sie hatten zu irgendeinem Zeitpunkt Glück – und dafür braucht man sich nicht zu schämen. Glück kommt und geht. Entscheidend ist dabei, in Topform zu bleiben, damit man es ausschöpfen kann, wenn es sich einstellt. Die Chance zum richtig großen Durchbruch mag sich kein zweites Mal auftun, also verspielt sie nicht, wenn ihr sie bekommt.
* Gäbe es einen Wegweiser, würde er ungefähr so aussehen. Meiner jedenfalls. Der Weg zur Kreativität. Und für mich gehört eine spirituelle Verbindung zu etwas, das größer ist als ich, ebenfalls zu den maßgeblichen Faktoren. Arroganz und Machen schließen einander ebenfalls aus. Ich versuche, das Leben zu feiern, und demütig zu bleiben.

Die Geschichte, die ich auf diesen Seiten erzählt habe, endet am 9. Dezember 1980. Das war der Tag, an dem ich meinen Namen amtlich zu Nikki Sixx ändern ließ. Zwei Tage später wurde ich 22. Wenige Wochen danach am 17. Januar, wurden Mötley Crüe offiziell gegründet. Ein paar Monate später, am 24. April 1981 – einem Freitag – gab die Band ihr erstes Konzert. Wo? Im Starwood natürlich.

Danach ging es mit dem Club in die Binsen. Eddie Nash und John Holmes wurden in die Wonderland-Morde verstrickt, die auch als „Four on the Floor"-Morde bekannt sind, gleichwohl ich gehört habe, die Wände und Decken seien genauso stark blutbesudelt gewesen wie der Boden. Wer die Filme *Boogie Nights* oder *Wonderland* mit Val Kilmer kennt, weiß bereits, dass es eine krasse Story ist. Falls ihr keinen der beiden kennt, nur zu – googelt sie. Dann seht ihr, wie glücklich wir sein durften, uns an jenem Tag vor Ed Nash und seinen Schlägern zurückgezogen zu haben.

Mötley Crüe waren ein just von der Kette gelassenes Ungetüm. Binnen kurzer Zeit gaben wir Headliner-Konzerte überall am Sunset Strip. Wir waren die beste, größte Band in den Clubs, und ich überredete Onkel Don erneut, unsere Show zu besuchen.

Erneut lehnte Onkel Don meine Band ab.

Jahre später, nachdem wir Abermillionen Alben verkauft hatten und auf der ganzen Welt als Hauptact getourt waren, gestand er mir: „Mötley Crüe nicht zu signen, war der größte berufliche Fehler, den ich je gemacht habe." Damals führte es aber lediglich dazu, dass ich mich noch mehr reinkniete. Wir nahmen unser erstes Album in dem Jahr auf und gründeten dem Punkrock-Regelbuch entsprechend unser eigenes Label Leathür Records, um es zu verbreiten.

Der Rest ist Geschichte. Ich habe Mötley Crüe 40 Jahre lang zusammengehalten, Unwetter innerhalb der Branche und Unwetter in unseren Privatleben überstanden. Mit Allen Kovac habe ich den Rat meines Anwalts nicht beherzigt, sondern blieb bei meinen Leisten und erkämpfte mir die Rechte an unseren Masterbändern von der Plattenfirma Elektra zurück, bei der wir schließlich unterzeichnet hatten. Im Gegensatz zu den meisten Rockbands sind wir im Besitz der Musik, die wir geschaffen haben, und zwar vom allerersten Tag an.

Als es an der Zeit war, mein eigenes Buch zu schreiben, kam ich mit *Tagebuch eines Heroinsüchtigen* um die Ecke. Nicht leicht zu verkaufen für einen Debütanten. Nicht gerade ein sexy Thema, aber ein wichtiges. Also blieb ich bei meinen Leisten und schrieb das Buch. Als ich fertig war, setzte ich mich mit DJ Asha und James Michael hin, um „Life Is Beautiful" zu komponieren – einen Song, der Nüchternheit auf den Punkt bringt. Dunkelheit ist eng, Genesung ist breit. Das hat dazu beigetragen, *Tagebuch eines Heroinsüchtigen* zu einem Bestseller zu machen.

Anschließend tourte ich und las Tausenden daraus vor. Ich blieb bei jeder Autogrammstunde lange vor Ort und achtete darauf, jede Hand zu schütteln, mir jede Geschichte anzuhören. Es dauerte etliche Stunden, doch jede einzelne machte sich bezahlt. Dann legten James, DJ und ich mit Sixx A.M. los, brachten fünf Studioalben heraus und schrieben Songs über das wirkliche Leben und Fühlen: Themen, die andere Rockbands nicht unbedingt anfassen.

Zur selben Zeit hatte Allen eine Idee: „Du magst Wolfman Jack", sagte er. „Du magst Alan Freed, und du magst Jim Ladd. Warum tust Du es ihnen nicht gleich? Die Stimme dafür hast du. Du liebst es, Geschichten zu erzählen. Was diese drei für dich getan haben, könntest du für eine neue Generation von Rockbands tun."

Wieder einmal hatte Allen Recht. Ich liebe es, öffentlich Geschichten zu erzählen, und habe nie aufgehört, ein Fan zu sein. Da ich unheimlich gern Rockmusik vor Publikum spiele, war das eine weitere Möglichkeit für mich, um dies zu tun. Dabei konnte ich neue Bands und Senkrechtstarter entdecken und ihnen weiterhelfen. Ich hatte ein neues, unfreiwilliges Publikum; warum sollte ich ihm keine neue, aufregende Musik schmackhaft machen? Auf Förderung, auf Weitergeben, halte ich große Stücke.

Aus diesen Gründen habe ich es getan – und meine Show *Sixx Sense* war acht Jahre lang die bestbewertete Radiosendung des Landes.

Jedes einzelne dieser Jahre war ein Vergnügen.

Dann, nach 16 Jahren voller Wendungen und wechselnder Produzenten beziehungsweise Produktionsleitern schafften wir es schließlich, unseren Film fertigzustellen und weltweit zu präsentieren. Das wäre nie möglich gewesen, wenn wir uns davor gescheut hätten, den Gralshütern vor den Karren zu fahren. Wenn wir von den Anwälten, Studios, Plattenfirmen, Buchverlagen und Galeristen eingeschüchtert gewesen wären. Wir hätten nie irgendetwas erreicht.

Geht die großen Wagnisse ein. Und bleibt bei euren Leisten. Was für euch richtig ist, ist nicht für alle richtig.

Ich trete leidenschaftlich für das alles ein. Für die Kunst. Für Musik. Von Fotografie bin ich geradezu besessen. Sicher, meine Platinplatten machen mich stolz, doch am meisten bilde ich mir von meinen Kindern abgesehen darauf ein, dass eine Leica-Kamera nach mir benannt wurde. Ich hatte zwar immer Köpfchen, bin aber auch bereit und willens gewesen, von denjenigen zu lernen, die mehr wussten. Für mich kommt es darauf an, dass man mit jedem weiteren Anlauf ambitionierter wird. Schreibt nicht bloß ein Buch; schreibt einen Soundtrack zu einem Buch. Und seht zu, dass die Geschichte, die ihr erzählt, einen Nerv trifft und Menschen hilft, die teilweise vielleicht das Gleiche durchgemacht haben wie ihr. Schaut über den Tellerrand hinaus. Und denkt jedes Mal, wenn ihr loslegt, in einem breiteren Rahmen, egal bei welchem Projekt. Irgendein Zeichen im Leben zu setzen ist wichtig. Und die Staffel weiterzureichen ist ebenfalls wichtig.

Das Geheimnis besteht für uns alle darin, zu klotzen, statt zu kleckern, aber den Ball flach zu halten, weil wir nie wissen, woher neue Ideen kommen, und unser Verstand durch Zusammenarbeit jugendlich flexibel bleibt. Ich persönlich weiß zwar, dass ich nicht jeden Tag einen Volltreffer landen kann, bin aber stets zur Stelle, um einen Schuss zu versuchen. Und offen gestanden ist meine Trefferquote nicht übel.

Hier in Wyoming blicke ich nun zurück. Von meinem Felsen aus beobachte ich die Hirsche, sinniere über die Vergangenheit und denke: „Mensch, was hätte der Junge gemacht, wenn er nicht in den Fernbus gestiegen, nicht furchtlos gewesen wäre und einige seiner Fehler nicht begangen hätte? Keine Risiken eingegangen wäre?“

Ich weiß nicht, wo ich heute wäre, jedenfalls nicht hier.

Tom erzählte mir einmal von einer Idee, die er hatte – einer Erfindung, zu deren Patentierung er nie gekommen ist.

Ich fragte: „Wieso nicht?“

Er druckste eine Weile herum. Eine gute Antwort fiel ihm nicht ein, aber ich kann ein paar Mutmaßungen anstellen: Ihm fehlte die nötige Ausbildung. Er hatte niemanden wie Allen Kovac als Berater. Dennoch hat er mir unheimlich viel gegeben. Tom beim Arbeiten zuzuschauen, seine Entschlossenheit und Konzentration zu sehen, seine Sorge um Nona und seine Familie – daher rührt meine eigene Arbeitsmoral und „sag niemals nie“-Haltung. Manchmal auf Tournee wird man müde. Ich habe auch erlebt, dass Tom müde wurde. Er ist aber immer in Bewegung geblieben, und ich ebenfalls – weil Haltmachen nie infrage kam. Alles läuft auf das Konzert am Abend hinaus.

Die Gitarre heult auf. Der Bass dröhnt tief. Sie klingen wie Düsentriebwerke.

Das gleiche Geräusch hatte ich in Twin Falls im Kopf. In Jerome. Das gleiche, bloß dass es sich vielleicht noch besser anhörte. Und welche Geräusche oder Ideen auch immer ihr in euren Köpfen habt, gebe ich euch einen Rat: Bleibt dran. Ihr wisst nie, wohin sie euch führen können.

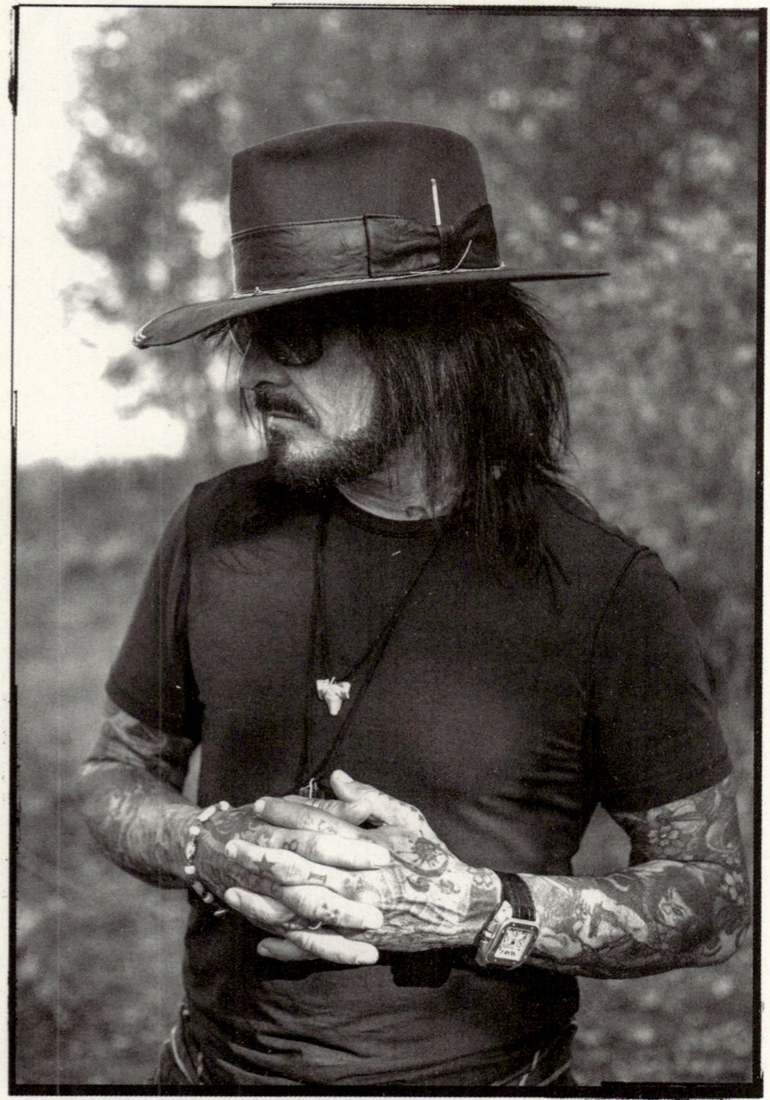

NIKKI SIXX / FRANK PERANNA

DANKSAGUNGEN

Ich muss meiner Mom und meinem Dad, Nona und Tom, Don und Sharon, Bob und Harlene zutiefst dankbar für die ersten 21 Jahre meines Lebens sein. Auch möchte ich Allen Kovac danken, weil er mein Hauptcoach ist und mir dabei hilft, alle meine verrückten Einfälle umzusetzen. Danke ebenfalls an Chris Nilsson und Konstanze Louden, die meinen Blick über den Tellerrand leiten, und an Crystal Torres, Rohan Ocean sowie Will Mingrone von 10th Street Entertainment.

Danke an Dennis Arfa und Pete Pappalardo von AGI dafür, dass ihr mich immer wieder auf Tour geschickt habt.

Bei Better Noise Music danke ich Dan Lieblein, Steve Kline, Joe McFadden, Rose Slanic, Jackie Kajzer, Debra Stella, Dan Waite, Bryan Raisa, Tim Mclean Smith, Sean Maxson, Omar Rana, Björn Meyer, Victor Lang, Jimmy Harney, Amy O'Connor, Lexie Viklund, Daniel Sears, Eoin Wenger, Brittany Deeney, Ben Guzman, Sarah Waxberg, Henry Tongue, Autumn Myers und Claudia Mancino.

Nicht zu vergessen Doug Mark von Mark Music & Media Law, PC, und Pam Malek von Glass Malek LLP.

Weiterhin danke ich Barry Drinkwater, Benny Lindstroem, Mike Rotondo, und Katy Ables von Global Merchandising, Ltd.

Zum Dank verpflichtet bin ich bei Hachette meinem Herausgeber Brant Rumble, der sich während unserer Zusammenarbeit mit mir gestritten und manchmal auch nachgegeben hat. Danke, Brant. Und wo wir gerade dabei sind, danke ich auch dem Rest des Teams: Michelle Aielli, Michael Barrs, Caitlyn Budnick, Andreas Campomar, Michael Clark, Joelle Dieu, Sarah Falter, Amanda Kain (die leitende Grafikerin, die das Buchcover einfädelte, bevor sie in

Mutterschaftsurlaub ging), Richard Ljoenes (der das Cover entwarf), Molly Morrison, Mary Ann Naples, Monica Oluwek, Laura Piasio, Megan Schindele, Mollie Weisenfeld und Sarah Wood (die leitende Grafikerin, die das Cover schließlich durchgesetzt hat).

Danke an Laura Ferreiro.

Danke an Joe Lalich dafür, dass er mit mir bis spätnachts am Layout der Fotos arbeitete. Ein richtig knallharter Typ, keine Frage.

Danke an Alex Abramovich dafür, dass er dieses Buch mit mir geschrieben, mich angespornt und mir zugehört hat, bereitwillig mit mir in den Clinch gegangen und nie auf die Sensationsschiene gesprungen ist – vor allem aber für seinen unerschütterlichen Vorsatz, etwas auf allen Ebenen Aufrichtiges zu Werke zu bringen. Es war mir eine Ehre.

Das Schreiben bot mir eine perfekte Gelegenheit, um Kontakt zu engen Freunden und Familienmitgliedern aufzunehmen. Wir mochten durch die Covid-19-Pandemie räumlich voneinander getrennt sein, doch ich bin Bob und Harlene ewig dankbar für die Zeit, die sie sich zum Telefonieren genommen haben. Genauso dankbar bin ich Don und Sharons Tochter Michele Amburgey für ihre Zeit und Großzügigkeit. Und natürlich bin ich meiner Schwester Ceci dankbar, weil sie sich bereit erklärte, in Erinnerungen zu schwelgen.

Dieses Buch gab mir zudem einen guten Grund, andere Seilschaften aufzugreifen. Das Wiedersehen mit Alan Weeks, Mike „Bubba“ Garcia und Susan Bond – ich lernte sie als Susie Maddox kennen – in Jerome und Umgebung war fantastisch. Das Gleiche gilt für meine Treffen mit Rick und Linda Van Zandt, die immer noch zusammen sind und in Seattle leben, sowie Dane Scarborough, der nach wie vor in L.A. ist, wo er surft, Schlagzeug spielt und als Erfinder respektive Unternehmer arbeitet.

Danke für John St. John für all die Lacher.

Danke an Lizzies Ehefrau Jennifer, ihre beiden Töchter Annabelle und Ariel sowie Lizzies Schwester Susan Victoria Brandon.

Carole Garner McSweeney hörte sich meine Rock’n’Roll-Träume an, war eine gute Freundin, als ich eine brauchte, und half mir bei meiner Namensänderung. Ich danke dir.

Danke an Ramon Rodriguez, der mir jene alte Gitarre schenkte, meine erste.

Danke an Angie Diehl, die ihre Erinnerungen, Fotografien und Fotoalben mit Freude teilte.

Don Adkins hat die vielen tollen Bilder von London gemacht. Danke dafür, dass du die Zeit damals so gut eingefangen hast, damit wir sie sehr anschaulich rekapitulieren konnten.

Danke an Ché Zuro.

Danke an Laurie Bell für Insiderinfos über jene Jahre der Unschuld.

Katie Kastel suchte lange nach diesem geilen, bisher ungesehenen Foto von mir als jugendlich frischem 17-Jährigen.

Am meisten danke ich meinen fünf wunderbaren Kindern.

Und natürlich der Liebe meines Lebens, meiner Ehefrau in guten wie schlechten Zeiten: Courtney.

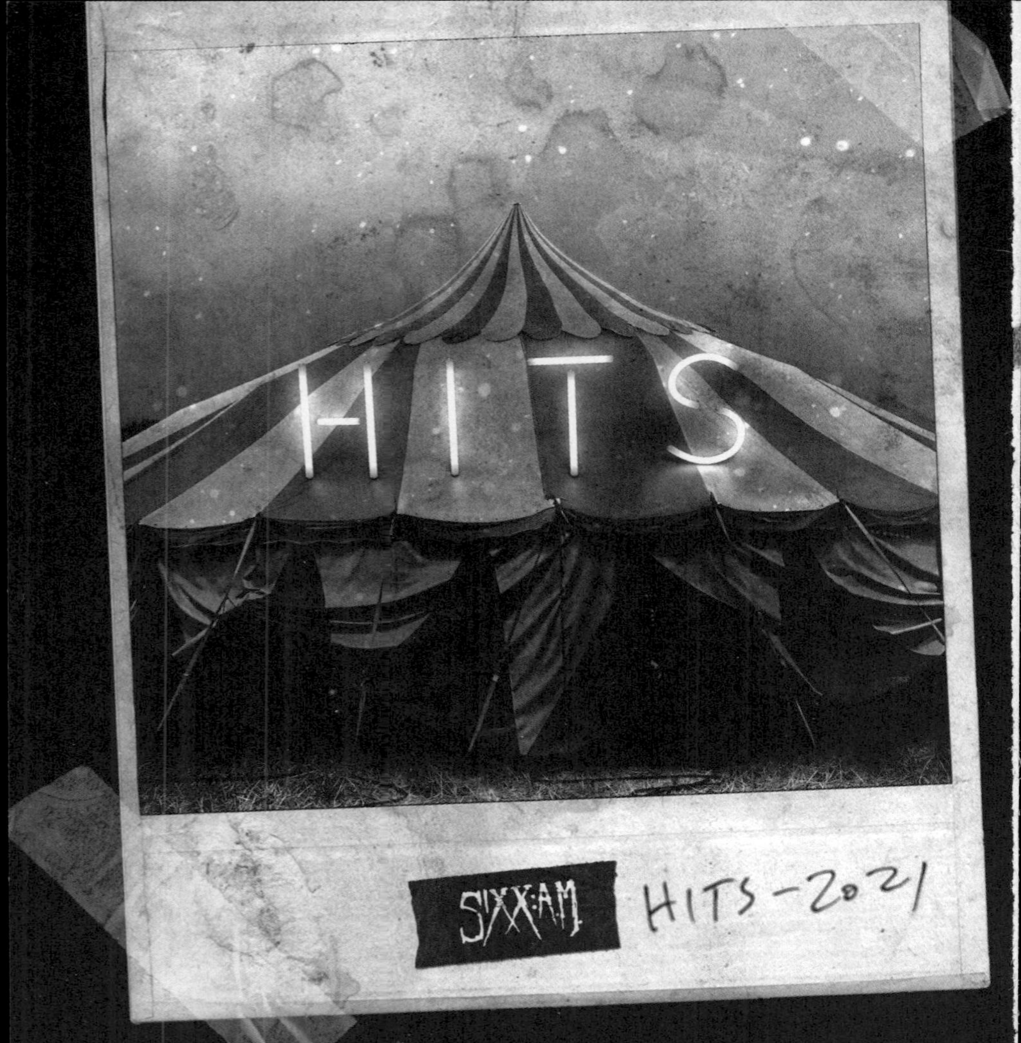
HITS
SIXX:A.M.
HITS-2021

FOTONACHWEISE

Cover-Design von Richard Ljoenes

Cover-Fotos: Nikki 1989 © Koh Hasebe/Shinko Music/Getty Images; Sunset Strip bei Nacht © Scott Robinson/Los Angeles Times; Concert-Flyer aus der Sammlung von Max und Sherri Mazursky; Frank Feranna mit 17 oder 18 und Frank an Weihnachten 1978 © Angie Diehl; Schallplatte © Shutterstock; alle weiteren Bilder mit freundlicher Genehmigung vom Autor.

Die erste Fotostrecke mit freundlicher Genehmigung des Autors mit den folgenden Ausnahmen: Susie Maddox und Frankie mit freundlicher Genehmigung von Susan Bond; das Foto von Ramon und Familie mit Deanna mit freundlicher Genehmigung von Ramon Rodriguez; die Seattle-Fotos mit freundlicher Genehmigung von Richard Van Zandt.

Auf Seite 94 Foto von Don, Sharon und Michele mit freundlicher Genehmigung von Michele Amburgey. In der zweiten Fotostrecke Cover-Foto mit freundlicher Genehmigung von Katie Kastel; das Foto von Frank Feranna, die Büchereikarte und der Arbeitsausweis mit freundlicher Genehmigung von Angie Diehl; die Fotos auf der dritten Seite der Fotostrecke mit freundlicher Genehmigung von Angie Diehl und Don Adkins; die Fotos von London und dem Starwood mit freundlicher Genehmigung von Don Adkins. Die Fotos auf den Seiten 165, 193 und 203 mit freundlicher Genehmigung ebenfalls von Don Adkins. Das Foto auf Seite 227 mit freundlicher Genehmigung von Ryan Dorgan.